Lehner/Braungart/Hitzenberger (Hrsg.)
Multimedia in Lehre und Forschung

# GABLER EDITION WISSENSCHAFT
Information Engineering und
IV-Controlling
Herausgegeben von Professor Dr. Franz Lehner

Die Schriftenreihe präsentiert aktuelle Forschungsergebnisse der Wirtschaftsinformatik sowie interdisziplinäre Ansätze aus Informatik und Betriebswirtschaftslehre. Ein zentrales Anliegen ist dabei die Pflege der Verbindung zwischen Theorie und Praxis durch eine anwendungsorientierte Darstellung sowie durch die Aktualität der Beiträge. Mit der inhaltlichen Orientierung an Fragen des Information Engineerings und des IV-Controllings soll insbesondere ein Beitrag zur theoretischen Fundierung und Weiterentwicklung eines wichtigen Teilbereichs der Wirtschaftsinformatik geleistet werden.

Franz Lehner/Georg Braungart/
Ludwig Hitzenberger (Hrsg.)

# Multimedia in Lehre und Forschung

Systeme – Erfahrungen – Perspektiven

DeutscherUniversitätsVerlag

Die Deutsche Bibliothek - CIP-Einheitsaufnahme

**Multimedia in Lehre und Forschung**: Systeme – Erfahrungen
– Perspektiven / Franz Lehner ... (Hrsg.).
- Wiesbaden : Dt. Univ.-Verl. ; Wiesbaden : Gabler, 1998
   (Gabler Edition Wissenschaft : Information Engineering
   und IV-Controlling)
   ISBN 3-8244-6602-3

Alle Rechte vorbehalten

Gabler Verlag, Deutscher Universitäts-Verlag, Wiesbaden
© Betriebswirtschaftlicher Verlag Dr. Th. Gabler GmbH, Wiesbaden 1998

Der Deutsche Universitäts-Verlag und der Gabler Verlag sind Unternehmen der
Bertelsmann Fachinformation.

Das Werk einschließlich aller seiner Teile ist urheberrechtlich geschützt. Jede
Verwertung außerhalb der engen Grenzen des Urheberrechtsgesetzes ist
ohne Zustimmung des Verlages unzulässig und strafbar. Das gilt insbesondere für Vervielfältigungen, Übersetzungen, Mikroverfilmungen und die
Einspeicherung und Verarbeitung in elektronischen Systemen.

http://www.gabler-online.de

Höchste inhaltliche und technische Qualität unserer Produkte ist unser Ziel. Bei der Produktion
und Auslieferung unserer Bücher wollen wir die Umwelt schonen: Dieses Buch ist auf säurefreiem und chlorfrei gebleichtem Papier gedruckt.

Die Wiedergabe von Gebrauchsnamen, Handelsnamen, Warenbezeichnungen usw. in diesem
Werk berechtigt auch ohne besondere Kennzeichnung nicht zu der Annahme, daß solche
Namen im Sinne der Warenzeichen- und Markenschutz-Gesetzgebung als frei zu betrachten
wären und daher von jedermann benutzt werden dürften.

Lektorat: Claudia Splittgerber
Druck und Buchbinder: Rosch-Buch, Scheßlitz
Printed in Germany

ISBN 3-8244-6602-3

# Vorwort

Die weltweit feststellbaren Änderungen in den Wirtschaftsstrukturen werden häufig mit der Verfügbarkeit oder Einführung neuer Technologien in Verbindung gebracht. Insbesondere die Telekommunikationstechnologien und Multimediasysteme fallen hier besonders auf. Diese bilden die Voraussetzung, daß Informationen und Dienstleistungen praktisch jederzeit weltweit auf Knopfdruck und in beliebiger Form zur Verfügung gestellt werden können. Mit den technischen Entwicklungen verknüpfen sich gleichzeitig viele Hoffnungen und Erwartungen, vor allem in Hinblick auf eine Entspannung der Situation am Arbeitsmarkt. Diese neuen Arbeitsplätze werden allerdings nicht automatisch in Deutschland entstehen, und sie setzen vor allem eine Investitions- und Innovationsbereitschaft sowie die Entwicklung neuer Qualifikationen voraus.

Multimedia ist eine Technologie, die zur Zeit der Marktentwicklung voraus ist. Vermutlich ist jedoch genau dies für die Entwicklung eines funktionierenden Marktes erforderlich. Der Markt für netzbasierte Multimediaanwendungen befindet sich zur Zeit in einer frühen Entwicklungsphase, die zuverlässige Marktprognosen noch kaum erlaubt. Es besteht allerdings die übereinstimmende Auffassung, daß es sich um einen starken Wachstumsbereich handelt. Zur Zeit wird das Marktvolumen in Deutschland auf ca. 270 Mrd. DM pro Jahr geschätzt. Die wichtigsten Anbieter in diesem Markt sind Unternehmen der Computer-, Medien-, Telekommunikations- und Unterhaltungsindustrie sowie Anbieter aus der Unterhaltungselektronik, dem Versandhandel und der Touristik.

An der Universität Regensburg wurde die Notwendigkeit, an diesen Entwicklungen aktiv mitzuwirken, erkannt. Seit längerem sind daher einzelne Arbeitsgruppen und Institute in vielfältiger Weise mit dem Thema Multimedia befaßt. Mit der Organisation des MultiMediaTages der Universität Regensburg wurde versucht, die zahlreichen Aktivitäten und Überlegungen auf diesem Gebiet zu dokumentieren und einer breiteren Öffentlichkeit zugänglich zu machen. Insgesamt wurde ein sehr breites Spektrum an Fachbeiträgen und Systemen präsentiert, die den Stand der Technik genauso wie die Vielfalt der

Anwendungsmöglichkeiten zeigten. Ein Schwerpunkt lag dabei auf Anwendungen aus der Medizin, wo Multimedia-Systeme z.b. zur 3D-Rekonstruktion von Schnittbildverfahren (Projekt von Dr. R. Fründ) verwendet wird, aber auch aus der Germanistik (Prof. Dr. Braungart) oder der Theologie ('Virtuelle Vorlesung' von Prof. Dr. Jilek) wurden Anwendungsmöglichkeiten gezeigt. Die Einsatzbereiche reichten vom Edutainment-Einsatz in der Lehre (Dr. Bauer) über Einsatz von Videokonferenzen im Telemedizinbereich (Prof. Dr. Nerlich) bis hin zu multimedialer Unterstützung in der Namensforschung (Prof. Dr. Greule) - um nur einige der Beiträge zu nennen.

Das Thema Multimedia nimmt nicht nur in der gesellschaftlichen Diskussion einen immer breiteren Raum ein, sondern wird auch als Zusatzqualifikation für verschiedenste berufliche Tätigkeiten immer wichtiger. Diesem allgemeinen Bedarf soll mit einem verstärkten Engagement in der Lehre Rechnung getragen werden. Die Veranstaltung von Fachtagungen sowie die Dokumentation der Ergebnisse stellt einen wichtigen Baustein in diesem Gesamtkonzept dar. Mit der Vermittlung von Wissen über die neuen Medien soll eine realistische Einschätzung aktueller Trends und Entwicklungen sowie der Anwendungsmöglichkeiten der neuen Medien im praktischen Einsatz gefördert werden.

Franz Lehner<br>
Ludwig Hitzenberger<br>
Georg Braungart

# Inhaltsverzeichnis

Vorwort .................................................................................................................. V

Inhalt ................................................................................................................... VII

## *I. Multimedia in der Lehre* .............................................................................. *1*

*H. Baumann*
Geschichte lernen am Computer? - Ein Überblick ................................................ 3

*A. Jilek*
Virtuelle Vorlesung Theologie: erste Erfahrungen ............................................... 25

*H. Kopp*
Bildverarbeitung Interaktiv - Entwicklung eines multimedialen Lernsystems ........ 39

*R. Bauer*
Edutainment: Freizeitanimation oder pädagogische Lernchance ......................... 47

## *II. Projekte und Anwendungen in der Medizin* .......................................... *61*

*R. Fründ*
Anwendung und Nutzen moderner Bildverarbeitung in der Medizin:
3-dimensionale Rekonstruktion von Schnittbildern .............................................. 63

*S. Dove*
Computermethoden im Arzneimitteldesign .......................................................... 75

## III. Anwendungen in Wirtschafts-, Geistes- und Naturwissenschaften ............ 89

T. Breuer

Stadtgeographie und touristische Städtewerbung im Internet -
Beispiele aus RETIS (Regensburger Tourismus - Informations System) .................. 91

G. Braungart

Geisteswissenschaften im Multimedia-Diskurs: Traditionen und Ansätze ............ 105

A. C. Zimmer

Benutzerfreundlichkeit: Orientierung am Nutzer bei der Gestaltung von Geräten ............. 123

A. Greule, M. Prinz, H. Korten

Multimedia in der Namenforschung ............................................................... 157

L. Hitzenberger, C. Womser-Hacker

Multimediale Informationsverarbeitung -
Interaktion und Informationspräsentation im Spannungsfeld von Bild und Sprache ............ 179

Autorenverzeichnis ........................................................................................ 197

# I. Multimedia in der Lehre

# Geschichte lernen am Computer? - Ein Überblick

H. Baumann

## 1. Zur Fragestellung

1980 stellt der amerikanische Mathematiker Seymour Papert[1] die Behauptung auf, die sich durch den Computer anbahnenden revolutionären Veränderungen im Gesamtsystem unseres Denkens und unserer Wissensorganisation seien nur zu vergleichen mit der Einführung des Buchdrucks mit beweglichen Lettern in der Mitte des 15. Jahrhunderts. Er prophezeit einen Kulturwandel[2]: Der Siegeszug des kleinen, transportablen, privaten Computers werde durch die Eigenschaft der Interaktivität eine grundlegende Rekonzeptionalisierung des Wissens und einen veränderten Denkstil bewirken. Der Mikrocomputer als Werkzeug unseres Denkens werde Denken verändern, vielleicht verbessern, einen anderen Zugang zu Wissen ermöglichen, das Lernen revolutionieren, eine Lernumgebung schaffen, in der, anders als in der künstlichen und unproduktiven des traditionellen Klassenzimmers, Kinder mühelos, erfolgreich und ohne großen Zwang lernen werden. Papert prognostiziert die völlige Umkehrung traditioneller Lernprozesse: Nicht die Lernmaschinen der 60er Jahre und ihre Programme werden in Zukunft die Schülerinnen und Schüler instruieren, sondern das Kind wird den Computer "programmieren". Neues Lernen sei im Entstehen, dessen wichtigste Kennzeichen Interaktivität, Kreativität, Individualisierung und Mündigkeit sind.

Wie sieht die Situation 1997 aus? Ist das Zukunftsszenario eingetroffen oder sind wir wenigstens auf dem Weg dorthin? Sind alle Unterrichtsfächer gleichermaßen vom „Neuen Lernen", wie vorhergesagt, betroffen?

Nimmt man die Lehrpläne als Indikator, so zeigt sich, daß neue Technologien und neue Unterrichtsfächer eingeführt wurden: Informatikunterricht und Informationstechnische Grundbildung sind obligatorisch in allen Bundesländern[3]. Textverarbeitung im Deutschunterricht, der Computer nicht nur als peripheres Hilfsmittel, sondern als zentrales Arbeitsgerät in den naturwissenschaftlichen Fächern und in der Mathematik, ist eine Selbstverständlichkeit.

Anders ist die Situation in den geistes- und kulturwissenschaftlichen Fächern. Geschichte, zum Beispiel, hat von seiner Struktur und seinen Zielsetzungen her nur eine geringe Affinität zum computergestützten Lernen. Wenn es darum geht, das Leben des Menschen in Zeit und Raum zu erforschen, zu rekonstruieren, zu deuten und darzustellen, Erkenntnisse aus in der Erde verborgenen Überresten und jahrhundertealten Dokumenten zu gewinnen, historische

Vorstellungen und Einstellungen zur Geschichte zu bilden, so können Computer nur begrenzt behilflich sein. Die drei Dimensionen geschichtlichen Lernens, Sachurteil, Sachanalyse und Wertung, und die Fähigkeit, Geschichtskompetenz zu erwerben, entziehen sich teilweise oder ganz binärer Kontrolle.

Es ist zu fragen:
- Was kann der Computer aufgrund seiner speziellen Technologie für den Geschichtsunterricht leisten?
- Lassen sich historische Ereignisse, Prozesse und Strukturen mit Hilfe des Computers veranschaulichen und vergegenwärtigen?
- Wird die Einstellung der Schülerinnen und Schüler zu den neuen Technologien den Geschichtsunterricht verändern?

## 2. Ansätze in der Bundesrepublik seit den späten 60er Jahren

### 2.1 Datenanalyse und exploratives Lernen

Die Anstöße zum computergestützten Lernen im Geschichtsunterricht kommen in Deutschland, anders als in England, nicht aus der und Lehrerschaft sondern von jungen, sozialwissenschaftlich orientierten Historikern. Die junge Wiener Historikergruppe um Franz Eder[4] rezipiert den in Großbritannien von Fachwissenschaftlern und Lehrerinnen und Lehrern gemeinsam in den 70er Jahren entwickelten Ansatz der Verbindung der "New History" mit der neuen Informationstechnologie: In England wird zum Unterricht in Lokalgeschichte eine Datenbank über Volkszählungen aus dem 19. Jahrhundert für Ortschaften und Städte in Suffolk eingerichtet, Lehrerinnen und Lehrern steht neben diesem Zensusmaterial zusätzlich eine Datenbank mit Quellenmaterial zur Verfügung[5].

Im deutschen Sprachraum ist das von der Wiener Gruppe als Pilotprojekt in den 80er Jahren entwickelte Softwarepaket HISTO das erste, das eine EDV-unterstützte Analyse und Bearbeitung historischer Daten in Kombination mit Quellentexten und Darstellungen zur Lebens- und Arbeitssituation der Bewohnerinnen und Bewohner der Werkssiedlung einer Metallfabrik in Kaiser-Ebersdorf bei Wien ermöglicht und eine exemplarische Auseinandersetzung mit den sozio-ökonomischen Verhältnissen der österreichischen Arbeiterschaft am Ende des 19. Jahrhunderts erlaubt[6]. In Verbindung mit der Wiener Gruppe entwickelt auch das Max-Planck-Institut für Geschichte in Göttingen[7] ein Datenbanksystem zur Analyse und Auswertung von Massendaten als Public-domain Software.

Für den Gebrauch an Schulen aufgegriffen wird dieser Ansatz vom DIFF[8] mit dem Datenbankprogrammen "Census Analysis", und auch das Programm „Geburt und Tod in Preußen. Eine explorative Datenanalyse der preußischen Bevölkerungsentwicklung mit Hilfe des Computers"[9] verfolgt diesen Ansatz. Merkmale dieser Programme sind die hohe Aktivität und die Selbsttätigkeit der Schülerinnen und Schüler, die im Sinne des entdeckenden und forschenden Lernens selbständig und individuell ihren Zuwachs an Erkenntnissen steuern.

## 2.2 Übungsprogramme und tutorielles Lernen

Im Gegensatz zum explorativen Lernen lenkt das instruktionsorientierte Lernen konsequent geschichtliche Lernprozesse. Im Geschichtsunterricht in der Bundesrepublik erstmals in den 60er Jahren mit Buchprogrammen erprobt, stößt der programmierte Unterricht bei Geschichtslehrerinnen und -lehrern und Fachdidaktikern auf große Ablehnung. Die direkte Instruktion von vorbestimmten historischen Lerninhalten, aufbereitet in kleinen Schritten, lasse die Bildung von geschichtlichen Vorstellung und die Hinführung zu Geschichtsbewußtsein nicht zu[10], wird argumentiert. Geschichte sei zu vielschichtig, exemplarische, repräsentative und fundamentale Einsichten in historische Veränderungen, Strukturen und Prozesse seien nicht durch programmiertes Lernen zu gewinnen, das auf dem lerntheoretischen Konzept des Behaviorismus basiere. Die Kritik räumt zwar ein, daß der Wissenserwerb, also das Lernen von historischen Daten und Fakten sich durch das programmierte Lernen optimieren lasse, Konsens ist aber, daß ein Programm, das Schülerinnen und Schüler zu passiven, fremdgesteuerten Lernern mache, die sich in ihrem Denken und Handeln weitgehend an das Programm und seine Struktur anpassen müssen, abzulehnen sei. Zu fördern sei dagegen das Verstehen komplexer historischer Zusammenhänge, das Beurteilen historischer Entscheidungen und vor allem die Fähigkeit, ein eigenes Urteil zu finden und dieses zu begründen, Qualifikationen, die das instruktionsorientierte Lernen nicht vermitteln könne.

Ende der 80er Jahre wagen Lehrerinnen und Lehrer, ermutigt durch die hohe Akzeptanz, die das neue Medium „Computer" bei Schülerinnen und Schülern findet, den Versuch, tutorielle Programme für den Geschichtsunterricht zu entwerfen. Die Lernsoftware stellt Informationen, z. Bsp. Texte und Bilder bereit, Schülerinnen und Schüler beantworten Fragen und lösen Aufgaben, die das Programm mit seinen noch bescheidenen Möglichkeiten überprüft. Es sind außerschulische Einflüsse, Erwartungshaltungen von Schülerinnen und Schülern, die die Entwicklung von Übungsprogrammen und tutoriellen Geschichtsprogrammen fördern.

Zu ersteren ist „Historix"[11] zu zählen, ein Programm, das Schülerinnen und Schüler mit Hilfe von Fragen durch verschiedene Epochen führt und zum Erwerb von Orientierungswissen anleitet. „Ägypten I und II"[12], „Schiffahrt auf dem Rhein anno 1778"[13] und „Kolumbus entdeckt Amerika"[14] hingegen vermitteln vertiefende Einblicke in eine Epoche oder einen kürzeren Zeitraum.

Abb. 1: „Kolumbus entdeckt Amerika"

Diese Programme zeichnen sich, wenn auch noch in eingeschränkter Form, durch ihre Interaktivität, ihre Dialogfähigkeit und durch ein Informationsfeedback aus.

Die lerntheoretische Rechtfertigung liefert u.a. Heinz Mandl[15] mit seiner Münchner Arbeitsgruppe, der die positiven Lerneffekte betont, die mit Übungsprogrammen und tutoriellen Programmen erreicht werden. Mit Hilfe des Computers könne logisch-funktionales Wissen angemessen, ästhetisches und soziales Wissen aber nur bedingt vermittelt werden, denn ein „lebensnaher Erfahrungsbezug" sei nicht möglich. Zudem bestehe die Gefahr, daß inhaltliche Fragestellungen zugunsten von spielerischen Elementen verloren gehen.

Die Auswertung von Studien zeigt, daß sich intelligente tutorielle Programme positiv auf kognitive Prozesse durch Interaktivität, Informationsfeedback und Dialogfähigkeit auswirken. Durch multiple Präsentation und durch Speichern und Bereitstellen von Basisinformation wird eine Gedächtnisentlastung erreicht, somit ist insgesamt ein positiver Lerneffekt zu beobachten.

## 2.3 Planspiel und Simulation, Hypermedia und Multimedia

Der technologische Fortschritt, die größere Leistungsfähigkeit der Prozessoren und vor allem die schnelle Entwicklung von laser-optischen Speichertechnologien eröffnen in den 90er Jahren neue Perspektiven für computergestütztes Lernen[16] allgemein und speziell für den Geschichtsunterricht. In Plan- und Simulationsspielen, denen eine strukturierte Informationsbank und ein Simulationsmodell zugrunde liegen, greifen Schülerinnen und Schüler durch Veränderungen von Parametern in das reale oder fiktive System ein. Weg führt computerunterstütztes Lernen vom traditionellen Medienverbund mit einer unhandlichen Vielzahl von Geräten, z. Bsp. Film-, Dia- und Overheadprojektoren, Tonbandgerät und CD-Player, hin zur Nutzung eines einzigen Geräts, eines leistungsstarken Computers, in dem optische Speichermedien (z. Bsp. CD-ROM) mit akustischen (Soundkarte) kombiniert sind. Hypermedia und virtuelle Realitäten ergänzen sich und sind verknüpft. Hervorstechendes Merkmal von Multimedia[17], neu und entscheidend für das Lernen ist die interaktive Informationserschließung durch die Schülerinnen und Schüler. Wie Papert 1980 vorhergesagt hat, steuert nicht das Programm durch die Informationsdarbietung, nicht der PC das Lernen der Schülerinnen und Schüler, sondern sie steuern die Maschine.

Die Interaktivität ermöglicht historische Planspiele und Simulationen, zudem wird eine problemlösungsorientierte, selbständige Bearbeitung eines historischen Themas, die Analyse und die Lösung von Problemen durch den Lernenden durch ein äußerst umfangreiches Angebot von historischen Informationen, Quellen und Dokumenten unterstützt. Ist instruktionsorientierte Lernsoftware noch eng mit dem Behaviorismus verbunden, so finden Hypermedia und Multimedia ihre lerntheoretische Begründung im Konstruktivismus. Der Mensch als aktives Wesen konstruiert sich sein Wissen individuell. Das selbstgesteuerte Lernen wird von Voreinstellungen und Vorwissen beeinflußt und ist von subjektiven Erfahrungen abhängig. Auf geschichtliches Lernen übertragen ergibt sich daraus die Konsequenz, daß Schülerinnen und Schüler ihre individuellen historischen Vorstellungen durch „aktives Tun"[18], durch Handeln konstruieren, der historische Erkenntnisprozeß auf bisherigen historischen Erfahrungen aufbaut. Voraussetzung ist ein problemorientierter Geschichtsunterricht. Planen, Simulieren, Entscheiden, Nachschlagen und Konstruieren werden auch im Geschichtsunterricht durch computergestütztes Lehren und Lernen möglich. Aktives, handlungs- und erlebnisorientiertes, multiperspekives und offenes Lernen in Problemlösungssituationen erhalten im Geschichtsunterricht durch Multimedia eine neue Akzentuierung[19].

Planspiele und Simulationen finden bereits Ende der 80er und Anfang der 90er Jahre Eingang in die geschichtsdidaktische Diskussion. Ausgehend von der Frage, wie Schülerinnen und Schüler in historische Entscheidungsituationen gebracht werden können, und einem fächerübergreifenden Ansatz verpflichtet, entwickelt Josef Rave mit seinen Schülerinnen und Schülern zwei historische Simulationsspiele, „Sparta" und „Ritter"[20]. Seine Anregungen werden nur von einer kleinen Zahl von Geschichtslehrerinnen und -lehrern aufgenommen. Das Selbstherstellen von Computerprogrammen erfordert umfangreiche Programmierkenntnisse, über die zu diesem Zeitpunkt eher Schülerinnen und Schüler als Lehrerinnen und Lehrer verfügen.

Mehr Aufmerksamkeit und Beachtung findet Anwendersoftware, zum Beispiel „Ancient Lands"[21], „Cäsar I und II"[22], "1869"[23] und vor allem „Die Patrizier"[24], um nur einige Simulationsspiele zu nennen[25]. Letzteres greift erneut das auf dem Freizeitmarkt unter MS-DOS erfolgreich vermarktete Thema „Die Hanse" auf, allerdings nun mit anspruchsvoller Grafik und Sound auf CD-ROM. Ziel des hochmotivierenden Spiels ist es, von einem kleinen Händler zu einem reichen Fernhandelskaufmann aufzusteigen, Bürgermeister einer Hansestadt und Ältermann der Hanse zu werden. Das als „hervorragend" in bezug auf seine spielerischen Funktionen eingestufte Computerspiel gibt den Anstoß zur kritischen Auseinandersetzung mit der Frage des Aufbaus von historischem Verständnis durch Simulationen. Kritik am vermittelten Geschichtsbild übt Peter Wolf[26]. Er stellt fest, daß es maßgeblich von Vorstellungen des 19. Jahrhunderts geprägt sei. Allerdings gesteht er dem Spiel zu, daß der Spielverlauf Interesse an Geschichte wecke und neue Zugänge zur Geschichte eröffnen könne. Aber durch eine verzerrte Darstellung das Mittelalters sei das Programm als „Geschichtssimulation" auf hohem Niveau gescheitert.

In seiner Einzelanalyse bestätigt Wolf weitgehend die Ergebnisse der Untersuchungen von Hans Thieme, der historisch fragwürdige Computerspiele, vor allem Kriegsspiele, einer sehr kritischen Sichtung unterwirft. Er beanstandet, daß durch das computergestützte Lernen die in der Geschichtsdidaktik und im Geschichtsunterricht längst überholt geglaubte Personalisierung und Personifizierung von Geschichte in der Tradition von Heinrich Roth und Hans Ebeling wieder Auferstehung feiern, und zudem durch Planspiele die Gewaltbereitschaft gefördert werde. Thieme fordert, für den Schulgebrauch historische Software zu entwickeln, die den Anforderungen einer modernen Geschichtsdidaktik genügt. Wie berechtigt diese Warnung vor Gewaltverherrlichung durch Planspiele ist, zeigt das Erscheinen des Programms „Schlachten der Weltgeschichte"[27].

Auf vergleichsweise umfangreiche Erfahrungen mit spielerischen historischen Simulationen kann die Museumsdidaktik zurückgreifen. Zum Beispiel schildert Peter Wolf seine positiven Erfahrungen mit "Eisenharte Jahre. Eine Zeitreise ins Mittelalter[28]" im Kontext des Angebots an historischer Spielsoftware, und Manfred Treml[29] erläutert die konzeptionellen Überlegungen zu Software und Multimedia für historische Ausstellungen, Planungen, die von der Textrecherche bis zur programmtechnischen Umsetzung von spielerischen Simulationen reichen. Am Beispiel von ' "Super Toni". Acht Stunden sind kein Tag - Geschichte der Gewerkschaften in Bayern[30] erläutert er die Entstehung eines Rollenspiels.

Hypermedia und Multimedia führen zu zwei neuen Ansätzen im Geschichtsunterricht, einmal zur Herausgabe von elektronischen Nachschlagwerken für Lehrerinnen und Lehrer und Schülerinnen und Schüler, zum anderen zu Multimedia-Anwendungen, die thematisch ein Ereignis, einen abgegrenzten historischen Zeitraum oder eine Epoche zum Inhalt haben. Dem Bedürfnis nach einem schnellen Zugriff auf historische Texte und Dokumente zur Unterrichtsvorbereitung kommt „Unterrichtsvorbereitung aus dem Computer"[31] nach. Historische Lexika und Nachschlagwerke sind in schneller Reihenfolge in den letzten zwei oder drei Jahren auf den Markt geworfen worden, die, zum Teil historisch wenig seriös, zwar mit vielen Links die Interaktivität fördern, mit bunten Bildchen aber über ein bescheidenes Informationsangebot hinweg täuschen. Als fundierte, elektronische historische Lexika auf der Wissensgrundlage von Standardlexika sind u.a. „Geschichte - Lexikon der Grundbegriffe"[32], „Bertelsmann Lexikon der Geschichte", „Bertelsmann Chronik des 20. Jahrhunderts"[33] und „Die Großen des 20. Jahrhunderts"[34] einzustufen. Einen Platz als historisches Nachschlagwerk für Schülerinnen und Schüler, als elektronischer Atlas zur Geschichte, hat sich „Centennia"[35] erobert: Eine umfassende Kombination von Daten, Karten und kurzen Textinformationen, die auch mit einem bescheiden dimensionierten Rechner auskommt, erlaubt Schülerinnen und Schülern eine Reise durch die Zeit. Eine Veranschaulichung von Überblickswissen durch Bilder, Ton und Videos erfolgt u.a. in „Historica. Interaktive Streifzüge durch die Geschichte der Menschheit"[36].

Erste Versuche, den Computer im Sinne der Lerntheorie des Konstruktivismus im Geschichtsunterricht als Medium für selbstbestimmtes Lernen einzusetzen, unternimmt ein Forschungs- und Lehrprojekt der Universität Lüneburg[37]. Die Autoren zerlegen die "Ebstorfer Weltkarte", eine mittelalterliche Weltkarte aus dem 13. Jahrhundert, in einzelne Sektoren, denen ergänzende Informationen zum Nachschlagen zugeordnet sind.

Erste historische Multimedia-Anwendungen, die sich an Schülerinnen und Schüler richten und auch für den Geschichtsunterricht konzipiert werden, sind die vor kurzem erschienenen CD-

ROM „Die weiße Rose"[38] und „Stadt im Mittelalter"[39]. Letztere entwirft einen Spaziergang durch den Alltag einer mittelalterlichen Stadt. Informationen und Kenntnisse über die städtische Ordnung und den Handel, die Bewohner einer Stadt und Lebensbedingungen[40] in der städtischen Gemeinschaft werden durch Bild und Ton bereitgestellt, ergänzt durch kleine Simulationen und ein Glossar. Ein ähnliches Konzept, allerdings ohne Simulation und erweitert durch umfangreiche Auszüge aus schriftlichen Quellen, Kurzbiographien, historischen Stichwörtern und Videos, liegt „Gegen das Vergessen. Eine Dokumentation des Holocaust"[41] und „Zur Freiheit - Die Geschichte der Berliner Mauer"[42] zugrunde, um nur einige Neuerscheinungen zu nennen[43].

## 3. Was sagt die geschichtsdidaktische Forschung zu diesen neuen Ansätzen von geschichtlichem Lernen, welche Erfahrungen aus der Praxis liegen vor?

Die Diskussion zwischen Geschichtsdidaktikern, Softwaredesignern und Lehrerinnen und Lehrern hat noch kaum begonnen. Erste Überlegungen zur Konstruktion von Lernsoftware für den Geschichtsunterricht hat eine Arbeitsgruppe des Kultusministeriums Rheinland-Pfalz 1991 veröffentlicht, eine Studie, in der noch ausdrücklich auf die mangelnde Akzeptanz computergestützten Lernens bei Geschichtslehrerinnen und -lehrern hingewiesen wird[44]. Das Lernpotential von Geschichtssoftware im Vergleich zum programmierten Unterricht lotet ansatzweise Franz Stark aus[45]. Unter dem Aspekt der Chancen, die die neue Unterrichtstechnologie für historisches Lernen eröffnet, unterwirft Hartmann Wunderer 1996 computergestütztes Lernen im Geschichtsunterricht einer kritischen Sichtung und kommt zu dem Schluß, daß der PC ein sinnvolles Medium sein kann, wenn er nicht nur historische Informationen und vorgefertigte Bewertungen liefere sondern auch "selbstorganisierte Forschungs- und Lernprozesse initiiere"[46]. Er beruft sich auf allererste Erfahrungsberichte aus der Schulpraxis, die Aufschlüsse über die Akzeptanz von geschichtlichen Programmen bei Schülerinnen und Schüler und auf den Umgang mit Multimedia im Unterricht geben.
Ein Untersuchungsergebnis liegt für die 1991/2 hergestellte Unterrichtssoftware „Kolumbus entdeckt Amerika" vor.

Abb. 2 und 3: „Kolumbus entdeckt Amerika"

Das Programm führt in die portugiesisch-spanische Seefahrerwelt des ausgehenden 15. Jahrhunderts ein und vermittelt Einsichten in die Entdeckungen der Inseln in der Karibik durch Kolumbus und die folgende brutale Unterwerfung der Indios im mittel- und südamerikanischen Raum. Die Unterrichtssoftware baut auf diffusem Vorwissen der Schülerinnen und Schüler auf und strukturiert die zu vermittelnden Informationen in 20 Bildschirmseiten. Das tutorielle Programm, ergänzt durch Hypertext, regt durch Fragen zu problemlösendem Denken an, ermöglicht durch kleine Simulationen Schlußfolgerungen und führt zu Lösungen hin. Aufgaben kontrollieren das Gelernte: Begriffe sind in Lückentexte einzusetzen, Symbolen zuzuordnen, oder die richtige Antworten ist anzuklicken. Diese Aufgabenstellungen überprüfen gewonnene Erkenntnisse. Um angebahnte Sach- und Werturteile zu beurteilen, bleibt den Lehrerinnen und Lehrern nur die Möglichkeit, diese Qualifikationen im traditionellen Unterrichtsgespräch zu überprüfen. Das Handbuch zur Software enthält eine Sammlung von vertiefenden Fragen, die auch als Hausaufgabe gegeben werden können.

Um Erfahrungen mit der Akzeptanz, der Einschätzung und dem Umgang mit der Software zu gewinnen, setzen Lehrer im Rahmen der freiwilligen Lehrerfortbildung und Studenten in der schulpraktischen Ausbildung das Programm in einem Unterrichtsversuch in neun Klassen des Sekundarbereichs I ein. Zwischen Februar 1994 und Juli 1995 nehmen je drei Haupt-, Real- und Regelschulen in Bayern und in Thüringen an dem Versuch teil. Die Unterrichtenden können frei entscheiden, in welcher Phase einer Unterrichtseinheit sie die Software einsetzen. Drei entschließen sich, die Vorkenntnisse zum Thema „Kolumbus entdeckt Amerika" zu ermitteln, sechs wiederholen den Stoff, dessen Behandlung teilweise schon mehrere Wochen zurückliegt.

Unmittelbar nach der Arbeit mit dem Programm beantworten insgesamt 190 Schülerinnen und Schüler anonym neun Fragen. Sechs Fragen ermitteln die Kritik an der Software und geben Hinweise auf Verbesserungsvorschläge, zwei betreffen die Bereitschaft, Geschichte am Computer zu lernen, und eine zielt darauf, Themen zu erfragen, die Schülerinnen und Schüler bevorzugt mit Hilfe von Software lernen wollen. Besonders aufschlußreich für die Diskussion um computergestütztes Lernen im Geschichtsunterricht sind die Aussagen über die Bereitschaft, Geschichte am Computer zu lernen[47]. 76% der Schülerinnen und Schüler finden diese Form des Lernens interessanter, 36% so interessant wie den üblichen Geschichtsunterricht und nur 3% lehnen sie ab. In Abgrenzung zu konventionellen Unterrichtsmethoden gefällt den Schülerinnen und Schülern, daß die Dominanz der Lehrerinnen und Lehrer im Vermittlungsprozeß zurückgedrängt wird. Die Kritik der Leistung des einzelnen vor der Klasse und die mündlichen Noten entfallen.

Als positiv wird von den Schülerinnen und Schülern hervorgehoben, daß historische Kenntnisse und Einsichten selbständig entdeckt und erarbeitet werden, und das Wort des Lehrers nicht den Unterricht bestimmt, ihn nicht steuert. Geschichte lernen am Computer finden die Schülerinnen und Schüler aber auch interessanter als die Auseinandersetzung mit den Texten der als langweilig eingestuften Schulbücher. 88% der Befragten sprechen sich dafür aus, Geschichte in Zukunft auch am Computer zu lernen, nur 3% lehnen diese Form ab. Die Begründungen haben eine starke emotionale Komponente. Die am häufigsten genannten Argumente sind: Geschichte lernen am Computer „macht Spaß", ist „lustiger und lockerer", Geschichte werde „interessanter" und „fortschrittlicher" vermittelt. Vor allem wird der spielerische Zugang zum Stoff positiv und als Fortschritt gegenüber herkömmlichen Verfahren gewertet. Geschichte am Computer sei „leichter" und „besser" zu lernen, es gehe „schneller", man könne sich besser „in eine Zeit versetzen" und sich Geschichte „besser merken", zudem könne jeder Schülerinnen und Schüler „etwas entdecken" und das Lerntempo selbst bestimmen, so äußern sich mit ihren eigenen Worten die Befragten.

Diese positive Akzeptanz von Software im Geschichtsunterricht bestätigen zusätzlich Unterrichtsversuche mit der CD-ROM „Stadt im Mittelalter"[48]. Das Programm verbindet bildliche Informationen, zeitgenössische Darstellungen und Rekontruktionszeichnungen mit Textinformation, unterstützt durch Kommentar und Musik. Die Informationsdarbietung zu den Teilaspekten „Stadt", „Markt" und „Haus" wird ergänzt durch kleine Suchaufgaben. Ergänzende Informationen stellen zwei Nachschlagwerke zur Verfügung, ein „Lexikon" und der „Index", die in alphabetischer Reihenfolge Begriffsdefinitionen und Erläuterungen bieten. Alle Informationsebenen sind miteinander verknüpft, sie können aus jedem Bildschirm heraus aufgerufen werden. Die Schülerinnen und Schüler navigieren ohne Steuerung durch das Programm und durch das Informationsangebot. Sie wählen frei aus, was sie lernen wollen. Geschichtliches Lernen erfolgt auf diese Weise zwar interaktiv, ist aber völlig individualisiert, unbeabsichtigt und bleibt beliebig.

Um festzustellen, ob durch interaktives Lernen mit der CD-ROM „Stadt im Mittelalter" ein Zuwachs an Wissen und Kenntnissen möglich ist, erhalten im Juli 1996 Schülerinnen und Schüler einer 9. Klasse Realschule, die in der Hauptschule das Thema „Stadt im Mittelalter" bereits behandelt haben, einen Fragebogen mit neun Fragen. Ermittelt werden Kenntnisse über den mittelalterlichen Markt und die Bürger in der Stadt. Anschließend bekommen die Schülerinnen und Schüler den Auftrag, durch die CD-ROM zu navigieren und Informationen zu sammeln, um am Ende der Unterrichtsstunde dieselben Fragen nochmals zu beantworten. Die Ergebnisse zeigen, daß nicht nur ein eindeutiger Wissenszuwachs stattgefunden hat, sondern die Erkenntnisse sehr viel differenzierter dargestellt werden als im ersten Durchgang. Auffallend während der Phase des Navigierens ist der Zwiespalt vieler Schülerinnen und Schüler: nach den richtigen Antworten suchen oder entdecken, was das Programm enthält?

In diesem Verhalten zeigt sich bereits ein grundlegendes Problem von Multimedia im Geschichtsunterricht. So positiv offenes, motivierendes, mehrdimensionales, handlungs-, erlebnisorientiertes und selbstgesteuertes historisches Lernen zu werten ist, so problematisch ist die totale Individualisierung des Lerners am Bildschirm. Er erhält keine direkten persönlichen Hilfen, um Lösungswege zu finden und keine Kontrolle des Gelernten. Auch partnerschaftliches Lernen, der Erwerb von Sozialkompetenz und ein Vergleich des Leistungsstands innerhalb der Lerngruppe entfallen. Diese Schwächen des lerntheoretischen Ansatzes des Konstruktivismus für das Konzept der Multimediananwendung "Stadt im Mittelalter" erkennen auch die Autoren des Programms und schieben der CD-ROM eine dickes Konvolut nach[49]: eine gedruckte Sammlung von Aufgaben, um die Lernprozesse zu strukturieren, zu lenken und zu steuern.

## 4. Welche Perspektiven ergeben sich für die Zukunft?

Einer neuen Technologie zum Durchbruch zu verhelfen, setzt voraus, daß Lehrerinnen und Lehrer und Schülerinnen und Schüler gleichermaßen von der Optimierung historischen Lernens durch den Computer überzeugt sind. Die Begeisterung und Freude der Schülerinnen und Schüler ist vorhanden[50]. Schwieriger dürfte es werden, Geschichtslehrerinnen und -lehrer, die traditionell ihr historisches Handwerkszeug durch die Analyse und Interpretation der schriftlichen Quelle erlernt haben, vom computergestützten Lernen zu überzeugen. Aufgrund des Interesses von Schülern besteht aber hierzu die Bereitschaft, wie engagierte Lehrer glaubwürdig auf einer Tagung "Computer und Geschichtsunterricht"[51] versichern. Es fehlen aber noch historische Programme, die speziell für den Unterricht konzipiert sind.

Die vornehmlich für den Nachmittagsmarkt produzierten CD-ROM sind im traditionellen Geschichtsunterricht, der durch in Lehrplänen festgelegten Zielsetzungen und Inhalten strukturiert wird, nur als zusätzliches, unterrichtsergänzendes Material oder im projektorientierten Unterricht und an Studientagen einsetzbar. Detaillierte Aussagen über die didaktische Qualität von Geschichtsprogrammen hängen zur Zeit noch stark von der subjektiven Perspektive des Bewertenden ab. Zwar sind in der erziehungswissenschaftlichen Literatur Überlegungen zur Erstellung von Kriterienkatalogen zur Beurteilung von Software und Lernprogrammen veröffentlicht worden[52], in der Geschichtsdidaktik hat die Diskussion jedoch erst begonnen[53]. Von Ralf Kaulfuß liegen fundiert begründete Vorschläge aus geschichtsdidaktischer Sicht und aus der Perspektive von Geschichtslehrern zur den Anforderungen vor, die an "gelungene" Programme zu stellen sind[54].

Es kristallisiert sich heraus, daß sich im regulären Geschichtsunterricht weder reine Multimedia-Anwendungen noch tutorielle Systeme durchsetzen werden, sondern im Unterrichtsalltag am ehesten kombinierte Programme eine Chance haben, eingesetzt zu werden, die zentrale Themen der Lehrpläne aufgreifen, in der Zielsetzung sich an diesen orientieren und vom Umfang her die noch immer starre Regelung einer Geschichtsstunde von 45 Minuten berücksichtigen. Die Freude der Schüler am Lernen mit dem Computer zu verbinden mit einem entdekkenden, handlungs- und zielorientierten Unterrichtsverfahren, das durch ein erweitertes Materialangebot Defizite bisheriger unterrichtlicher Darbietungsformen behebt, hat wohl die größte Aussicht auf Akzeptanz durch Schüler und Lehrer.

Zwei Perspektiven ergeben sich für einen handlungs- und erlebnisorientierten Geschichtsunterricht: für die Herstellung von vorgefertigten Programmen könnte richtungsweisend eine Kombination von tutoriellem System, Simulation und Lexikonfunktion werden. Von einer Problemstellung ausgehend, führen Schülerinnen und Schüler Entscheidungen herbei, machen Veränderungen sichtbar, simulieren Alternativen, lösen Aufgaben und ziehen zur historischen Orientierung Daten und Fakten heran, auf die das Lexikon einen schnellen Zugriff erlaubt. Während des Erkenntnisprozesses schlüpft der Lehrer in die Rolle des Moderators, der die Schülerinnen und Schüler berät. Eine zentrale Rolle in der Steuerung des Unterrichts fällt dem Unterrichtenden wieder in der Phase der Anbahnung von historischen Sach- und Werturteilen zu.

Ansatzweise wird dieses Konzept in der Software "Alltag auf einer Burg im Mittelalter"[55] realisiert. Eine historisch belegte Story enthält die grundlegenden Informationen. Die Schülerinnen und Schüler müssen eine wichtige Aufgabe lösen, das dokumentierte, plötzliche Ableben der Burgherrin aufklären. In 20 Bildschirmen steuern sie dieses Ziel an. In Dialogszenen erhalten die Nutzer Informationen zum Leben auf einer mittelalterlichen Burg, Fragen sind zu beantworten und kleinere Aufgaben durch Simulationen zu lösen. Quellen-, Sachtexte und Bilddokumente und ergänzende schriftliche Informationen können angeklickt werden.

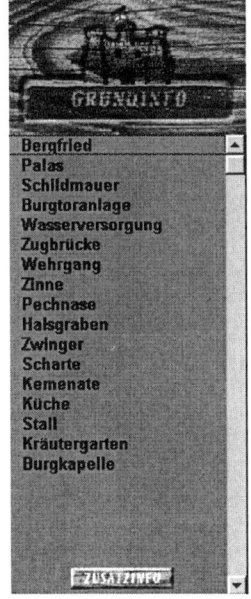

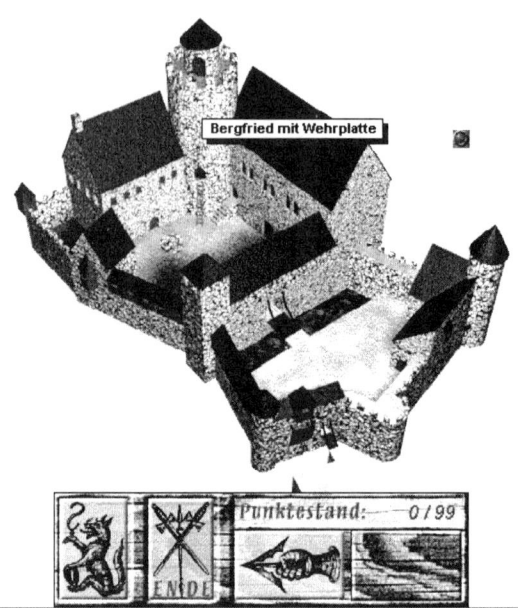
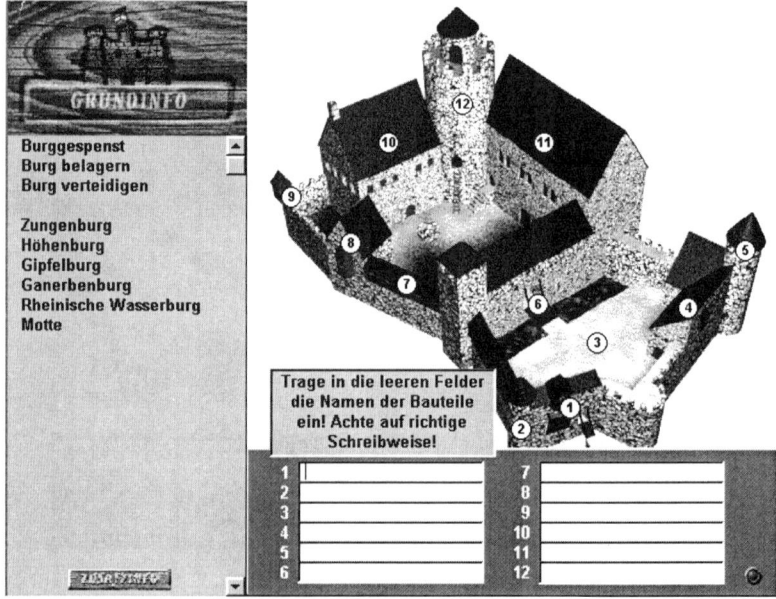

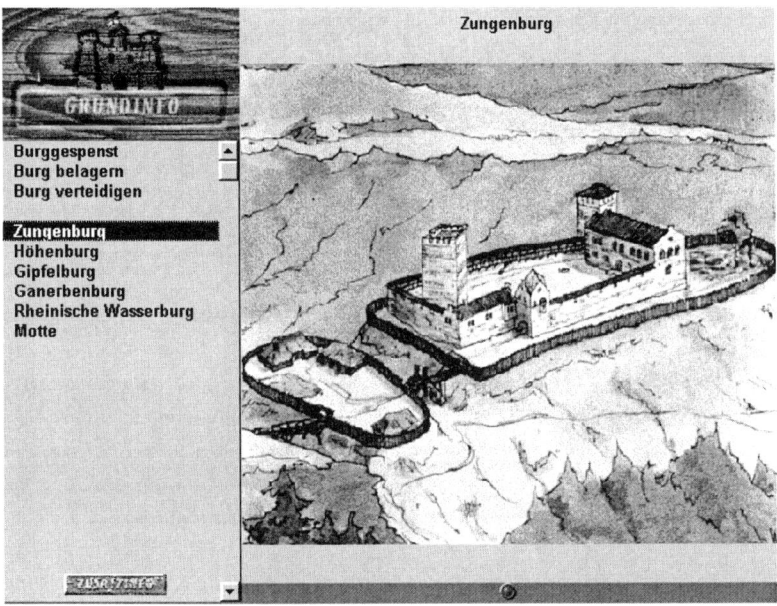

Abb. 4 bis 10: „Alltag auf der Burg im Mittelalter (Grafik: xyz medien design)

Die zweite Perspektive der Verwendung des Computers im Geschichtsunterricht ist ebenfalls im handlungsorientierten Lernen zu suchen. Schülerinnen und Schüler führen historische Projekte durch, die sie mit Hilfe von Autorensystemen dokumentieren oder im Internet[56] vorstellen. Ein Erfahrungsaustausch mit anderen Schulen wird eingeleitet[57]. Vielversprechende Ansätze sind zum Beispiel die im Internet veröffentlichten Projekte "Römerzeitung" (Augst und Kaiseraugst)[58], "Kreuzzüge und Stauferzeit"[59] und "1.9.1989 - 50. Jahrestag des Angriffs auf Polen - ein Gespräch mit ehemaligen polnischen Häftlingen im Lessinggymnasium Mannheim"[60].

Computergestütztes Lernen wird voraussichtlich nicht den Geschichtsunterricht revolutionieren, ihn aber ergänzen und dort, wo in Auswahl und Darbietung von Materialien in der Vergangenheit Defizite auftraten, diese beheben helfen. Computer werden weder Lehrerinnen noch Lehrer oder das Schulbuch aus dem Geschichtsunterricht verdrängen. Für anspruchsvolle Computeranwendungen und Simulationen fehlen vorerst noch adäquate Geräteausstattungen. Wenn die Aktion „Schulen ans Netz"[61] erfolgreich verläuft, ist zu erwarten, daß in Zukunft auch der Geschichtsunterricht ein wenig handlungs-, erlebnisorientierter und kommunikativer verlaufen wird als in der Vergangenheit, und Schülerinnen und Schüler mehr Spaß am historischen Lernen haben werden, so wie sie es sich wünschen.

---

[1] Papert, S., Gedankenblitze: Kinder, Computer und neues Lernen, dt. Basel u. a. 1982

[2] Papert, a.a.O., S. 26 ff.

[3] Hinweise zur allgemeinen Einführung der „Informationstechnischen Grundbildung", z. Bsp. an bayerischen Gymnasien, in: KWMBl I, 1988, S. 317

[4] Eder, F., Neue Technologien für einen neuen Geschichtsunterricht, in: Botz, G. u.a. (Hg.), Qualität und Quantität. Zur Praxis der Methoden der Historischen Sozialwissenschaft, Frankfurt u.a. 1988, S. 331-348

[5] Martin, A., Informationstechnologie und "New History" an britischen Schulen, in: Beiträge zur historischen Sozialkunde, 1989, H. 1, S. 7-11

[6] Novy, K., Posch, H., Das Unterrichtspaket "HISTO", in: : Beiträge zur historischen Sozialkunde, 1989, H. 1, S. 11- 16

[7] Thaller, M., KLEIO, Ein fachspezifisches Datenbaksystem für die Historischen Wissenschaften, Göttingen 1988

[8] Letsche, L. u.a. (Hgg.), Computer im Geschichtsunterricht (= Arbeitsberichte Medienforschung des Deutschen Instituts für Fernstudien Tübingen 3), Tübingen 1988

[9] Portscheller, P., in: Computer + Unterricht, H. 5, 1995, S. 10-14

[10] Die gegen diese Buchprogramme vorgebrachte Kritik ist zusammengefaßt bei Reese, A., Programmierter Geschichtsunterricht, in: Filser, K., Theorie und Praxis des Geschichtsunterrichts, Bad Heilbrunn 1974, S. 82-96

[11] Vertrieb: Mimasoft

[12] Vertrieb: ets

[13] Vertrieb: INSYS

[14] Produktion und Vertrieb: FWU

[15] Zusammengefaßt in: Mandl, H., Heiland, A., Auswirkungen neuer Informationstechnologien auf kognitive Leistungen, soziale Kommunikation und Persönlichkeit von Kindern und Jugendlichen, in: Bogner, C., Computer und Kulturtechniken. Tagungsband. Staatsinstitut für Schulpädagogik und Bildungsforschung. München 1992, S.21-36

[16] Zur Einführung in die Diskussion vgl. u.a. Tully, C. J., Lernen in der Informationsgesellschaft. Informelle Bildung durch Computer und Medien, Opladen 1994; Eigler, G., Seel, N. M., Kind und Computer, in: Unterrichtswissencahft, 20. Jg. 1992, S. 4-11; Seel, N. M., Computer im Unterricht - Auf dem Weg zur multimedialen Lernumgebung, in: Unterrichtswissenschaft, 20. Jg. 1992, S. 73-82

[17] Ein Konsens über die Definition von „Multimedia" existiert noch nicht, vgl. die Begriffsklärung von Euler, D., Multimediales Lernen - Theoretische Fundierungen und Forschungsstand, in: Unterrichtswissenschaft, 22. Jg. 1994, H. 4, S. 291-311 und Pascal, M., Multimedia. Chancen und Risiken moderner Informations- und Kom-

munikationstechnologien in Schule und Unterricht, in: Geschichte, Erziehung und Politik, 8. Jg. 1997, H. 3, S. 129-142

[18] Euler, a.a.O., S. 297

[19] Diese Möglichkeiten der Verwendung des Computers im Geschichtsunterricht reflektieren auch: Bachtina, O., Computer im Geschichtsunterricht, in: LOG IN, 1992, H. 4, S. 29-31 und Stark, F., "Wenn das Klio wüßte ...". Zum Computereinsatz im Geschichtsunterricht, in: FWU Magazin 1, 1997, S. 45-46

[20] Rave, J., Computereinsatz im Geschichtsunterricht, in: Geschichte, Politik und ihre Didaktik, 19. Jg. 1991, S. 269-280

[21] Hersteller: Microsoft

[22] Vertrieb: Sierra/Coktel

[23] Vertrieb: Max Design

[24] Hersteller: Ascon

[25] Eine Beschreibung der beiden letztgenannten Simulationen gibt Osenberg, R., Götter, Geld und große Taten, Strategische Simulationen, Düsseldorf 1993

[26] Wolf, P., Freibeuter der Chronologie, Geschichtsbilder des Historismus im Computerspiel „Der Patrizier", in: Geschichte in Wissenschaft und Unterricht, 44. Jg. 1993, S. 665-670

[27] Herausgabe: Tewi

[28] Wolf, P., Der Traum von der Zeitreise, in: Geschichte in Wissenschaft und Unterricht, 47. Jg. 1996, S. 535-547

[29] Treml, M., Vom Katalog zu Multimedia und Internet - Medienangebote des Hauses der Bayerischen Geschichte, in: FWU Magazin, Heft 1, 1997, S. 51-55

[30] Herausgegeben vom Haus der Bayerischen Geschichte zur gleichnamigen Wanderausstellung 1997/99, Augsburg 1997

[31] Herausgabe: Park Körner

[32] Herausgabe: Systhema

[33] Herausgabe: Bertelsmann Elektronic Puplishing

[34] Herausgabe: Koch Media

[35] Herausgabe: Heureka-Klett

[36] Herausgabe: Cornelsen Software

[37] Warnke, M., Die Ebstorfer Weltkarte, in: Computer und Unterricht, Heft 5, 1992, S. 27 ff.

[38] Herausgabe: Direct Media

[39] Herausgabe: Freies Historiker Büro/MicroMediaArts

[40] Beschreibung des Programms: Kockerols, B., Die Stadt im Mittelalter, in: L.A. Multimedia, H. 1, Februar 1997

[41] Herausgeber: Navigo

[42] Herausgeber: Next Edit/FWU

[43] Die Liste der Neuerscheinungen der letzten beide Jahre ließe sich um weitere Beispiele ergänzen, u. a. „Eine Reise auf dem Nil nach Ägypten" (Ehapa-Verlag), "Die Atombombe. Ein Wettlauf gegen den Krieg" (Corbis/Bomico) und „Erlebnis Geschichte - Deutschland seit 1945" (Haus der Geschichte der Bundesrepu-

blik/Klett-Heureka). Eine Übersicht über Geschichtssoftware und -programme, zusammengestellt von F. Stark, hat das Staatsinstitut für Schulpädagogik und Bildungsforschung, Arabellastr. 1, 81925 München, Abteilung Gymnasien, Referat Geschichte, im Frühjahr 1997 herausgebracht.

[44] Albrecht, R., Das Medium Computer im Geschichtsunterricht, in: Hosseus, W. (Hg.), Computer als Unterrichtsmedium. Kultusministerium Rheinland-Pfalz. Schulversuche und Bildungsforschung. Berichte und Materialien, Mainz 1991, S. 119

[45] Stark, F., Programmierter Geschichtsunterricht im Wandel. Vom Buchprogramm zur Lernsoftware, Zentralstelle für Computer im Unterricht, Augsburg 1993

[46] Wunderer, H., Computer im Geschichtsunterricht, in: Geschichte in Wissenschaft und Unterricht, 47. Jg., 1996, S. 526-534

[47] Eine ausführliche Beschreibung der Anordnung der Fragen, die Ergebnisse und deren Interpretation enthält: Baumann, H., Geschichte lernen am Computer. Erste Erfahrungen mit der FWU Software 'Kolumbus entdeckt Amerika', in: FWU Magazin 5, 1995, S. 21 - 26

[48] Eine ausführliche Besprechung des Programms enthält: Magar, C., CD-ROM "Die Stadt im Mittelalter". Erfahrungsbericht, in: Geschichte lernen, H. 58, 1997, S. 6-7

[49] Freies Historiker Büro, Arbeitsblätter. Die Stadt im Mittelalter, Unterrichtshilfen zur gleichnamigen CD-ROM, Mülheim an der Ruhr 1996

[50] vgl. Amsbeck, S., "Wir dürfen an den Computer? - Klasse!". Ein Werkstattbericht, in: Praxis Geschichte, H. 2, 1966, S. 56-57

[51] Baumann, H., Kaulfuß, R., Computer und Geschichtsunterricht. Bericht über eine Tagung im FWU am 14. November 1996, in: FWU Magazin 1, 1997, S. 43-45

[52] z. B. Schenk, H., Beurteilungskriterien für den Einsatz von Lernprogrammen in Unterricht und Weiterbildung, in: Seidel, C. (Hg.), Computer Based Training. Erfahrungen mit interaktivem Computerlernen. Göttingen, Stuttgart 1993, S. 118-126

[53] Frohme, C. u.a., Ein Software-TÜV, in: Praxis Geschichte, Heft 2, 1996, S. 57;

[54] Kaulfuß, R., Überlegungen zu Anforderungen an Software für den Geschichtsunterricht, in: FWU Magazin, 1, 1997, S. 47-50

[55] Herausgabe: FWU (erscheint 1997)

[56] z. B. das Projekt "Auf den Spuren von Frauen im Römischen Regensburg" der 7. Klasse der Albert-Schweitzer-Realschule, betreut von Regensburger Studentinnen und Studenten der Didaktik der Geschichte im Wintersemester 1996/7 (http://www.uni-regensburg.de/Fakultaeten/phil_Fak_III/Geschichte/indexdid.htm)

[57] Einen Überblick über historische Unterrichtsprojekte im Internet gibt zum Beispiel der Bayerische Schulserver an der Zentralstelle für Computer im Unterricht in Augsburg (http://dbs.schule.de/db/by/fachlist.html?fach=Geschichte&kategorie=&schulstufe=)

[58] http://www.gzg.fn.bw.schule.de/lexikon/augst/kaiaugst.htm

[59] http://www.gzg.fn.bw.schule.de/staufer/aufruf.htm

[60] http://www.uni-karlruhe.de/za301/polnkz.html

[61] Die Einrichtung von Bildungsservern fördert diese Entwicklung. In Bayern sollen 750 Schulen ans Netz gehen, wie der bayerische Kultusminister im April 1997 angekündigt hat (vgl. SZ vom 4. April 1997, S. 39); zur Bedeutung des Lernen mit dem Internet vgl. u.a. Schulz-Zander, R., Lernen mit Netzen, in: Computer und Unterricht, H. 25, 1997, S.10-13; Geisz, M., Schule ans Netz? Internet als Möglichkeiten für den "Eine-Welt-Unterricht", in: Geschichte, Erziehung, Politik, 1997, H. 3., S. 143-145

# Virtuelle Vorlesung Theologie: erste Erfahrungen

A. Jilek

## 1. Vorbemerkungen[1]

### 1.1 Liturgiewissenschaftliche Fachinteressen

Warum interessiert sich ein Theologe — genauer: ein Liturgiewissenschaftler, der ich bin — für ein virtuelles Vorlesungsprojekt? Erlauben Sie mir, daß ich hierzu kurz drei Aspekte in Erinnerung rufe.

Einmal: Im Mittelpunkt liturgiewissenschaftlicher Forschung und Lehre steht der Gottesdienst der Kirche in der Vielfalt seiner Formen und in all seinen sonstigen Aspekten. Jede Form christlichen Gottesdienstes wiederum ist in erheblichem Maße — wenn nicht gar zu allererst — bestimmt von der Dimension der Anschauung. Dabei gebrauche ich den Begriff „Anschauung" zunächst in seinem einfachen Wortsinn. Von welch grundsätzlicher und vielschichtiger Bedeutsamkeit diese Dimension menschlicher Wahrnehmung nicht nur für Liturgie ist, läßt sich bis hinein in unsere Sprachgepflogenheiten verfolgen: Nicht umsonst sprechen wir von Welt-„Anschauung", von Lebens-„Anschauung" und — im gleichen Sinn — von Glaubens-„Anschauung". Eben hiervon ist Liturgie wesentlich bestimmt: Sie bringt christliche Weltsicht und Inhalte christlicher Lebensauffassung zur Anschauung.

Sodann: Christliche Liturgie lebt in erheblichem Maße vom Zusammenspiel unterschiedlicher Weisen sinnenhafter Wahrnehmung: von Ton (vokal und instrumental), von Wort sowie von symbolischer Handlung, also von leib- und bildhafter Darstellung. Daher gilt: Für alle Formen des Gottesdienstes und somit natürlich auch für die Liturgiewissenschaft ist Dramaturgie von entsprechender Wichtigkeit.

---

[1] Der folgende Beitrag ist ursprünglich als mündlicher Vortrag konzipiert und in dieser Charakteristik belassen worden. Wie der Titel ausweist, handelt es sich um ein Resümee erster Versuche und Erfahrungen mit einer sogenannten „virtuellen" Lehrveranstaltung. Im vorliegenden Fall ist die betreffende Lehrveranstaltung über Internet durchgeführt worden. Um der Leserschaft des folgenden Beitrags einen möglichst unmittelbaren Eindruck zu geben, ist die genannte Lehrveranstaltung bis auf weiteres unter folgender Internet-Adresse zugänglich: http://www.uni-regensburg.de/Fakultaeten/Theologie/liturgie/vv9697/lf0.htm. Für die Teilnahme an der virtuellen Lehrveranstaltung waren ausgewählte Print- und Video-Medien erforderlich. Die Print-Medien sind über Bibliotheken und Buchhandel zugänglich. Die Video-Medien können bezogen werden bei: August & Eveline Jilek, Liturgieverlag, Steinackerweg 10, D-93089 Aufhausen. Weitere Informationen sind erhältlich über: Universität Regensburg, Lehrstuhl Prof. Dr. August Jilek, 93040 Regensburg; eMail: prof.a.jilek@t-online.de.

Das dritte Stichwort heißt „Anwendungsbezogenheit". Vermittlung und Aneignung von Gestaltungs- und Feierkompetenz — von liturgisch-dramaturgischer Kompetenz also — gehört zu den zentralen Lehr- und Studienzielen der Liturgiewissenschaft. Grundlagenforschung und Lehre dieses Faches stehen daher in besonderem Maße und — ganz zurecht — unter dem Anspruch von Anwendungsrelevanz.

**Fazit:**
Natürlich ist „MultiMedia" ein Modebegriff und — wie es Modebegriffe so an sich haben — derzeit auch noch entsprechend unscharf.
Zugleich aber gilt: Die neuen Möglichkeiten, die unter der Bezeichnung „MultiMedia" zusammengefaßt werden und die — jedenfalls in dieser Form — bisher nicht gegeben waren, weisen so viele spezifische Aspekte und Bezüge zum Fach Liturgiewissenschaft auf, daß ich als Vertreter dieses Faches daran keinesfalls vorbeigehen will.

### 1.2 Erwartungen und Ansprüche

An neue Entwicklungen werden gelegentlich Erwartungen geknüpft, die — zumindest vorerst — nur ansatzweise oder aber auch gar nicht erfüllbar sind.
Dazu gehören zum einen manche jener Erwartungen oder Ansprüche, die unter dem Stichwort Interaktivität zusammengefaßt werden. Hierauf werde ich später differenzierend zurückkommen.
Sodann erhebt sich unweigerlich die Frage, ob eine virtuelle Lehrveranstaltung überhaupt etwas anderes sei als lediglich eine — und möglicherweise nicht einmal so neue — Variante anderweitig längst praktizierter Konzepte: etwa des Fernstudiums oder beispielsweise des Telekollegs. Entscheidend wird diesbezüglich sein, ob MultiMedia-Techniken tatsächlich Möglichkeiten eröffnen, auch die Lehr- und Lernmethoden selbst zu ändern, und in welcher Qualität dies gelingt.

## 2. Die virtuelle Lehrveranstaltung des Faches Liturgiewissenschaft im WS 1996/97

Was ich im Wintersemester 1996/97 versucht habe, ist — gemessen an den Vorbemerkungen wie auch in manch anderer Hinsicht — noch sehr rudimentär geblieben. Das gilt zum Beispiel für das Konzept: Dieses habe ich mit Absicht möglichst einfach gehalten, um wenigstens einigermaßen die Gewähr zu haben und zu geben, daß es für alle Beteiligten überschaubar und auch bewältigbar bleibt.

Nicht nur rudimentär, sondern — gemessen an Erwartungen, welche man an MultiMedia knüpft — geradezu steinzeitlich war die Art der verwendeten audiovisuellen Medien. Das hat seinen Grund. Zu Beginn des Wintersemesters stand im Rechenzentrum unserer Universität Regensburg die Digitalisierungs-Anlage für Video-Aufnahmen noch nicht zur Verfügung. Da ich andererseits den Beginn des Projektes aber nicht verschieben wollte, mußten Videofilme im herkömmlichen VHS-Format und somit Video-Kassetten verwendet werden. Damit waren natürlich technische Umständlichkeiten verbunden, und es ergaben sich daraus auch in methodischer bzw. didaktischer Hinsicht Grenzen. Man kann für das VHS-Format zum Beispiel ja keine Benutzer-Oberfläche zur Verfügung stellen. Außerdem hatte es Folgen für das Zeit-Management der Studierenden: Bearbeitung und Analyse von Video-Aufnahmen über VHS-Kassetten sind ja ungleich zeitraubender als über CD-ROM, ganz zu schweigen von den Möglichkeiten und dem Komfort etwa des DVD-Formates (erst recht, sobald letzteres auch das eigene Beschreiben von CDs zuläßt).

Gleichwohl: Für eine erste Erfahrungs-Etappe wurde das Grundkonzept der virtuellen Lehrveranstaltung durch die eben genannten Umstände nicht allzu nachhaltig beeinträchtigt.

## 2.1 Der Leitfaden 0

Studierende, die an meiner virtuellen Lehrveranstaltung teilnahmen, fanden im Internet zunächst einen „Leitfaden 0" vor. Dieser stellte für die gesamte Lehrveranstaltung den Ausgangspunkt und zugleich sozusagen den Kompaß dar, war ständiger Bezugspunkt und sah folgendermaßen aus (Für detaillierte Informationen wird auf die Homepage verwiesen):

---

**Prof. Dr. August Jilek**

Virtuelle Vorlesung WS 1996/97

# Eucharistie feiern

**Leitfaden 0**

**Leitfaden 0**

# Einführung

**Begriffliches**

Mit Begriffen wie "Eucharistie", "Eucharistiefeier" oder "Eucharistie feiern" ist im folgenden immer jener Abschnitt der Meßfeier gemeint, welcher mit der Gabenbereitung beginnt.

## Themen-Übersicht

| | |
|---|---|
| I. | Leitfaden 1: <u>Gegenwart: Sie machen sich ein Bild...</u> |
| II. | Leitfaden 2: <u>Gestiftetes...</u> |
| III. | Leitfaden 3: <u>Kernhandlungen und motivische Prägung der Eucharistiefeier</u> |
| IV. | Leitfaden 4: <u>Das Hochgebet der Eucharistiefeier erschließen...</u> |
| V. | Leitfaden 5: <u>Ergänzendes zum Hochgebet der Eucharistiefeier entdecken...</u> |
| VI. | Leitfaden 6: <u>Symbolisches Handeln in der Eucharistiefeier entdecken und gewichten...</u> |
| VII. | Leitfaden 7: <u>Die "Kommunion"</u> |
| VIII. | Leitfaden 8: <u>Die "Gabenbereitung"</u> |
| IX. | Leitfaden 9: <u>Gesucht: gute Hochgebete für die Eucharistiefeier!</u> |
| X. | Leitfaden 10: <u>"Wandlung" - oder: vom deutenden Umgang mit der Eucharistiefeier</u> |

## 2.2 Zwei verschiedene Konzepte

**Konzept für die Einheiten (Leitfäden) 1 bis 6**

Für die Bearbeitung der ersten Leitfäden galt folgendes Verfahren: Die Aufgabenlösungen, welche die Studierenden an meinen Lehrstuhl sandten, wurden von meinem Assistenten und mir gelesen. Gab es Grund und Anlaß zu wichtigen Korrekturen, so erhielten die betreffenden Studierenden meinerseits entsprechende Antwort mit Angaben und Hinweisen für erneutes und vertiefendes Studium.

Es war von vornherein klar, daß ein solches Konzept seitens des jeweiligen Dozenten auf Dauer nur für eine Lehrveranstaltung mit einer vergleichsweise kleinen Zahl von Studierenden zu bewerkstelligen ist. Aber: Die dabei gesammelten Erfahrungen waren für die Auswertung der virtuellen Lehrveranstaltung und für deren konzeptionelle Fortentwicklung wichtig.

## Konzept für die Einheiten ab Leitfaden 7

Für die Einheiten ab Leitfaden 7 wurde ein anderes Verfahren gewählt. Wie sah dieses aus? Immer noch galt: Die Studierenden mußten jeweils Aufgabenlösungen an meinen Lehrstuhl senden, und diese wurden von meinem Assistenten und mir gelesen. Aber: Unabhängig von der Qualität ihrer Aufgabenlösungen erhielten die Studierenden nun vom Lehrstuhl — als Antwort — Musterlösungen übersandt. Es war den Studierenden selbst überlassen, allfällige Diskrepanzen zwischen ihren Aufgabenlösungen und den Musterlösungen zu eruieren und deren Ursachen und Hintergründe zu klären. Für alle Etappen solcher Klärungsversuche konnten Sie wiederum meinen Lehrstuhl kontaktieren und erhielten von meinem Assistenten oder von mir selbst Antwort.

Für dieses Konzept waren zwei Überlegungen ausschlaggebend:

Zum einen war es in dieser Variante den Studierenden selbst aufgegeben und überlassen, Maß und Qualität ihres Studienfortschrittes zu klären. Es lag ja an ihnen selbst, allfällige Diskrepanzen zwischen ihren Aufgabenlösungen einerseits und den erhaltenen Musterlösungen andererseits zu eruieren und für erforderliche Klärungen, Nachbesserungen u. dgl. die Initiative zu ergreifen. Dies wiederum war nur in dem Maße möglich und erfolgreich, in welchem die Studierenden Aufgabenlösungen übersandten, die tatsächlich von ihnen selbst erarbeitet worden waren. Kurz: Die Studierenden waren in die Verantwortung für das Erreichen des Studienziels der Lehrveranstaltung intensiver eingebunden.

Für den Dozenten galt: Er mußte nicht in jede der eingesandten Aufgabenlösungen selbst Einblick nehmen, konnte sich aber durch kursorische bzw. ausgewählte Lektüre der eingesandten Aufgabenlösungen zumindest ausschnittweise einen Einblick in deren Qualität verschaffen und sich so zumindest teilweise hinsichtlich der Effizienz seiner Lehrveranstaltung vergewissern. Die Antworten der Studierenden auf die übersandten Musterlösungen taten ein Übriges. Zu den Vorteilen dieses Konzeptes gehört ferner, daß es für den Dozenten selbst bei einer vergleichsweise großen Zahl von Studierenden realisierbar bleibt.

## 2.3 Erstes Beispiel: der Leitfaden 1 (Studenten erreichen die nachfolgenden Informationen interaktiv über das umseitige Menü: „Gegenwart: Sie machen sich ein Bild...")

## Materialien

**Video-Beispiele**

- Video 1
- Video 2
- Video 3

**Hinweis:** Bei allen Video-Aufnahmen handelt es sich um Ausschnitte aus Meßfeiern. Diese Ausschnitte beginnen mit dem Ende des Allgemeinen Gebetes (= "Fürbitten") und enden mit dem Schlußgebet.

**Literatur**

- Erstkommunion-Mappe "Seelsorgeamt Regensburg (Hg.), Hinführung zur Erstkommunion in der Pfarrgemeinde. Eine Arbeitshilfe für Verantwortliche in der Erstkommunionvorbereitung. Regensburg o. J.".

## Aufgaben

**Leitfaden 1 / Aufgabe 1**

I.  Skizzieren Sie auf längstens 1 Seite DIN A4, welche Handlungen der Eucharistiefeier Ihnen am wichtigsten erscheinen und welchen Sinngehalt Sie damit verbinden.

II. Notieren Sie, welche dieser Handlungen Ihrer Meinung nach Erstkommunion-Kindern und deren Eltern vor allem erschlossen werden müßten.

*Ergebnis an den Lehrstuhl*

**Leitfaden 1 / Aufgabe 2**

I.  Studieren Sie in der Erstkommunion-Mappe den Abschnitt für den Elternabend (S. 9-27) und jenen für die Gruppenarbeit (S. 29-83).

II. Welche Schwerpunkte legt die Erstkommunion-Mappe für die Erschließung der Eucharistiefeier? Notieren Sie das Ergebnis Ihrer Beobachtungen.

III. Welche Übereinstimmungen und welche Unterschiede gibt es im Vergleich zu den Ergebnissen aus **Leitfaden 1 / Aufgabe 1.2**? Notieren Sie das Ergebnis Ihrer Beobachtungen!

*Ergebnis an den Lehrstuhl*

---

**Leitfaden 1 / Aufgabe 3**

Studieren Sie die Video-Beispiele (Video 1, Video 2 und Video 3). Notieren Sie, was Ihnen auffällt.

*Ergebnis an den Lehrstuhl*

---

**Leitfaden 1 / Aufgabe 4**

I. Welche Aspekte der Erstkommunion-Mappe kommen in den Video-Beispielen nicht vor?
II. Welche Aspekte der Video-Beispiele kommen in der Erstkommunion-Mappe nicht vor?
III. Welche Aspekte aus den Ergebnissen **Leitfaden 1 / Aufgabe 1** kommen in den Video-Beispielen nicht vor?

*Ergebnis an den Lehrstuhl*

---

2.4 Zweites Beispiel: der Leitfaden 2 (Studenten erreichen die nachfolgenden Informationen interaktiv über das umseitige Menü: „Gestiftetes...")

## Materialien

### Literatur

- *Jilek*, Brotbrechen 1-18.
- **Alternativ:** *Meyer,* Eucharistie 61-73.

---

## Aufgaben

### Leitfaden 2 / Aufgabe 1

Lektüre der o. a. Literatur.

Leitfaden 2 / Aufgabe 2

Welche Auskünfte der o. a. Literatur erscheinen Ihnen wichtig und welche als eher unwichtig? Notieren Sie Ihre Antworten!

*Ergebnis an den Lehrstuhl*

Leitfaden 2 / Aufgabe 3

I. Lesen Sie nochmals **Leitfaden 1 / Aufgabe 1.1**.
II. Würden Ihre Antworten nun anders ausfallen oder nicht?
III. Wenn ja, welche, und warum bzw. inwiefern?
IV. Wenn nein, warum nicht?
V. Notieren Sie das Ergebnis Ihrer Überprüfung!

*Ergebnis an den Lehrstuhl*

2.5 Drittes Beispiel: der Leitfaden 6 (Studenten erreichen die nachfolgenden Informationen interaktiv über das umseitige Menü: „Symbolisches Handeln in der Eucharistiefeier entdecken und gewichten...")

## Materialien

### Video-Beispiele

I. Video 1.
II. Video 2.
III. Video 3.

### Quellen

Meßbuch[1] 1975.[2]1988.

Virtuelle Vorlesung Theologie: Erste Erfahrungen 33

## Literatur

*Jilek,* Brotbrechen.

*Meyer,* Eucharistie.

## Aufgaben

**Leitfaden 6 / Aufgabe 1**

I.  Studieren Sie die Video-Beispiele (Video 1, Video 2, Video 3). Welche Symbolhandlungen werden darin besonders profiliert?
II. Gibt es Unterschiede zwischen den drei Video-Beispielen? Ggf. welche?
III. Lassen die Video-Beispiele erkennen, ob die verschiedenen Symbolhandlungen möglicherweise von unterschiedlicher Wichtigkeit sind?

*Ergebnis an den Lehrstuhl*

**Leitfaden 6 / Aufgabe 2**

I.  Welche Symbolhandlungen würden Sie in der Gestaltung einer Eucharistiefeier profilieren? Vergessen Sie nicht, Ihre Angaben entsprechend zu begründen.
II. Gibt es zwischen den Symbolhandlungen, die Sie profilieren würden, Unterschiede hinsichtlich ihrer Wichtigkeit? Wenn ja, bringen Sie die Symbolhandlungen in eine entsprechende Rangfolge. Vergessen Sie nicht, Ihre Angaben wieder entsprechend zu begründen.
III. Gibt es Unterschiede zwischen Ihrer Auffassung und den Ergebnissen zu **Leitfaden 6 / Aufgabe 1.1 und 1.2**?

*Ergebnis an den Lehrstuhl*

**Leitfaden 6 / Aufgabe 3**

I.  Studieren Sie, auf welche Symbolhandlungen das Meßbuch Wert legt, und zwar sowohl in der *Meßordnung* [= *Feier der Gemeindemesse*] wie auch in der *Allgemeinen Einführung*.
II. Vergleichen Sie das Ergebnis mit Ihren Antworten auf **Leitfaden 6 / Aufgabe 1**. Worin gibt es Übereinstimmung, inwiefern gibt es Diskrepanzen? Wie beurteilen Sie die Übereinstimmungen bzw. Diskrepanzen?
III. Vergleichen Sie das Ergebnis mit Ihren Antworten auf **Leitfaden 6 / Aufgabe 2**. Worin gibt es Übereinstimmung, inwiefern gibt es Diskrepanzen? Wie beurteilen Sie die Übereinstimmungen bzw. Diskrepanzen?

*Ergebnis an den Lehrstuhl*

**Leitfaden 6 / Aufgabe 4**

I. Erhalten Sie in der o. a. Literatur Auskunft zur Frage, welche Symbolhandlungen in der Eucharistiefeier wichtig sind und ob es hinsichtlich ihrer Wichtigkeit eine Art Rangordnung von Symbolhandlungen der eucharistischen Liturgie gibt?

II. Bleibt die o. a. Literatur Antworten auf diesbezügliche Fragen schuldig und ggf. welche?

*Ergebnis an den Lehrstuhl*

## 3. Eine vorläufige Auswertung

### 3.1 Vergleichbarer Zeitaufwand seitens der Studierenden, aber deutlich höhere Effizienz

Die Studierenden sollten nicht mehr Zeit aufwenden müssen als für die Teilnahme an Vorlesungen herkömmlicher Art und deren Nachbearbeitung: Dies gehörte zum Konzept meiner virtuellen Lehrveranstaltung und ist zumindest zu einem guten Teil erreicht worden.

Zugleich berichteten die Teilnehmer einmütig, daß ihr Studienertrag — verglichen mit der Teilnahme an Vorlesungen herkömmlicher Art — ungleich höher war. Dies bestätigte sich meinerseits in der Lektüre der Aufgabenlösungen, welche die Studierenden erarbeiteten und an den Lehrstuhl sandten.

Dies stellt keine Überraschung dar. Es entspricht ja alter Erfahrung, daß eigene — unter kundiger Anleitung erfolgende — Erarbeitung von Studieninhalten ungleich effizienter ist als bloß hörende Rezeption von Lehrinhalten. Eher erstaunte, daß dies im großen und ganzen — von wenigen Einschränkungen abgesehen — unter vergleichbarem Zeitaufwand seitens der Studierenden möglich war.

Allerdings war darauf zu achten, daß die virtuelle Vorlesung nicht zu einem Seminar wurde. Daher war folgendes unabdingbar:

gezielte fachwissenschaftliche Vorauswahl, umfangmäßige Begrenzung sowie Aufbereitung der (seitens der Studierenden) zu bearbeitenden Primär- und Sekundärliteratur sowie der audiovisuellen Materialien durch den Dozenten;

virtuelle Begleitung der Studierenden durch den Dozenten.

## 3.2 Anwendungsbezogenheit und Akzeptanz von Lehrinhalten

Lehrinhalte sind bekanntlich nicht in erster Linie zwecks späterer Reproduktion (etwa im Examen) zu vermitteln bzw. zu rezipieren, sondern vor allem für den Erwerb fachlicher Handlungs-Kompetenz erforderlich. Die methodischen Möglichkeiten der virtuellen Vorlesung erleichtern es beträchtlich, Studierende hiervon zu überzeugen.

## 3.3 Individualisierung

Die herkömmlichen Vorlesungsformen und -methoden können kaum angemessen Rücksicht nehmen auf individuelles Rezeptionsverhalten und sonstige individuelle Studiergegebenheiten seitens der Hörer. Ein Beispiel: In herkömmlichen Vorlesungsformen erhalten alle Hörer innerhalb derselben Zeit gleichviel Information, und zwar unabhängig davon, was und wieviel sie individuell verarbeiten können und auf welche Weise ihnen dies individuell möglich ist. Gleiches trifft auf den Einsatz von Anschauungs- und sonstigem Analyse-Material zu. Auch hierzu ein Beispiel: Ein Video-Ausschnitt von 15 Minuten steht in herkömmlichen Vorlesungsformen allen Hörern gleich lang zur Verfügung, also unabhängig von deren individuellen Wahrnehmungsmöglichkeiten und Wahrnehmungsgepflogenheiten.

## 3.4 Individualisierung, aber keine isolierende Vereinzelung

Von vornherein war den Studierenden empfohlen, sich untereinander via eMail über ihre Erfahrungen in der Teilnahme an der virtuellen Lehrveranstaltung auszutauschen. Das galt auch für die Arbeitsergebnisse, welche jeweils an den Lehrstuhl zu senden waren: Diese sollten die Studierenden ebenfalls untereinander austauschen. Selbstverständlich war all dies freiwilliger Übereinkunft überlassen.

Anders verhielt es sich mit den Rückmeldungen, welche ich den Studierenden im Hinblick auf ihre Arbeitsergebnisse jeweils gab: Diese sandte ich immer nur an die betreffenden Studierenden selbst. Diesen war es freilich wiederum unbenommen, sich auch über meine Rückmeldungen mit ihren Kommilitonen auszutauschen.

Kurz: Ein individueller ausgerichtetes Studium muß nicht notwendigerweise im negativen Sinn zu Vereinzelung oder gar zu Isolierung der Studierenden führen.

## 3.5 Ein technischer Hinweis: ISDN-Eurofile

Für die Übersendung von Arbeitsergebnissen und diesbezüglichen Korrekturen sollte man sich nicht von vornherein auf den Weg der eMail beschränken. In nicht wenigen Fällen weist die ISDN-Eurofile-Technik — also der Datenaustausch über ISDN-Karten — erhebliche Vorteile auf. Sofern damit überhaupt höhere Kosten verbunden sind, werden diese in aller Regel durch anderweitige vorteilhafte Leistungsmerkmale mehr als wettgemacht.

### 3.6 Zeit-Management

Etwa zur Halbzeit der virtuellen Lehrveranstaltung hatte ich mit den Teilnehmern meiner virtuellen Vorlesung eine Zusammenkunft, um einen Erfahrungsaustausch vornehmen und auch Zwischenbilanz ziehen zu können. Zu meiner Überraschung wünschten die Studierenden dabei nachhaltig, daß ich ihnen für die Erledigung von Arbeitsaufgaben und für die Übersendung von Arbeitsergebnissen an den Lehrstuhl Termine vorgebe.

### 3.7 Feste Zeiten für online-Sprechstunden

Zu den Wünschen der Studierenden gehörte ferner die Einrichtung von Online-Sprechstunden.

### 3.8 Praxis-Anteile

Trotz der anwendungsbezogenen Ausrichtung der virtuellen Lehrveranstaltung hielten die Studierenden zusätzliche Praxis-Anteile, wie sie in meinen bisherigen Vorlesungsveranstaltungen üblich sind, für unverzichtbar.

### 3.9 Frühzeitiger und kontinuierlicher Einblick in Maß und Qualität der Rezeption von Lehrinhalten seitens der Studierenden

Zu den großen Nachteilen des herkömmlichen Lehrbetriebs gehört: Ob und in welchem Maße bzw. in welcher Qualität Studierende Lehrinhalte rezipieren, ist in aller Regel erst im Verlauf der Examina festzustellen. Und dann ist es für Korrekturen natürlich reichlich spät. Eine virtuelle Lehrveranstaltung der geschilderten Art eröffnet diesbezüglich ganz andere Möglichkeiten. Durch die Arbeitsergebnisse, welche die Studierenden an den Lehrstuhl senden, erhalte ich als Dozent von Anfang an und kontinuierlich Einblick darin, welche Lehrinhalte seitens der jeweiligen Studierenden bisher rezipiert worden sind und in welcher Qualität dies geschehen ist. Außerdem können sich auch die Studierenden selbst hinsichtlich ihrer Studienfortschritte vergewissern: über die Rückmeldungen nämlich, welche sie im Hinblick auf ihre eingesandten Arbeitsergebnisse von mir erhalten.

## 3.10 Frühzeitige Indikatoren bezüglich möglicher Defizite in Konzept und Methodik der Lehrveranstaltung selbst

Zugleich gilt: Art und Häufigkeit von Mängeln in den Arbeitsergebnissen der Studierenden können auch Indikatoren für entsprechende Defizite in Konzept und Methodik meiner Lehrveranstaltung selbst sein. Die Evaluierung von Lehrveranstaltungen erhält auf diese Weise eine viel tragfähigere und verläßlichere Grundlage, als dies bei manch anderen bisherigen Evaluierungsversuchen der Fall ist.

## 3.11 Verlagerung der Lehraktivität, aber keine Zeitersparnis für die Lehrenden

Im Vergleich zur herkömmlichen Form von Vorlesungen war für mich im Verlaufe der virtuellen Lehrveranstaltung nirgendwo Zeitersparnis erzielbar. Wohl verlagerte sich der Schwerpunkt meiner Lehrtätigkeit: weg von der Vorlesung bzw. dem Vortrag von Lehrinhalten und hin zur Begleitung der Studierenden. Damit ergab sich zugleich ein deutlich intensiverer Kontakt der Studierenden zum Dozenten.

## 3.12 Interaktivität: einschließlich „self-exploring"?

Jedes Fachgebiet hat seine spezifische Methode und methodische Logik. Bisher und derzeit vermag ich nicht zu sehen, wie virtuelle Lehrveranstaltungen so konzipiert werden können, daß sie einerseits den Ansprüchen und Erwartungen gerecht werden, welche man mit der Bezeichnung „self-exploring" umschreibt und verbindet, ohne daß Studierende andererseits und zuvor sich die jeweilige Fachmethode zumindest im Niveau eines herkömmlichen fachspezifischen Proseminars angeeignet haben. Aber vielleicht mangelt es mir diesbezüglich vorerst nur an Vorstellungskraft und Einfallsreichtum.

# 4. Schlußbemerkung

Ich bin zuversichtlich, daß auf dem Gebiet virtueller Lehrveranstaltungen ziemlich zügig Fortschritte erzielt werden können, die uns recht bald mit Schmunzeln auf die ersten diesbezüglichen Gehversuche meiner liturgiewissenschaftlichen Lehrwerkstatt zurückblicken lassen, die ich eben kurz vorgestellt habe.

# Bildverarbeitung Interaktiv -
# Entwicklung eines multimedialen Lernsystems[1]

H. Kopp

## 1. Neue Medien in der Lehre

Die Informationstechnologien sind zu einem entscheidenden Faktor in vielen gesellschaftlichen und ökonomischen Bereichen geworden. Auch die Vermittlung von Wissen und Fähigkeiten in der Lehre kann durch den Einsatz der neuen Medien gewinnen, weil sich damit Inhalte oft effizienter und intensiver vermitteln lassen. Zudem werden die Lernenden so mit den Technologien vertraut, die sie auch später im Beruf vorfinden.

Lern-Medien besitzen spezifische Stärken und Schwächen. Es kommt daher darauf an, sie im Hinblick auf die Ausbildungsziele optimal einzusetzen:

- Texte dienen – auf Papier gedruckt – hauptsächlich der passiven Darstellung von Text und Graphik. Als Elektronische Dokumente können sie jedoch vielfältige zusätzliche Funktionalitäten bekommen, z.B Hypertext-Navigation, Suchfunktionen, Integration von Animationen, ja sogar von beliebigen Applikationen sind nur einige der Erweiterungsmöglichkeiten
- Lernprogramme betonen die Interaktion mit den Lernenden und setzen Animationen, Audio und Video ein. Sie sind jedoch nur bedingt geeignet zur Vermittlung komplexer, abstrakter Informationen.
- Interaktive Software eignet sich für die Simulation von Abläufen und für die praktische Vertiefung gelernter Sachverhalte.

## 2. Das Konzept

„Bildverarbeitung Interaktiv" ist ein multimediales Lernsystem über die Grundlagen der Bildverarbeitung. Es integriert unter einer graphischen Benutzeroberfläche verschiedene Medien zur Vermittlung der Lerninhalte:

- einen Text mit dem Umfang und Inhalt eines LehrbuchsDieser liegt konventionell gedruckt, aber auch als elektronisches Buch mit multimedialen Erweiterungen vor.
- Lernprogramme, zu einzelnen Themen Damit werden einführende Grundlagen vermittelt, Einzelthemen vertieft und Lernziele kontrolliert.

- Ein interaktives BildverarbeitungssystemDieses kann aus dem Text, aber auch aus den Lernprogrammen heraus aktiviert werden, um z.B. ein gerade behandeltes Verfahren experimentell auf eine Abbildung im Text anzuwenden.

## 3. Integrierter Medieneinsatz

Die neuen Medien sind keineswegs immer und überall konventionellen Medien überlegen. Die Bildverarbeitung ist jedoch eine Disziplin, die ihre Methoden aus sehr unterschiedlichen Quellen gewinnt. Das Spektrum ersteckt sich von mathematischen Ansätzen (z.b. Fourier-Theorie, Statistik, Informationstheorie, ... ) über originäre Bildverarbeitungsverfahren (z.b. Vektorisierung von Rasterbildern, Bildkompression, Segmentierung, ... ) bis zu experimentellen Arbeitstechniken. Die Vermittlung dieser Inhalte erfordert jeweils die geigneten Medien. Für diese Thematik bietet eine multimediale Lernumgebung daher signifikante Vorteile:

- Zur Darstellung des umfangreichen Bildmaterials und der Wirkung von Bildverarbeitungsoperatoren eignen sich elektronische Medien hervorragend. In gedruckten Texten wäre das nur mit hohen Kosten in ausreichender Qualität möglich.
- Farbe in Bildern und Graphiken ist bei der Vermittlung von Inhalten eine wesentlicher Vorteil. Zusammenhänge und Inhalte lassen sich oft unbewußt und damit müheloser klarmachen. Für moderne Rechner sind farbige Darstellungen kein Problem. Gerade in Lehrbüchern muß aber aus Kostengründen darauf im Normalfall verzichtet werden.
- Abstrakte Zusammenhänge und komplexe mathematische Formeln lassen sich wiederum am Bildschirm kaum vermitteln. Hier liegt weiterhin die Stärke des gedruckten Textes.
- Algorithmische Abläufe, z.B. die Arbeitsweise eines Faltungsoperators, sind in statischer Darstellung nur schwierig zu verstehen. Eine Animation erleichtert das Verständnis eines solchen Operators sehr.
- Sprachausgabe ergänzt die geschriebenen Texte in den Lernprogrammen, um den Lerneffekt zu erhöhen, denn die Vermittlung von Wissen ist umso nachhaltiger, je mehr sensorische Kanäle dabei genutzt werden
- An zahlreichen Stellen im elektronischen Lehrtext und in den Lernprogrammen können Bilder direkt mit dem integrierten Bildverarbeitungssystem bearbeitet werden. Im Text abstrakt begründete Zusammenhänge können so durch Experimente mit realem Bildmaterial nachvollzogen werden.

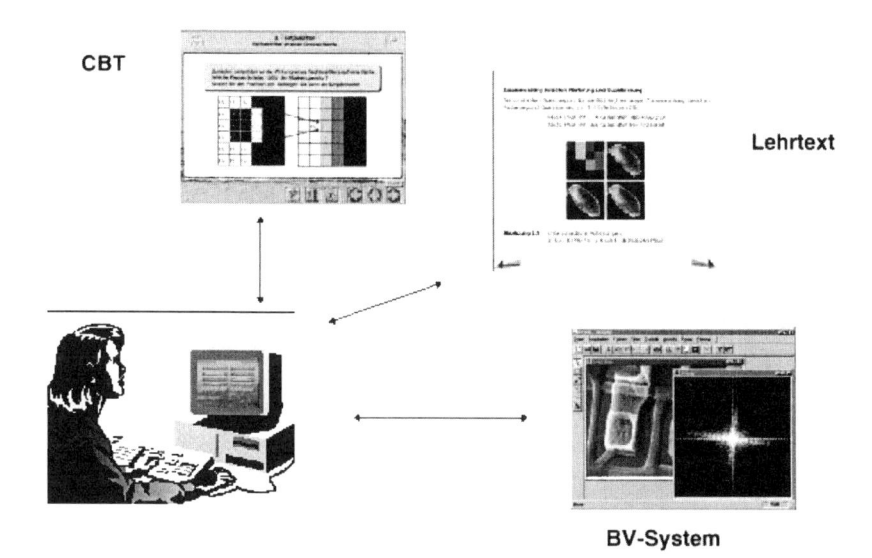

Bildverarbeitung Interaktiv - Entwicklung eines multimedialen Lernsystems 41

Abb. 1: Struktur von Bildverarbeitung interaktiv

**Verschiebungen im Ortsraum**

Einer Verschiebung der Bildfunktion im Ortsraum entspricht eine Multiplikation ihrer Fourier-Transformierten mit einem komplexen Faktor, also eine Phasenverschiebung im Ortsfrequenzraum. Eine Verschiebung verändert damit das Fourier-Spektrum des Bildes nicht, wie die Abbildung 4.11 zeigt: Sowohl das zentrierte wie auch das verschobene Quadrat besitzen dasselbe Sprektrum.

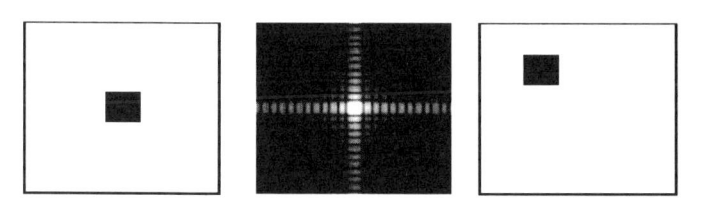

Abb 4.11   Invarianz des Spektrums gegen Verschiebungen

Abb. 2: Layout des elektronischen Buchs

Das Lernsystem vereinigt unter einer einheitlichen graphischen Benutzeroberfläche die im folgenden beschriebenen Komponenten.

## 4. Der Elektronischer Lehrtext

Die Textvorlage war ein Vorlesungsskript zu einer Vorlesung über die Grundlagen der Bildverarbeitung. Dieser Text wurde zunächst inhaltlich überarbeitet und dann gleichzeitig in zwei Zielformate umgesetzt:

- den Text für ein konventionelles Buch und
- den Text für ein elektronisches Buch mit zusätzlichen Funktionalitäten.

Der konventionelle Buchtext wurde vollelektronisch mit integrierten Abbildungen und Graphiken erstellt für eine direkte Ausgabe auf Film. Er enthält aber darüber hinaus keine technischen Besonderheiten.

Das elektronische Buch stimmt inhaltlich mit der gedruckten Version exakt überein. Um die Vorteile des Mediums zu nutzen, wurde jedoch bewußt eine andere Form gewählt, z.B.

- Verwendung von Farbe im Hintergrund, in Skizzen und Bildern.
- Die Seiten sind stets vollständig am Bildschirm sichtbar. Das Scrollen entfällt. Dazu wurde der Text so strukturiert, daß Themenblöcke in ausreichender Schriftgröße auf je eine Seite passen.
- Es wurde auf Seitenzahlen verzichtet. Die Navigation erfolgt durch Blättern, über die Suchfunktion, Links im Inhaltsverzeichnis und die Lesezeichen des Acrobat Reader.
- Als zusätzliche Funktionalität wurden Verknüpfungen zwischen Abbildungen im Text und dem Bildverarbeitungssystem eingebaut. Ein Klick auf eine solche Abbildung startet das Bildverarbeitungssystem, so daß sie direkt mit Bildverarbeitungsoperatoren bearbeitet werden kann.
- Als Format wurde PDF gewählt, weil sich damit ein anspruchsvolles Layout unabhängig von der Zielplattform erreichen läßt. Funktionalitäten, die vom Hersteller Adobe zu Beginn des Projekts erst angekündigt waren, z.B. Byteserving oder relative Links, werden in der endgültigen Version des Systems genutzt.

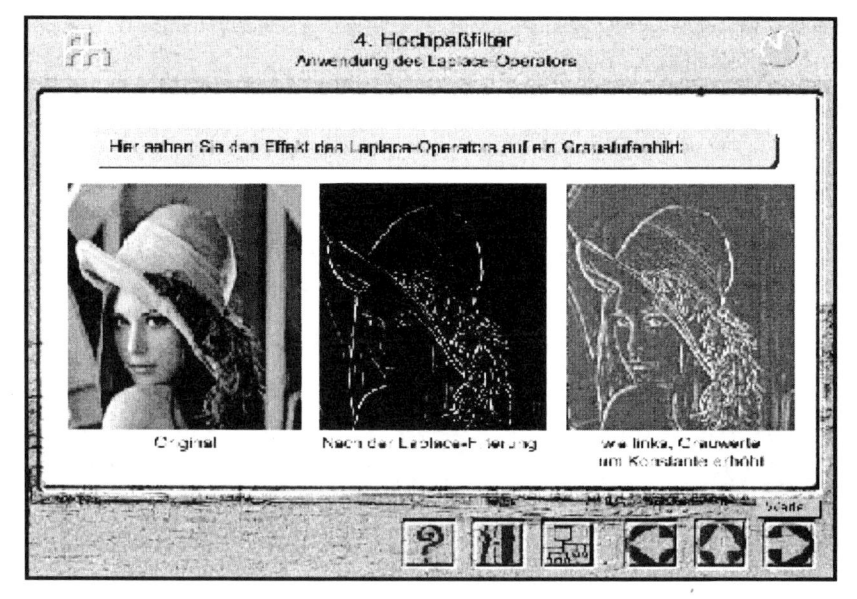

Bildverarbeitung Interaktiv - Entwicklung eines multimedialen Lernsystems

Abb. 3: Oberfläche der Lernprogramme

## 5. Die Lernprogramme

Es lag eine Anzahl älterer Lernprogramm-Module vor, die jedoch nicht mehr dem Stand der Technik entsprachen. Diese wurden vollständig überarbeitet und vereinheitlicht sowie um weitere Module ergänzt. In der jetzigen Form enthält das System Lernprogramme zu den folgenden Themen:

- Aufbau und Struktur von Bildverarbeitungssystemen
- Einführung zu Filtern
- mathematische Grundlagen von Filteroperatoren
- Tiefpaßfilter
- Hochpaßfilter
- Nichtlineare Filteroperatoren
- Quad-Trees und Pyramiden
- Grundlagen der Bildsegmentierung
- Grundlagen der Klassifikation
- Numerische Klassifikation

Die Entwicklung selbst wurde mit professionellen Werkzeugen durchgeführt. Als Autorensystem wurde MacroMedia Director eingesetzt. Basisfunktionalitäten, wie die Navigationskomponente mit der Benutzerführung, Module für verschiedene Aufgabentypen usw. wurden so entwickelt, daß sie von den speziellen Inhalten unabhängig sind und auch in anderem Zusammenhang eingesetzt werden können.

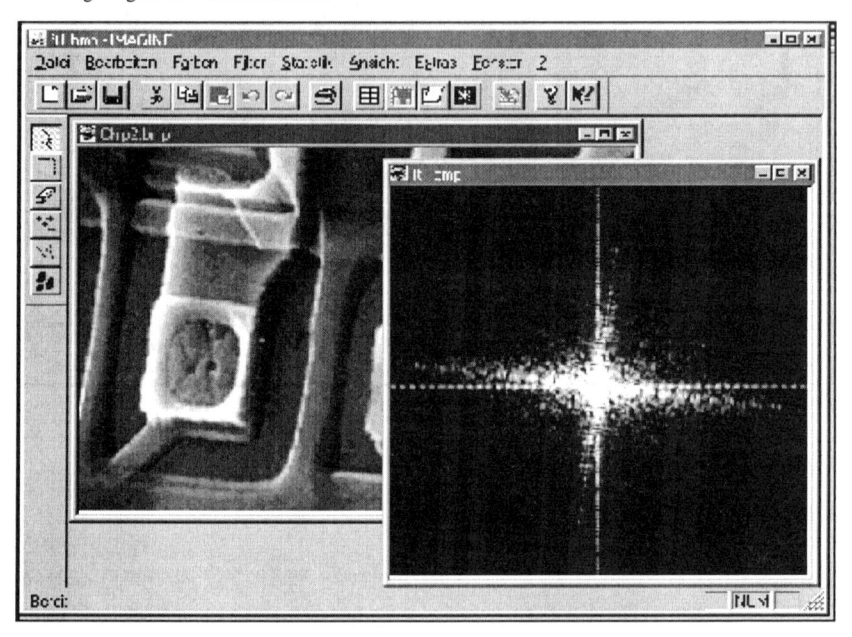

Abb. 4: Das Bildverarbeitungssystem IMAGINE

## 6. Das Bildverarbeitungssystem

Die Basis für das Bildverarbeitungssystem war eine DOS-Applikation. Diese wurde vollständig neu implementiert und optimiert. Sie enthält alle grundlegenden Funktionalitäten eines Bildverarbeitungssystems, also die Ein-/Ausgabe verschiedener Bilddateiformate, Punkt-Operatoren, Filter-Operatoren, geometrische Transformationen, Fourier-Transformationen usw.

Um die Applikation weitgehend plattformunabhängig zu machen, wurde die Oberfläche in Java ralisert. Dieser Modul ist für die Benutzer-Interaktionen und die Darstellung verantwortlich. Die eigentlichen Bildverarbeitungsfunktionalitäten wurden in C realisiert und über eine Datei-Schnittstelle an den Java-Modul gekoppelt. Eine vollständige Implementierung in Java scheidet bisher aus Performancegründen aus, ist jedoch eine Option für die Zukunft.

## 7. Multiplattformfähigkeit

Das System wurde für den Einsatz auf PC und Unix-Plattformen konzipiert. Da die Werkzeuge für die PC-Plattform wesentlich ausgereifter sind, und auch der Markt für ein solches Produkt hauptsächlich in diesem Bereich liegt, war zu erwarten, daß an der Funktionalität für Unix-Workstations Abstriche zu machen waren, die in den Werkzeugen begründet und von der Entwicklungsseite nicht beeinflußbar sind.

## 8. Fazit

Mit der Entwicklung von „Bildverarbeitung Interaktiv" wurde ein Lernsystem entwickelt, das elektronische Textdokumente, Lernprogramm-Module sowie interaktive Bildverarbeitungssoftware zur Vermittlung der Lerninhalte verknüpft und damit die jeweiligen Stärken dieser Medien nutzt. Es wurden wertvolle Erfahrungen gesammelt, auf denen künftige Projekte aufbauen können.

---

[1] Das diesem Bericht zugrunde liegende Projekt wurde mit Mitteln des Bundesministeriums für Bildung, Wissenschaft, Forschung und Technologie unter dem Förderkennzeichen 08 C58 24 9 gefördert. Die Verantwortung für den Inhalt der Veröffentlichung liegt beim Autor.

# Edutainment: Freizeitanimation oder pädagogische Lernchance

R. Bauer

## 1. Die „neue" Leichtigkeit des Lernens ?

ARISTOTELES soll einmal gesagt haben : Beim Lernen spielt man nicht, Lernen tut weh ! Der Mensch hat im Laufe der Geschichte immer wieder nach Wundermitteln Ausschau gehalten, um die Mühsal des Lehrens und Lernens zu erleichtern und damit die Belastungen für Schüler, Lehrer und nicht zuletzt auch für die Eltern zu reduzieren. Zum einen präsentierte die Industrie in regelmäßigen Abständen neue Medien, die sich als (angeblich) didaktisch und pädagogisch wertvoll in die Schulen drängten, zum anderen wurden auf dem Psychomarkt unter dem Sammelbegriff „Neurodidaktik" [Frie95] erfolgversprechende Lehr-Lern-Formen anpriesen, z.Zt. u.a. Superlearning, Suggestopädie, Neurolinguistisches Programmieren oder Edukinestetik. Ziel dieses techno-logischen und psycho-logischen Fortschritts heißt: Müheloses Lernen mit Hilfe von Medien oder Psycho-Bio-(Eso-) Angeboten!

Eine Software - Konzeption, die Lernen und Spielen , Edu-cation und Enter-tainment zu verbinden sucht, führte zu der Wortschöpfung „Edutainment". Mit Edutainment bezeichnet man Software, die Kindern und Jugendlichen „spielend" Lerninhalte vermitteln soll.
Der Begriff „Edutainment" wird vor allem von der Anbieterseite sehr uneinheitlich verwendet: So bezeichnet SUNFLOWER seine Produkte, die generell Kinder als Zielgruppe haben als Edutainment - Programme, während die RAVENSBURGER INTERACTIVE ihr Angebot für Kinder in Infotainment (Alles, was ich wissen will), Edutainment (Spielen, lachen, lernen) und Entertainment (Unterhaltung für große und kleine Kinder) unterteilt.

Gemeinsam ist allen Softwareangeboten dieser Kategorie der vielversprechende Grundtenor der Werbeprospekte : „Klassenbester. Noch mehr Wissen in Sekundenschnelle verfügbar"(LexiROM). „Keine Angst mehr vor der nächsten Deutsch-Klassenarbeit!" „Mit MATHE-BLASTER kann man seine Schwächen ganz gezielt ausgleichen-der Erfolg stellt sich ganz von selbst ein" (HEUREKA - Verlag) „Ihr Kind will nicht mehr aufhören zu lernen, weil es ihm Spaß macht" (SUNFLOWERS). „Lernen leicht gemacht" (Schroedel-Verlag), „Einfach anklicken und clever werden" (Auer-Verlag). Danach können offensichtlich Kinder nahezu alles, mit dem sich ihre Vorgänger in der Schule mühsam plagen mußten, sich spielend aneignen, der Erfolg wird zusätzlich garantiert !

Die Computerindustrie sieht in den Kindern eine neue, vor allem umsatzsteigernde Zielgruppe. Nach aktuellen Schätzungen (vgl. [Mitz96, 19]) dürften gegenwärtig zwischen 25% und 50% der Grundschüler zu Hause oder bei Freunden Zugang zu einem PC haben, und die Tendenz scheint weiter steigend. Der Computer wird auch von den Eltern inzwischen weniger als Spielzeug, sondern eher als Lerninstrument definiert. Sie sehen in diesem Medium eine ideale Möglichkeit, den Ärger bei der Hausaufgabenbetreuung zu vermeiden, Kosten für die Nachhilfe zu sparen und - wie es auch eine Computerfirma verspricht - den Übertritt ans Gymnasium zu garantieren.

Der Blick auf andere weiterentwickelte Märkte, wie Frankreich oder USA ( derzeit 300 educational programs, die Hälfte erschien in den letzten 18 Monaten) zeigt, daß sich hier ein pädagogisch und wirtschaftlich enormes Potential ergibt. Deutschland steht offensichtlich bei dieser Entwicklung noch am Anfang (vgl. [GoKü95, 35]).

Folgende Fragen müssen gestellt werden :

1. Was ist Edutainment?
2. Wie und wo wird es eingesetzt?
3. Was sagt die Forschung dazu?

## 2. Edutainment: kindliche Freizeitanimation oder pädagogische Lernchance?

| Pädagogische Lernchance? | Was ist Edutainment? | Kindliche Freizeitanimation? |
|---|---|---|
| *EDU*CATION —— | EDUTAINMENT —— | ENTER-*TAINMENT* |
| Lernsoftware: speziell für Lehr- und Lernzwecke entwickelt : bestimmtes didakt.Konzept (Bsp.: Übungsprogramme in Mathematik) für bestimmte Lerninhalte (Bsp.: (Rechenoperationen) für eine bestimmte Zielgruppe(Bsp.: (Grundschulkinder), kaum Spiel- und Animationselemente, Kompensation der Lücke zwischen Schule, Nachhilfe und Lehrer Anwendungsmöglichkeiten: - Informationsvermittlung - tutorielle Lernprogramme - Übungsprogramme - Textverarbeitungsprogr. | spielerische Lernaufgaben, Anteile von Education und Entertainment unterschiedlich gewichtet, unterhaltsame Animations- und Gestaltungsbausteine sollen zum Lernen verführen, offene Lernziele ohne eindeutige Zielbereiche mit unverbindlichem Lerneffekt: entdeckendes, eigenaktives Lernen Erfolgreicher Einsatz am Nachmittagsmarkt . Gefahr: Masse statt Klasse ! Nur unzureichende Berücksichtigung pädagogischer Qualitätsansprüche | Unterhaltungsspiele: Computerspiele, die ihren Unterhaltungswert durch eine spezifische Spieldynamik erhalten, Spielgeschehen steht im Mittelpunkt, erster Kontakt der Kinder mit einem Computer; primäre Absicht : hoher Verkaufsumsatz; Thema, Spannung , Anforderungsniveau, Graphik, Sound und Animation entsprechen den Erwartungen der jungen Käufer |

-> Behav. Lernverständnis :
Drill-& Practice - Methode :
Automatisierung gewünschter

Antworten

Mit Edutainment läßt sich Freizeit gestalten, aber auch schulisches Lernen unterstützen . Unter welchen Voraussetzungen tendiert Edutainment eher zur Freizeitanimation und unter welchen Bedingungen könnte es u.U. auch eine pädagogische Lernchance eröffnen?

FREIZEITANIMATION :
Edutainment tendiert eher in Richtung Freizeitanimation, wenn

1. Abenteuer, Spiel und Spaß im Vordergrund stehen. Ein Held, mit dem sich das Kind u.U. identifizieren kann, erobert unbekannte (Welt-) Räume. Piepsende und krächzende Comicfiguren animieren zur Lösung von riskanten Situationen oder Problemstellungen.

2. Aktionismus dominiert, d.h. das Kind ständig Tempo und Reaktion steigern muß, um höhere Punktzahlen (auch im Vergleich zu Mitspielern) zu erzielen.Ist die höchste Ebene erreicht und die Herausforderung ausgereizt, wird die Diskette ersetzt durch einen neuen Nervenkitzel (die alte landet u.U. auf der Diskettendeponie).

3. Kinder ziel- und zusammenhanglos in Datenautobahnen herumsurfen (vgl. Zappen am TV - Gerät). Klicken allein macht nicht clever, sondern vermittelt bestenfalls atomisierte Informationen bzw. „Maus-Klick-Wissensfragmente".

Insgesamt besteht die Gefahr, daß derartige Edutainmentprogramme zu einer gewissen Abhängigkeit führen, d.h. Freizeit primär von Medien bestimmt wird und Bewegung, sinnliche Erfahrungen und originale Begegnungen (Natur) zu kurz kommen.

Schönweiss hält Edutainment für eine „kleine kostspielige Lüge. Ob Kindern zur Freude am Lernen verholfen wird, ist keine Frage von ganz viel bunter Action am Bildschirm und animiertem Gequake" [Schö95].

Daher stellt sich die Frage: Welche Ansprüche muß Edutainment erfüllen, um als pädagogisch wertvolles Medium eingesetzt werden zu können ?

Kinder im Grundschulalter sind neugierig, fragen nach, handeln aktiv und erproben neue Situationen ; sie wollen ermutigt und in ihrer individuellen Persönlichkeit anerkannt werden.

Kann der Computer diese Bedürfnisse wenigstens ansatzweise erfüllen?
Edutainment kann pädagogische Lernchancen eröffnen, wenn

1. kognitive Lernprozesse gefördert werden
- Die multimediale Präsentation (Bild, Text, Video, Sprache, Musik, Diagramme, etc.) ermöglicht Anschaulichkeit und Realitätsnähe. Die Motivation kann gesteigert werden, weil die Informationen immer wieder abgerufen, ausgedruckt und somit publiziert werden können.
- Durch gezieltes Surfen auf Datenautobahnen lassen sich Themen und Inhalte systematisch erforschen und multiperspektivisch erschließen. Ohne Zeitdruck eröffnen sich dem Kind Freiräume zum Entdecken, Erkennen von Zusammenhängen, Experimentieren und Nachdenken (Reflexion statt Reaktion). Die Programme laden ein zum Probehandeln und Improvisieren, nicht nur zum Nachspuren vorgegebener Lösungswege. Erkenntnisse werden erworben und sind nicht als fertige Produkte abrufbar.

2. individuelle Lernprozesse ermöglicht werden angesichts einer heterogenen Klassenstruktur:
- Die Software muß Möglichkeiten zur **Selbststeuerung** und **Selbstkontrolle** anbieten:
    - nach individuellem Leistungsstand und Lernvermögen
    - nach individuellem Lernbedürfnissen und Interessen
    - nach individuellem Lerntempo (ohne Zeit- und Konkurrenzdruck)
    - nach individuellen Lerndefiziten
        * durch variable Arbeits- und Leistungsanforderungen
        * durch individuelle Förderprogramme, z.B. Rechtschreibkorrekturprogramme oder individuelle Diagnose- und Therapieprogramme (computerunterstützte Fehleranalyse: qualitatives und quantitatives Fehlerprotokoll).

3. Edutainmentprogramme Kommunikation und Kooperation fördern
- **innerhalb der Schule**, indem individuell gewonnene Erkenntnisse (z.B. aus der Datenbank) zu gemeinsamen Diskussionen und Handlungen führen oder Lernteams selbst Unterrichtsmaterialien und Lernprogramme für Mitschüler herstellen.
- **außerhalb der Schule**, z.B. durch Projekte, Partnerschaften und grenzüberschreitendem Erfahrungsaustausch per E-mail bzw. Internet, so daß sich u. U. virtuelle Gemeinschaften bilden können.

Es wird kaum ein Edutainment - Programm geben, das gleichzeitig alle Bedingungen erfüllen kann. Das derzeitige Software-Angebot weist im Hinblick auf die technische Handhabung, auf die Lernprozeßsteuerung und auf die fachdidaktische Qualität (vgl. [Meiß96]) noch erhebliche Mängel auf. Das westfälische Landesinstitut für Schule und Weiterbildung in Soest hat 6000 - 8000 Lernprogramme, die derzeit am Markt angeboten werden, analysiert und maximal 80 als empfehlenswert eingestuft.

Edutainment läßt sich dann erfolgreich in verschiedenen pädagogischen Handlungsfeldern einsetzen, wenn :

1. bestimmte Wissensbereiche relativ eigenständig und selbsttätig von Kindern erschlossen werden,
2. individuelle Möglichkeiten des Lernfortschritts erprobt, Verstehensprozesse angebahnt und Defizite kompensiert werden können ,
3. Ansätze zu offenen, sozial-kommunikativen Erfahrungen gegeben sind.

## 3. Probleme der Evaluierbarkeit

Aufgrund der derzeit m. W. noch recht schmalen Fachliteratur (überwiegend Anfang der neunziger Jahre !) über deutsche Forschungsergebnisse zum Thema „Computer und Grundschule", die u.U. darauf zurückgeführt werden könnte, daß man glaubte, diese Schulstufe von den neuen Technologien abschirmen zu müssen („computerfreie Zone Grundschule"), können Spekulationen über Gefahren, aber auch über positive Wirkungen üppig blühen.

Die empirischen Erhebungen zum Einsatz von Lernprogrammen sind nicht eindeutig und z.T. widersprüchlich . [Thom89, 38] weist auf die Ursachen für die divergierenden Aussagen in der vergleichenden Medienevaluation hin und kritisiert, daß bei den meisten Untersuchungen :
„1. die Komplexität der Unterrichssituation nicht ausreichend berücksichtigt wird,
2. die Bestimmung der aussschlaggebenden Wirkungsfaktoren unterschiedlicher Medien unzulänglich sind,
3. mit einem eingeschränkten Effektivitätsbegriff gearbeitet wird,
4. die Meßinstrumente und Vergleichskriterien unzuverlässig und ungültig sind,
5. nicht deutlich gemacht wird, daß einzelne Medienprodukte, nicht aber Medien insgesamt, verglichen werden."

Abgesehen von diesen forschungstechnischen Mängeln gibt es weitere Ursachen für die abweichenden Ergebnisse :

- Vergleichende Wertungen von Lernprogrammen führen häufig zu sehr unterschiedlichen Ergebnissen. Ursache dafür sind verschiedene Variablen, die die Untersuchungen unterschiedlich stark beeinflussen, z.b. unterschiedliche Maßstäbe, biographische Differenzen, soziale Situation, Qualität der Software, verschiedene Bewertungspersönlichkeiten, Rahmenbedingungen wie Schülerzahlen, Begleitmaßnahmen, Betreuungspersonal...(vgl. [BaBr91, 6]).
- Einzelevaluationen, die von den Herstellern der jeweiligen Software durchgeführt werden, fallen in der Regel positiver aus als Untersuchungen von dritter Seite.
- Bemerkenswert ist auch, daß in jüngeren Untersuchungen positiver über den Einsatz des Computers und einiger Programme berichtet wird als in älteren Untersuchungen, was sicherlich mit der zunehmenden Qualitätssteigerung der Software zusammenhängt.
- Erhebungen, die in (Fach-) Zeitschriften veröffentlicht werden , berichten von einer höheren Effektivität als Erhebungen, die als Monographien (Dissertationen) herausgegeben werden.
- Schließlich fällt noch auf, daß die positiven Effekte umso größer erscheinen, je kürzer der Erhebungszeitraum ist.

Kriterien zur Beurteilung von Lernsoftware erscheinen wichtig, um Ansatzmöglichkeiten zur Verbesserung ihrer Qualität zu finden. Pauschale Einzelempfehlungen zu geben, ist allerdings nicht möglich, da die Qualität des Programms immer auch abhängig ist von der Kompetenz des Lehrers, denSchülern, der jeweiligen Unterrichtssituation und den mit dem Einsatz beabsichtigten Zielen.

Beim Einsatz des Computers beim Schriftspracherwerb der Grundschule deuten sich bei der Auswertung aktueller Forschungsergebnisse folgende Tendenzen an :

- Kinder schreiben mehr und länger am Computer als mit Papier und Stift.
- Das Schreiben am Computer fällt leichter, weil der Schreibprozeß in bewältigbare Teile untergliedert ist; dadurch werden psychische und physische Hemmschwellen beseitigt.

- Die Schreibmotorik wird wesentlich weniger beansprucht, da die Eingabe über eine Tastatur leichter fällt als das Schreiben von Hand; dies gilt besonders für Schreibanfänger wie Grundschulkinder.
- Kinder korrigieren Rechtschreibfehler am Computer häufiger als mit Papier und Stift.
- Die Textentwürfe werden bei der Arbeit mit dem Computer inhaltlich stärker überarbeitet als dies üblicherweise geschieht.
- Mit dem Computer wird Schreiben zum Publizieren; der soziale Adressatenbezug tritt stärker in den Vordergrund.
- Kinder schreiben lieber am Computer, weil das fertige Produkt beinahe wie gedruckt aussieht; Überarbeitungen - wie Streichungen und Ergänzungen - entstellen nicht den fertigen Text.
- Selbständigkeit und Experimentierbereitschaft im Umgang mit Sprache nehmen bei der Arbeit am Computer zu.
- Am Bildschirm können die Kinder leichter zusammenarbeiten und sich gegenseitig helfen, da der Text für mehrere gleichzeitig sichtbar ist. Die Kinder können auf diese Weise leichter voneinander lernen (vgl. [Renn96, 33 ff]).

Nach dem heutigen Erkenntnisstand ist es nicht möglich, prinzipielle Aussagen über die Lernwirkungen von Multimedia zu machen. Der Vergleich und eine kritische Bewertung der existierenden Studien- und Übersichtsarbeiten hat zwar gezeigt, daß Multimedia über Potentiale zur Verbesserung der Lernleistung verfügen. Dennoch haben die überwiegende Mehrheit der heute im Einsatz befindlichen Multimediasysteme nur wenig oder gar keine positive Auswirkung auf die Lernleistung (...) Die Ergebnisse der Evaluationsstudien zu wissenschaftlich konzipierten Lernprogrammen sind ernüchternd: Was bleibt, ist die Hoffnung auf eine Übertragung der Motivation zum Lernen, die eher spielerische und mit viel Phantasie konzipierte Programme auslösen, auf andere Stoffe, die bei Schülern und Studierenden heute noch unbeliebt sind" [Hase95, 390].

Insofern schließt sich hier wieder der Kreis zu Edutainment: Diese Programme sollen Kinder zum Lernen animieren bzw. motivieren, der individuelle Lernerfolg aber läßt sich nicht programmieren. Zu viele Komponenten in diesem Bereich sind noch nicht ausreichend untersucht, weil die systematische Erforschung des Zusammenspiels verschiedener statischer und dynamischer Medien erst begonnen hat und noch vergleichsweise wenig Hasebrook sieht zwei Möglichkeiten, die aktuelle Problematik der Evaluation zu überwinden [Hase95]:

1. Entwicklung der Multimedia-Software auf der Basis der Kognitionstheorie (differenzierte Forschungsergebnisse über Wahrnehmung, Lernen, Gedächtnis, Verstand, natürliche Sprachentwicklung, Kommunikation, Entscheidungsfindung, Problemlösung, Kreativität)
2. Empirische Untersuchungen mit Daten von echten Anwendern der Software, nicht nur von ein paar Computerhackern während der kurzfristigen Prototyp-Herstellung.

Insgesamt erscheint es notwendig, eine Kriterienliste für Softwareprogramme zu konzipieren, die differenziert zwischen externen Kriterien, die auf theoretisch-empirischen Überlegungen aufbauen und internen Kriterien, die die Eignung eines Programms im Hinblick auf die angestrebten Ziele einer bestimmten Zielgruppe überprüfen.

## 4. Zwischenbilanz

Die Diskussion um den Computereinsatz in der Grundschule steht - wie gesagt - in der Bundesrepublik noch am Anfang. Soll sich die Schule durch eine gezielte Distanz gegen die Vercomputerisierung wehren oder soll sie durch frühzeitigen Abbau von Hemmschwellen und adäquate Aufklärung die Computernutzung erleichtern und so zu einer reflektierten Medienkompetenz beitragen?

Der Amerikaner Louis PERELMAN prognostiziert in seinem viel und kontrovers diskutierten Hauptwerk „School's out" das Ende der Institution Schule in ihrer heute gewohnten Form und er fordert: „Je schneller man sie abschafft, desto früher hat man etwas besseres. (...) Klassenzimmer und Lehrer haben im Lernprozeß von morgen soviel Platz wie Pferd und Wagen im modernen Transportsystem" [Pere90, 23]. Das Stichwort der neuen Lerngesellschaft der Zukunft heißt „Hyperlearning". Darunter versteht er die Aneignung von Wissen in einer multimedialen, auf Computer und deren Netze, also auf den vielfältigen Möglichkeiten der neuen Informationstechnologien basierenden Lernumgebung. PERELMAN verkürzt m. E. die Funktion von Schule auf das bloße Beschaffen von Informationen, auf formale, rein intellektbezogene rationale Bildung. Die Vermittlung zentraler ethisch-moralischer Werte und Normen sowie die sozial-kommunikative Bedeutung des Lebensraumes Schule werden sträflich außer Acht gelassen. Die Forderung nach einer ganzheitlichen Erziehung scheint gerade heute angesichts defizitärer Sozialisationserfahrungen in der Familie besonders notwendig, die persönliche Beziehung des Erziehers zum Kind kann durch kein Medium ersetzt werden. Medien- und Sozialkompetenz müssen zwei zentrale Aufgaben der Grundschule auch in Zukunft sein. Jede

Vereinseitigung in Richtung virtuelle Schule bzw. eine falsch verstandene Schonraumschule wird weder dem technologischen Wandel noch der kindlichen Entwicklung gerecht. Der Mangel an aktuellen Forschungsergebnissen auf diesem Gebiet ermöglicht nur eine recht subjektive Zusammenfassung:

1. Edutainment ist nicht gleichzusetzen mit Lernvergnügen bzw. Lösung von Lernproblemen. Lernen wird auch in Zukunft individuell unterschiedlich anstrengend sein, daran wird sich auch mit dem PC nichts ändern.
2. Wenn Präsentation zu stark dominiert, bleibt der Inhalt leicht auf der Strecke. Wissen darf nicht zum schmückenden Beiwerk degradiert werden.
3. Empirische Untersuchungen werden erschwert durch ihre" historische Bedingtheit" [Schu96, 366], d.h. durch die rasante Entwicklung der Technologie und dem vermehrten Einsatz der Systeme sowie durch die veränderten Gewohnheiten der Benutzer. Wie eine von Kindheit an an Multimedia gewöhnte Generation auf die zukünftigen Möglichkeiten von Multimedia reagieren wird, läßt sich heute noch nicht vorhersehen.
4. Skepsis erscheint immer dort angebracht, wo die Anbieter große Versprechungen über die leichte Bedienbarkeit und die hohe Effizienz ihrer Software machen. Bestimmte Wirkungen des PCs lassen sich nicht garantieren
5. Die derzeitige Diskussion über den Einsatz des Computers in der Grundschule wird noch häufig von klischeeartigen Vorstellungen -hektischer Abwehr oder euphorischer Zustimmung - beherrscht. Zunächst müssen m.E. Beurteilungskriterien für pädagogisch wertvolle Edutainment - Software primär von Schule und Wissenschaft entwickelt und erforscht werden. An diesen Ergebnissen sollte sich die Medienindustrie orientieren - nicht umgekehrt: Qualität vor Quantität. Die aktuell propagierte Schulautonomie bzw. -profilierung braucht Freiräume, die sich nicht von außen diktieren lassen.
6. Der beste Computer bleibt lediglich ein Medium, d.h. ein Mittler zwischen Realität und Individuum. Der PC bietet lediglich einen anderen Zugang zum Lerngegenstand und seiner Aneignung. Lerninhalte in der Grundschule dürfen m.E. nicht simuliert werden, sie sollen greifbar und damit begreifbar sein. Die direkte Anschauung in der Realität und die multisensorische Erfahrung kann und darf gerade für Kinder im Grundschulalter durch kein Medium ersetzt werden.
7. Multimedia in der Grundschule könnte auch in Zukunft wörtlich interpretiert werden, d.h. daß viele Medien weiterhin gleichberechtigt nebeneinander eingesetzt werden, d.h. neben

Füller, Bleistift, Malstift und Büchern u. a. auch ein Computer,( z.B. als Schreibgerät bei der Textverarbeitung oder als interaktives Lexikon) in einer Medienecke.

8. Auch wenn sich Schule in Zukunft funktional, inhaltlich und medial verändern wird, so wird sich Bildung nicht auf Edutainment reduzieren lassen, Unterricht mehr sein als Unterhaltungs- und Animationsshow. Gerade die leichte Verfügbarkeit von Fakten und Lernstrategien wird auch die Funktion des Lehrers verändern : er wird m. E. weniger als „Tankwart an Datenautobahnen" fungieren, sondern er wird eher Zusammenhänge verdeutlichen müssen und Anregungen und Hilfestellungen geben zu selbständigem Lernen, um dadurch u.U. Zeit zu gewinnen für pädagogisches Handeln zur Förderung emotionaler und sozialer Prozesse bei Kindern. Seine Aufgabe liegt in der subtilen Begleitung der Kinder auf dem Weg zwischen den wirklichen und virtuellen Welten.

9. Lernen mit dem Computer beschränkt sich nicht auf den Erwerb reproduzierbaren Faktenwissens, sondern tendiert deutlich in eine konstruktivistisch orientierte Lernumgebung, in der der Lernende aktiv, selbstgesteuert, konstruktiv, situativ und sozial [ReMa96] sich an der Gestaltung der Lernprozesse beteiligt und bei denen Schlüsselqualifikationen wie kommunikative und kooperative Fertigkeiten sowie die Bereitschaft und Fähigkeit zum eigenverantwortlichen, lebensbegleitenden Lernen gefordert sind.

10. Trotz des Mangels an Evaluationsstudien erscheint es wichtig, weiterhin Visionen über den zukünftigen Einsatz von Hypermedia im Unterricht zu entwickeln. Dazu brauchen wir Lehrer, die hochmotiviert und medienkompetent sind, und Programme, die nicht nur unterhaltsam, sondern vor allem sachgerecht, lebensnah, interessant und sozial-kommunikativ gestaltet sind. Dann wird sich unsere Gesellschaft nicht - wie Bundesbildungsminister Jürgen Rüttgers 1996 beim Startschuß zu der bundesweiten Initiative „Schulen ans Netz" befürchtet hat - in eine Oberklasse von Netzwerkbeherrschern und in eine Unterklasse von Computeranalphabeten spalten. Ich hoffe, daß sich weder die Aussagen von Aristoteles noch von Rüttgers erfüllen werden.

## Literaturverzeichnis

[BaBr91] Balhorn,H.; Brügelmann,H.: Ein medium ist ein medium. In: Grundschulzeitschrift 47 (1991).

[Carr91] Carroll, J. M.: Designing interaction. Psychology and the human-computer interface. Cambridge 1991.

[Frie95] Friedrich: Die Praktikabilität der Neurodidaktik. Frankfurt a. M. 1995.

[Fric95] Fricke, R.: Evaluation von Multimedia. In: Issing, L.J. /Klimsma, P. (Hrsg.) Berlin 1995, S. 401 - 414.

[GoKü95] Goedhart, F. / Künstner, T. (1995): Zukunft Multimedia. Grundlagen, Märkte und Perspektiven in Deutschland. Frankfurt a. M. 2. Auflage.

[Hase95] Hasebrook, J.: Multimedia-Psychologie - Eine neue Perspektive menschlicher Kommunikation. Heidelberg 1995.

[IsKl95] Issing, L. J.; Klimsma, P. (Hrsg.): Information und Lernen mit Multimedia. Berlin 1995.

[Klaf93] Klafki, W.: Zum Bildungsauftrag des Sachunterrichts in der Grundschule. Einführung in epochaltypische Schlüsselprobleme und vielseitige Fähigkeits- und Interesenbildung. In: Grundschulunterricht 1 - 1993, S. 3 - 6. [Kurzfassung des Vortrages auf der Gründungsversammlung des GDSU, Berlin, März 1992].

[Meiß96] Meißner, H.: Analyse und Bewertung von Computer-Lernprogrammen für die Grundschule - die Münsteraner Bewertungsmaske. In: Mitzlaff, H.: Handbuch Grundschule und Computer. Weinheim 1996, S. 311 - 324.

[Mitz96] Mitzlaff, H. (Hrsg.): Handbuch Grundschule und Computer. Vom Tabu zur Alltagspraxis. Weinheim 1996.

[Moos96] Mooser, B.: Kinder-Software. Lernen, Wissen, Spiel und Spaß; ein Ratgeber für Eltern und Lehrer. Haar bei München 1996.

[Pere90] Perelman, L.: School's out. Berkeley 1990.

[ReMa96] Reinmann-Rothmeier,G.;Mandl,H.: Gestaltung multimedialer Lernumgebungen. In: Jahrbuch Präsentationstechnik. Zeitschrift Management und Seminar 1996.

[Renn96] Renner, G.: Der Computer als Schreibwerkzeug. Nürnberg 1996.

| | |
|---|---|
| [Sach90] | Sacher, W.: Computer und die Krise des Lernens. Eine pädagogisch-anthropologische Untersuchung zur Zukunft des Lernens in der Informationsgesellschaft. Bad Heilbronn 1990. |
| [Schö95] | Schönweiss, F.: Vorwort in Mooser, Berlin 1996. |
| [Schu96] | Schulmeister, R.: Grundlagen hypermedialer Lernsysteme. Theorie - Didaktik - Design. Bonn 1996. |
| [Schu95] | Schumann-Hengsteler, R.: Die Entwicklung des visuell-räumlichen Gedächtnisses. Göttingen 1995. |
| [Thom89] | Thome, D.: Kriterien zur Beurteilung von Lernsoftware. Heidelberg 1989. |

# II. Projekte und Anwendungen in der Medizin

# Anwendung und Nutzen moderner Bildverarbeitung in der Medizin: 3-dimensionale Rekonstruktion von Schnittbildern

R. Fründ

## 1. Einleitung

Die dreidimensionale Darstellung gehört zu den aktuellsten Themen im Bereich Computer bzw. Multimedia. Angetrieben wird das augenblickliche Interesse vor allem durch die Computerspiele, wo eine immer aufwendigere und realistischere Darstellung der Szenerie gefordert wird. Aber auch im Internet findet man vermehrt Homepages, die mit 3D Elementen angereichert sind. Um den Rechner von den aufwendigen Berechnungen zu entlasten, wird spezielle Hardware in Form von 3D-Grafik-Beschleunigern angeboten. Ebenso werden die klassischen Spielkonsolen zunehmend nach ihrer 3D-Grafikleistung bewertet.

3D-Anwendungen sind aber nicht erst seit den Computerspielen von Interesse, sondern spielen im professionellen Bereich seit geraumer Zeit eine bedeutende Rolle. CAD, das Computer gestützte Konstruieren, ist hier an erster Stelle zu nennen. Die am Computer konstruierten Objekte sind in den wenigsten Fällen zweidimensional, sondern sollen als Abbilder für reale dreidimensionale Körper dienen. Andere Anwendung finden sich in der Wissenschaft wie zum Beispiel die Meteorologie. Das Wetter findet nicht in einem zweidimensionalen, sondern in einem dreidimensionalen Raum statt. Simulationen tragen dem Rechnung, die Visualisierung der Daten als 3D-Objekte erleichtert auf Grund ihrer Anschaulichkeit die Auswertung. Ein weiteres Anwendungsgebiet sind Flugsimulatoren. Die dreidimensionale Darstellung der Umgebung ist eine Grundvoraussetzung für einen realistischen Eindruck.

Mit der Einführung der Computer- und Magnetresonanztomographie (CT und MR) hat auch in der Medizin die dreidimensionale Bildverarbeitung ihren Einzug gehalten. Sie ermöglicht eine bessere Diagnostik, eine anschaulichere Lehre, eine genauere OP-Planung von komplizierten Eingriffen und die Herstellung von maßgeschneiderten Prothesen. Sie bildet auch die Grundlage für das, was mit dem Sammelbegriff virtuelle Medizin bezeichnet wird.

Im folgenden soll das Prinzip der modernen Schnittbildverfahren CT und MR, der Weg vom Schnittbild zum 3D-Objekt beschrieben und die Anwendung dieser Techniken dargestellt werden.

## 2. Die bildgebende Verfahren

### 2.1 Die Computertomographie

Neben den optischen Verfahren wie die Fotografie (z. B. der Haut in der Dermatologie) oder die Endoskopie, ist wohl das Röntgenbild der Inbegriff eines medizinischen Bildes.

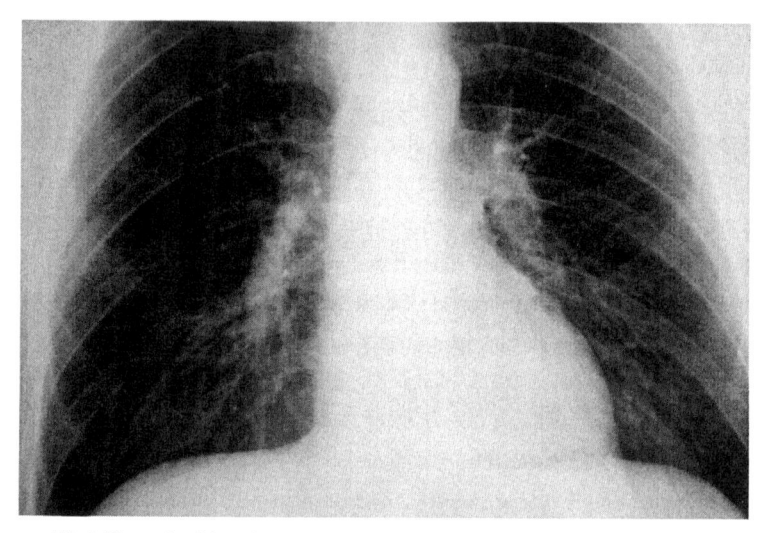

Abb. 1: Thoraxübersichtsaufnahme als Beispiel für eine konventionelle Röntgenaufnahme.

Das Prinzip ist einfach: Röntgenstrahlen, erzeugt durch eine Röntgenröhre, durchdringen den Körper, werden dabei mehr oder weniger geschwächt und erzeugen auf einem Film einen Schattenwurf. Der bildgebende Kontrast wird durch die unterschiedliche Absorption der Strahlung in Knochen oder Weichteilen erzeugt. Ein großer Nachteil dieses Verfahrens liegt darin, daß nur ein zweidimensionales Bild entsteht. Der Radiologe kann beispielsweise nicht ohne weiteres in der Thoraxübersichtsaufnahme sehen, ob eine Veränderung in der Lunge vorne oder hinten liegt. Um dieses Manko zu beheben wurde daher frühzeitig versucht sogenannte Tomogramme herzustellen. Dazu wird die Röntgenröhre während der Belichtung so bewegt, daß nur eine Ebene scharf abgebildet wird, während alle anderen Ojekte, die nicht in dieser Ebene liegen unscharf werden. Erst der Computer ermöglichte jedoch ein echtes Schnittbildverfahren, die sogenannte Computertomographie.

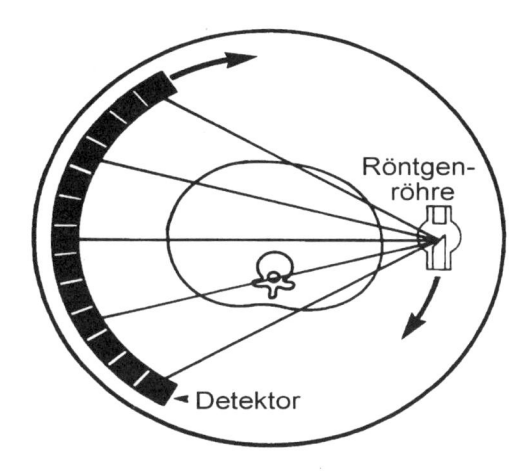

Abb. 2: Schematische Anordnung von Detektor und Röntgenröhre im Computertomographen

Die Röntgenröhre und ein Detektor umkreisen das Objekt und nehmen dabei kontinuierlich Daten auf. Diese Daten werden von einem Computer zu einem Bild rekonstruiert. Das dabei zugrunde liegende Prinzip läßt sich leicht anhand der Analogie vom Grundriss eines Gebäudes verstehen: Steht man vor dem Gebäude so kann man zwar die Fassade des Hauses erfassen, hat aber keine Vorstellung von dessen Tiefe. Das entspricht der Situation, die beim herkömmlichen Röntgenbild vorliegt. Läuft man jedoch einmal um das Gebäude herum, so hat man eine Vorstellung von den äußeren Abmessungen. Könnte man zudem noch durch die Wände sehen, so ist man in der Lage einen vollständigen Grundriss zu erstellen. Das ist die Situation wie sie bei der Computertomographie vorliegt. Die vom CT erzeugten Bilder sind immer Schnittbilder, die in der Rotationsebene von Detektor und Röntgenröhre liegen. Andere Schnittebenen lassen sich durch Neigung dieser Ebene erzeugen, die jedoch aus apparativen Gründen begrenzt ist.

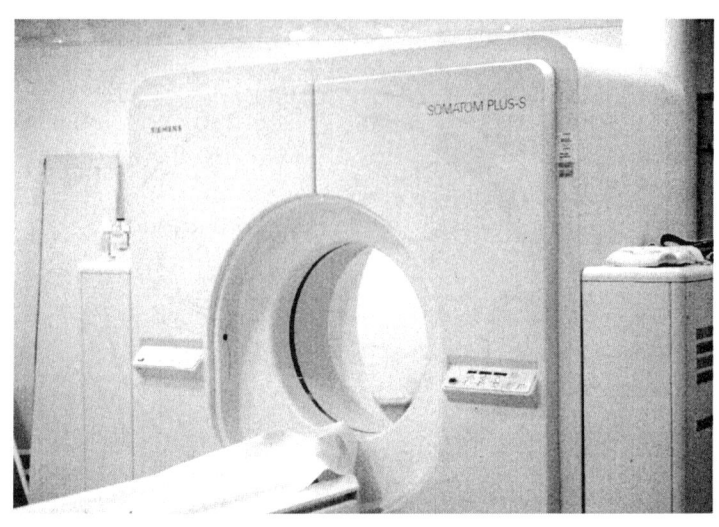

Abb. 3: Computertomograph

## 2.2 Die Kernspintomographie

Die Kernspintomographie basiert im Gegensatz zur Computertomographie nicht auf Röntgenstrahlung. Eine genaue Beschreibung der Funktionsweise eines Kernspintomographen füllt ganze Lehrbücher und würde den Rahmen hier sprengen. Es soll daher nur eine sehr vereinfachte Darstellung des Prinzips folgen. Ausgangspunkt der Methode ist die Tatsache, daß sich manche Atomkerne, so auch der Wasserstoffkern, wie kleine Stabmagnete verhalten. Ein von außen angelegtes starkes Magnetfeld führt zu einer Ausrichtung der Kerne, wobei sich ein Teil parallel und ein anderer antiparallel zum äußeren Magnetfeld anordnet. Zwischen beiden Einstellungen besteht energetisch ein Unterschied, der umso größer ist, je stärker das äußere Magnetfeld ist. Der Übergang vom höheren zum niedrigeren Energieniveau ist mit der Abgabe von Energie in Form von sehr schwachen Radiowellen verbunden. Die Frequenz der Radiowellen hängt dabei auch von der Stärke des äußeren Magnetfeldes ab. Dabei gilt: Je stärker das äußere Magnetfeld, desto höher die Frequenz der Radiowellen. Der umgekehrte Weg, die Aufnahme von Energie, kann ebenfalls durch Radiowellen erfolgen. Diese müssen aber genau die richtige, zur Stärke des äußeren Magnetfeldes passende Frequenz besitzen um absorbiert werden zu können. In der Kernspintomographie läßt sich dieser Zusammenhang zwischen der Feldstärke und der Frequenz der von den Atomkernen ausgesandten Radiowellen ausnutzen um ein Bild vom Inneren des menschlichen Körper zu erzeugen. Gewebe besteht zu einem großen Teil aus Wasser und Kohlenwasserstoffverbindungen. Damit stehen viele signalgebende Wasserstoffatomkerne zur Verfügung. Weiterhin durchdringen Radiowellen leicht das Gewebe. Es muß nun nur noch dafür gesorgt werden, daß die Signale der Atomkerne räumlich kodiert werden, damit daraus ein Bild rekonstruiert werden kann. Dazu überlagert man das starke äußere Magnetfeld mit drei zusätzlichen schwächeren Magnetfeldern, die ihre Stärke in jeweils einer der drei Raumrichtungen ändern. Diese drei Magnetfelder spannen damit einen Raum auf, in der jeder Atomkern mit einem eindeutigem Magnetfeld versehen werden kann. Durch geschicktes Ein- und Ausschalten dieser zusätzlichen Magnetfelder können die Signale der Kerne in Frequenz und Phasenlage so kodiert werden, daß aus den empfangenen Radiowellen ein Bild rekonstruiert werden kann. Ein Vorteil dieser Methode liegt einmal in ihrem Verzicht auf Röntgenstrahlung, zum anderen daß Weichteile besonders gut dargestellt werden können. Auch die Schnittebene der Bilder kann frei gewählt werden und unterliegt damit nicht den Beschränkungen der Computertomographie.

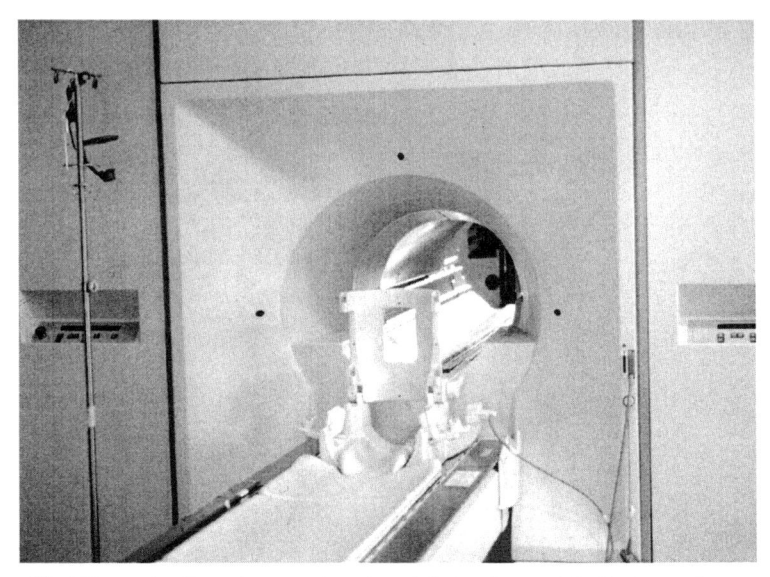

Abb. 4: Magnet eines Kernspintomographen mit spezieller Empfangsspule für Kopfuntersuchungen

## 2.3 Vom Schnittbild zur dreidimensionalen Darstellung

Schnittbilder, egal ob vom CT oder MR, sind zweidimensional, die dritte Raumrichtung fehlt. Um diese zu erzeugen, müssen viele Aufnahmen in der fehlenden Raumrichtung akquiriert werden. Je dichter diese Schnittbilder beieinander liegen, desto besser ist auch die Auflösung in dieser Raumrichtung. Mit Hilfe des Computers können aus diesen Bildsätzen dreidimensionale Objekte berechnet werden. Grundsätzlich werden dazu die gleichen Algorithmen verwendet, wie man sie von den computeranimierten Filmen der Werbung oder manchen Sciencefiction Spielfilmen kennt. Der Rechenaufwand dafür ist enorm und wird teilweise von spezialisierter Hardware erledigt. Vor der eigentlichen Berechnung muß aber dem Computer beigebracht werden, welche Bereiche im Bild zu einem bestimmten Objekt gehören. Soll zum Beispiel die Lage eines Hirntumors im Schädel dreidimensional dargestellt werden, so muß auf jedem Schnittbild Schädel und Tumor markiert werden. Dieser Vorgang wird Segmentierung genannt. Es ist eine zeitaufwendige und mühselige Prozedur, wenn man bedenkt, daß ca. 100 bis 200 Bilder dazu einzeln bearbeitet werden müssen. Der Computer gibt dabei bislang nur eine Unterstützung, die Entscheidung, welcher Bereich noch zum Tumor und welcher zum gesunden Gewebe gehört, muß immer noch der Mensch treffen. Das gelingt umso leichter, je deutlicher sich der Tumor vom gesunden Gewebe abhebt. Die Wahl der richtigen Bildgebung ist daher von entscheidender Bedeutung.

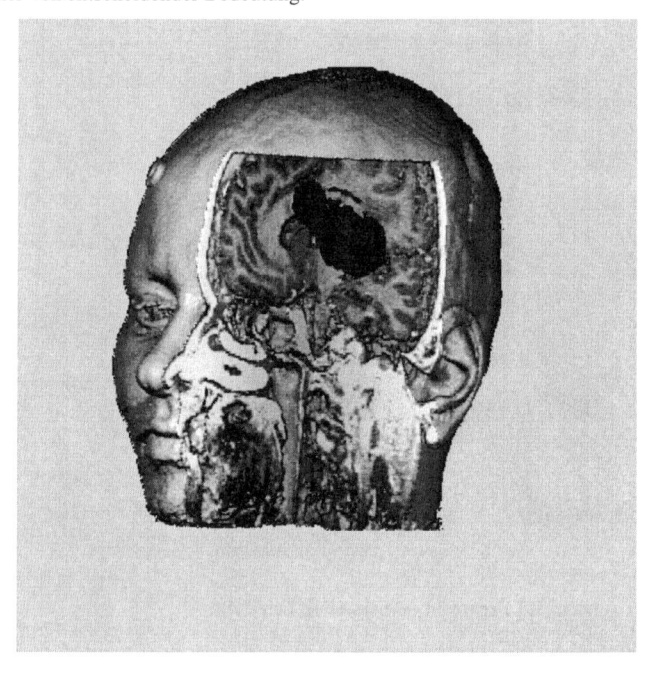

Abb. 5: 3-D Rekonstruktion eines Schädels mit rot markiertem Tumor. Auf der Kopfhaut ist eine Markierung für die intraoperative Navigation erkennbar

# 3. Anwendungen

## 3.1 Das intraoperative Navigieren

Eine Anwendung dieser neuen Möglichkeiten wird in der Klinik und Poliklink für Neurochirurgie in der Unversität Regensburg erprobt. In der Neurochirurgie kommt es oft darauf an feinste Strukturen zu operieren und einen möglichst schonenden Zugangsweg zum krankhaften Prozeß zu finden. Mit Einführung der modernen Schnittbildverfahren wurden dem Chirurgen eine wertvolle Hilfe an die Hand gegeben, sich über die anatomische Lage von krankhaften Veränderungen vor einer Operation zu informieren. Der nächste Schritt ist, diese Information auch während der Operation zur Verfügung zu stellen. Man will interaktiv auf den vor der Operation hergestellten Schnittbildern sehen wie weit man sich schon z.b. an den Tumor herangearbeitet hat oder wie sinnvoll der gewählte Zugangsweg ist. Dieses Verfahren wird mit dem Begriff intraoperatives Navigieren beschrieben. Technisch läßt sich das mit Hilfe der dreidimensionalen Bildverarbeitung realisieren. Der schematische Ablauf eines solchen Verfahrens soll hier am Beispiel einer Hirntumoroperation geschildert werden.

Vor der Operation wird ein dreidimensionaler Bildsatz mit Hilfe der Kernspintomographie, die den Tumor besonders gut darstellt, angefertigt. Im Gegensatz zum herkömmlichen Ablauf bekommt der Patienten zusätzlich am Kopf Markierungen aufgeklebt, die bis zur Operation bestehen bleiben. Aus diesem Bilddatensatz wird die ganze äußere Kopfhaut mit den Markierungen, das Gehirn und der Tumor segmentiert und als dreidimensionale Objekte rekonstruiert. Anschließend werden die Daten in den OP-Saal übertragen. Dort steht ein Rechner mit spezieller Bildverarbeitungssoftware und einem Zeigegerät mit einem Dreiachsendekoder. Mit diesem Gerät kann der Computer die Position einer Zeigerspitze im Raum bestimmen. Zu Beginn der Operation muß dem Rechner die Position des Patienten während der Operation vermittelt werden. Dazu werden mit dem Zeigegerät die Markierungen auf dem Kopf der Patienten angesteuert und gleichzeitig mit der Computermaus auf die entsprechende Markierung in dem dreidimensionale Datensatz gezeigt. Dadurch kann der Rechner die räumliche Orientierung der segmentierten Objekte und die aktuelle Position des Patienten gegeneinander verrechnen. Deutet man nun mit dem Zeiger auf eine bestimmte Stelle am Schädel des Patienten so bekommt man sofort vom Rechner die entsprechende Position auf den 3-D Objekten zu sehen. Während der Operation verfügt man so immer über eine zusätzliche Information durch die Ansicht der entsprechenden 3-D-Objekte. Ein Nachteil dieser Methode liegt in der Tatsache, daß das Gehirn plastisch ist und sich so nach Öffnen des knöchernen Schädels verformt. Die Daten, die vor der Operation erhoben worden sind, stimmen daher nicht mehr 100 prozentig mit den intraoperativen Verhältnissen überein. In Zukunft möchte man dieses Manko dadurch umgehen, daß man die Daten durch einen Kernspintomographen im OP-Saal ständig aktualisiert. Eine andere Möglichkeit ist die Anpassung der Kernspin-Daten durch Videobilder oder optischen 3D-Scannern während der Operation.

**3.2 Prothetik**

Durch die Möglichkeit bestimmte Teile des Körpers dreidimensional im Computer zu berechnen ergeben sich auch neue Möglichkeiten in der Prothetik. Die im Rechner erstellten 3-D Objekte lassen sich als Datenfile auf sogenannte Rapid-Prototyping Maschinen exportieren. Rapid-Prototyping Maschinen können aus vorgegebenen Daten reale Objekte erstellen. Man unterscheidet dabei zwei Arten. Die erste arbeitet wie ein Bildhauer aus einem Block das gewünschte Objekt heraus. Computer gesteuerte Fräsen tragen das Material solange ab, bis die gewünschte Form entstanden sind. Die zweite Klasse von Maschinen arbeiten nach dem generativen Verfahren. Material wird Schicht für Schicht aufgetragen, bis das vorher entworfene Objekt fertig aufgebaut ist. Auf diese Weise lassen sich auch Hohlräume herstellen, die sich mit der erst genannten Methode nicht realisieren lassen. Ein typischer Vertreter dieses generativen Verfahrens ist die Stereolithographie. Ein computergesteuerter Laserstrahl belichtet von oben eine Kunstoffflüssigkeit, die unter dem Einfluß des Laserstrahls aushärtet. Die so entstandene Schicht wird soweit abgesenkt, daß die Oberfläche gerade wieder mit dem flüssigen Kunststoff bedeckt ist. Das erneute Belichten der Oberfläche mit dem Laserstrahl erzeugt eine neue Schicht, die mit der alten fest verbunden ist. Auf diese Weise lassen sich Schritt für Schritt beliebig geformte Objekte herstellen.

Die Maschinen waren ursprünglich dazu erdacht worden, um Prototypen eines neuen Produkts herzustellen. Sie eignen sich aber auch hervorragend, um Modelle für die OP-Planung oder Prothesen herzustellen. Auf diese Weise werden in der Klinik und Poliklinik für Mund-Kiefer- und Gesichtschirurgie der Universität Regensburg Gesichtsschädel-Operationen geplant. Auch können Implantate vorher viel genauer vorbereitet werden, was die Operationszeit verkürzt und das Ergebnis verbessert. Eine weitere Anwendung ist die Durchführung von bestimmten Operationsschritten durch den Computer. Diese sogenannte CAS (Computer Assisted Surgery) wird bei der Implantation von künstlichen Hüftgelenken in manchen Kliniken angewendet. Der vom Computer gesteuerte Roboter führt dabei bestimmte Fräsarbeiten z.B. zur Aufnahme der künstlichen Hüftpfanne mit hoher Präzision durch.

## 3.3 Diagnostik

Natürlich hat auch in der radiologischen Diagnostik die dreidimensionale Bildverarbeitung vielfältige Einsatzgebiete gefunden. Die häufigste ist dabei nicht die Berechung von 3-D Objekten, sondern die Erstellung von neuen Schnittebenen. In der Computertomographie versucht man so den Nachteil der eingeschränkten Schnittführung auszugleichen. In der Kernspintomographie sind dreidimensionale Datensätze besonders leicht zu akquirieren. Man nimmt daher gleich einen dreidimensionalen Datensatz auf, aus dem anschließend jede beliebige Schnittebene rekonstruiert werden kann, als daß man während der Untersuchung schon alle eventuell für die Befundung relevanten Schichtebenen mißt.

Auf diese Weise kann die Untersuchungszeit für den Patienten erheblich und ohne Qualitätsverlust abgekürzt werden.

Ein anderes Anwendungsgebiet ist die Darstellung von Blutgefäßen mit Hilfe der sogenannte Computer- und MR-Angiographie. Der Rechner sorgt dabei für eine übersichtliche räumliche Darstellung der Gefäße.

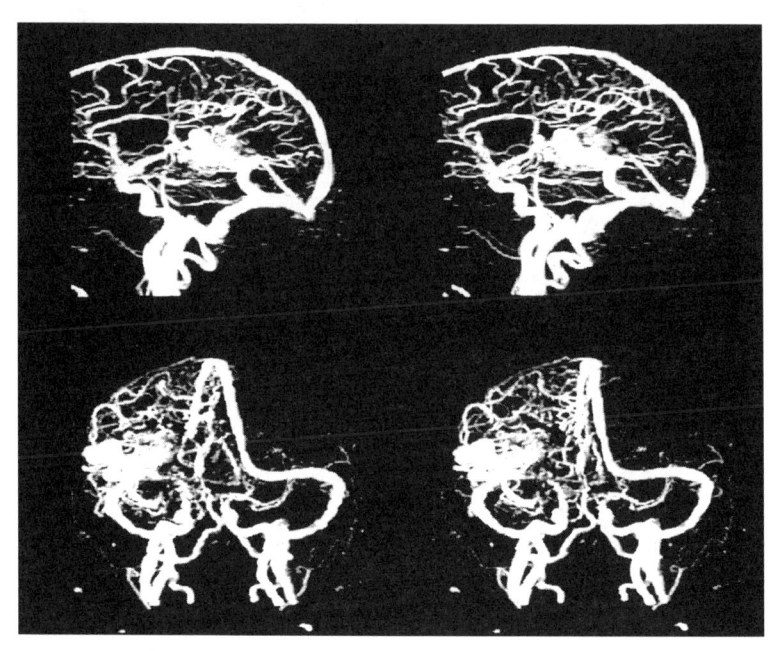

Abb.6: Beispiel für eine MR-Angiographie in räumlicher Darstellung

Ein aktuelles Gebiet ist die sogenannte virtuelle Endoskopie. Bei ihr wird das Endoskop durch den Rechner ersetzt, der einem eine virtuelle Fahrt durch das Hohlorgan gestattet. Dazu muß das Hohlorgan zuerst mit Kontrastmittel gefüllt werden, um dann mit einem der beiden oben dargestellten tomographischen Verfahren vollständig Schicht für Schicht ab zu scannen. Der Computer berechnet anschließend die inneren Wände des Organs, die dann am Bildschirm auf krankhafte Veränderungen abgesucht werden können. Ob dieses Verfahren einen Ersatz für herkömmliche endoskopische Verfahren bietet muß sich aber noch herausstellen.

## 3.4 Lehre

Die Anschaulichkeit der dreidimensional rekonstruierten Organe und Körperabschnitte ist ideal für die studentische Lehre und ärztliche Weiterbildung. Ein bekanntes Projekt ist der Voxelman des Instituts für Mathematik und Computerwissenschaften in der Medizin der Universität Hamburg. Aus CT, MR und realen Schnittbildern von Leichen ist dort ein dreidimensionaler anatomischer Atlas erstellt worden.

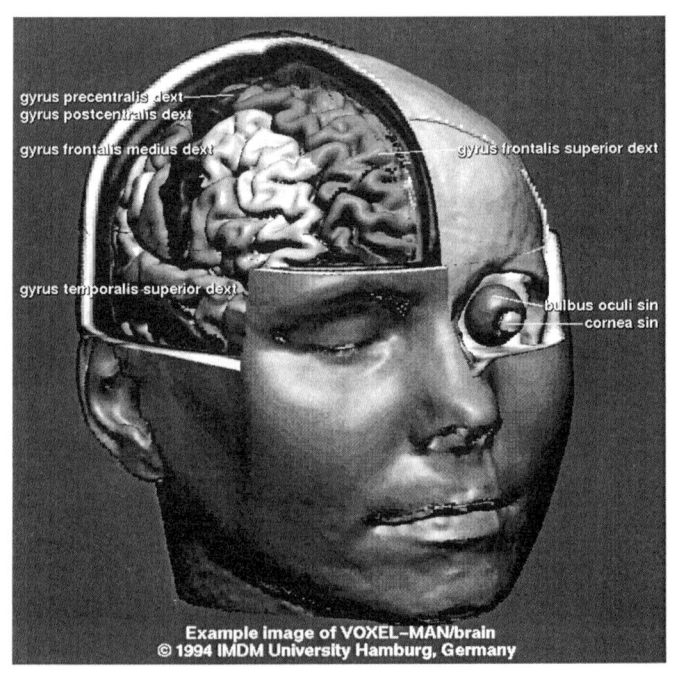

Abb. 7: Beispiel aus dem Programm Voxelman.
(http://www.uke.uni-hamburg.de/Institutes/IMDM/IDV/IDV_HomePage.html)

Die Daten sind auf CD-ROM übertragen worden und können auf jedem Unix basierenden Computer betrachtet werden. Es ist möglich beliebige Schnitte durch die Objekte zu legen, die Namen der Organe werden angezeigt und es können im gewissen Umfang sogar Punktionen und Operationen simuliert werden. Die Möglichkeit interaktiv mit den Daten umzugehen erhöht den Lerneffekt.

Weitere ähnlich gestaltete Lehransätze sind zur Zeit in der Entwicklung.

## 4. Ausblick

Die rasche Entwicklung der Computertechnik und die weltweite Vernetzung läßt auch in Zukunft die medizinische Bildverarbeitung noch viele Anwendungsbereiche erschließen. Trotzdem muß man sich vergegenwärtigen, daß bislang, trotz aller Bemühungen, die kognitiven Fähigkeiten der Computer noch sehr begrenzt sind. So sind z.B. automatische Algorithmen zum Erkennen und Segmentieren von Organen noch sehr unbefriedigend und weiterhin auf den Eingriff des erfahrenen Radiologen angewiesen. In Fachkreisen ist man daher von dem hohen Anspruch einer automatischen Diagnostik, wie sie noch in den 80er Jahren propagiert wurde, zu Gunsten einer vom Computer unterstützten Diagnostik abgegangen.

Entwickeln werden sich aber die Bildgebungsverfahren, die immer schneller, zum Teil in Echtzeit, diagnostisch relevante Daten vom Patienten erheben werden. Der Computer wird diese Datenflut visuell aufbereiten, um so den menschlichen Sinn mit der - informationstechnisch gesprochen - größten Datenbandbreite, nämlich das Auge, nutzen zu können. Auch wird sich die Schnittstelle zwischen Computer und Mensch den neuen Möglichkeiten anpassen müssen.

Zukunftsvisionen erwägen schon die Möglichkeit den menschlichen Körper als eine Art virtuellen Raum betreten zu können, in dem man sich mit Hilfe von Datenhandschuhen und 3D-Displays orientieren kann.

Die Schlagworte „Doktor Cyber" und „Robodoc" werden aber noch auf absehbare Zeit Sciencefiction bleiben.

# Computermethoden im Arzneimitteldesign

S. Dove

## 1. Was ist CADD ?

CAD, Computer-Aided Design, ist zu einem in breiten Kreisen bekannten Begriff für den Entwurf, die Konstruktion von Modellen mit Hilfe des Computers geworden. Eine leistungsfähige 3D-Computergraphik dient hier nicht nur als Rationalisierungsmittel bei Projektierungsaufgaben, sondern auch zur Generierung neuer Ideen. Dabei mag es um Häuser, Maschinen, Schaltkreise oder Kleidung gehen. Aber auch um Arzneimittel, *Drugs*? Ist Computer-Aided *Drug* Design, CADD, möglich? Arzneimittel in Form von Tabletten, Salben, Zäpfchen oder Injektionslösungen enthalten neben Hilfssubstanzen als wirksame Bestandteile Arzneistoffe. Deren Moleküle sind es, die den gewünschten Effekt verursachen. Kann man Moleküle und deren Eigenschaften auf der molekularen Ebene des Menschen am Computer modellieren (Molecular Modeling) und kann man dabei gar bisher unbekannte, besser wirksame Strukturen entwerfen (Leitstruktur-Generierung)? Wenn man die Größenordnung von Molekülen zwischen ca. $2 \cdot 10^{-10}$ (Wasserstoff) und mehr als $10^{-8}$ m (große Proteine) bedenkt, ist das schwer vorstellbar. Aber es gibt bereits solche mit Hilfe von Computern entwickelte "maßgeschneiderte" Arzneistoffe. Jeder größere forschende Arzneimittelhersteller leistet sich dafür Gruppen von Spezialisten. Softwarefirmen bieten ausgereifte (und teure) Programme an. Viele methodische Grundlagen dazu stammen von Chemikern, Biochemikern, Molekularbiologen, Mathematikern und Informatikern aus den Hochschulen. Und nicht zuletzt wenden die medizinisch- und pharmazeutisch-chemischen Abteilungen der Universitäten diese Computermethoden immer mehr für ihre Arzneimittelforschung an. Obwohl auch hier neue Arzneistoffe gesucht werden, steht dabei der Einsatz des Computers zur Aufklärung von molekularen Wirkmechanismen und Struktur-Wirkungs-Beziehungen im Rahmen von Grundlagenforschung im Vordergrund.

Im folgenden sollen zwei Beispiele für mit Hilfe des Computers entwickelte Hemmstoffe der Blutgerinnung vorgestellt werden, Beispiele, die für den Nicht-Naturwissenschaftler sicher leichter nachvollziehbar sind als die in unserer Gruppe (Lehrstuhl Pharmazeutische Chemie II der Universität Regensburg, Prof. Dr. A. Buschauer) durchgeführten Arbeiten zu Neuropeptid-Y-Antagonisten und zu $H_2$-selektiven Histaminika. Zuvor müssen jedoch einige Grundlagen über die Computerdarstellung und -berechnung von Molekülen sowie über die Wirkungsweise von Arzneistoffen erwähnt werden.

## 2. Darstellung und Berechnung von Molekülen im Computer

Fast jeder kennt aus der Schule Molekülmodelle als Gerüste aus Stäbchen (Dreiding-Modelle) oder Kalotten. In ähnlicher Weise erscheinen die Moleküle auf dem Computerbildschirm. Bei leistungsfähiger 3D-Graphik können sie dort interaktiv und in Echtzeit manipuliert, z.B. rotiert und verschoben werden. Damit die Bilder aber ein zumindest angenähertes, mehr als 100-millionenfach vergrößertes Modell der realen Moleküle liefern, muß deren wirkliches räumliches "Aussehen", ihre *Konformation*, bekannt sein. Da man Moleküle jedoch selbst im stärksten Lichtmikroskop nicht sehen kann (ihre Dimension ist im Vergleich zur Wellenlänge sichtbaren Lichts viel zu klein), und da auch Elektronenmikroskope höchstens Umrißbilder sehr großer Biomakromoleküle liefern, ist man auf physikalische Methoden der Strukturaufklärung angewiesen, mit denen die Wechselwirkung zwischen Molekülen und verschiedenen Formen elektromagnetischer Strahlung untersucht wird. Für die Aufklärung der *räumlichen* Struktur spielen vor allem die Infrarot-Spektroskopie (z.B. Ermittlung der Bindungslänge zwischen Atomen), die kernmagnetische Resonanzspektroskopie (NMR, z.B. Abstände nicht gebundener Atome) und mehr noch die Röntgenkristallstrukturanalyse eine Rolle. Bei dieser Methode werden kristallisierte chemische Verbindungen - von Kochsalz bis zu großen Proteinkomplexen - Röntgenstrahlen ausgesetzt. Dabei entstehen Röntgenbilder mit Beugungsmustern, aus denen mit komplizierten, heute meist computergestützten Berechnungen die 3D-Struktur abgeleitet wird.

Solche experimentell aufgeklärten Verbindungen lassen viele Regeln erkennen, mit deren Hilfe auch die 3D-Struktur nicht untersuchter Moleküle "vorhergesagt" werden kann. Dazu kommt unser Wissen über die Quantenmechanik. Die Schrödinger-Gleichung, die die Wellenfunktionen molekularer Systeme beschreibt, ist aber für Moleküle nicht mehr direkt lösbar. Hier gibt es jedoch Näherungsverfahren, die zunächst auf der Separation von Elektronen- und Kernbewegung, der sogenannten Born-Oppenheimer-Näherung, beruhen. Während die *quantenchemischen* Berechnungen von Molekülen die Elektronenstruktur betrachten, untersucht die *Molekülmechanik* die Bewegung der Atomkerne und nimmt die Elektronen als Ursache des Potentialfeldes an, in dem sich die Kerne aufhalten. Diese Methode, die auf modernen Computern auch für sehr große Moleküle angewendet werden kann und daher das Handwerkzeug der computergestützten Arzneimittelforschung ist, beruht auf einem sehr einfachen Prinzip. Jedes Molekül nimmt bevorzugt einen entspannten, energiearmen Zustand ein, jede Entfernung aus diesem Zustand kostet Energie, die mit der Energie beim Auslenken einer Feder aus der Ruhelage vergleichbar ist. Jede mögliche Bewegungsrichtung innerhalb von Molekülen, z.B. die Verlängerung oder Verkürzung einer Bindung, kann quasi durch eine Feder mit den Parametern "Nullage" (z.B. Länge im Energieminimum) und "Federstärke" (Kraftkonstante) beschrieben werden (siehe Abb. 1 für ein Wassermolekül). Dazu kommt die Anziehung oder Abstoßung von entgegengesetzt bzw. gleichartig geladenen, nicht gebundenen Atomen. Die Berechnung der 3D-Struktur von Molekülen ist folglich sehr einfach mit Hilfe von Formalismen möglich, die ihre Entsprechung in der klassischen Mechanik haben. Die Parameter für die einzelnen "Federn" stammen wiederum weitgehend aus der experimentellen Strukturaufklärung mit spektroskopischen Methoden.

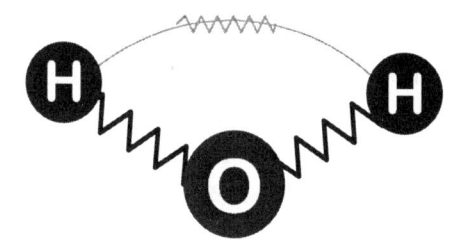

Abb. 1: "Computermethoden im Arzneimitteldesign"[1]

Natürlich benötigt man für Molekülberechnungen und ihre 3D-Darstellung die entsprechende Hardware. Während für die Arbeit eines Laborchemikers ein gängiger PC auf Pentium-Ebene mit der dazugehörigen Molecular-Modeling-Software meist ausreicht, ist das CADD schon aufgrund von Größenordnung (z.B. Proteine), Kompliziertheit und Zahl der zu berücksichtigenden Moleküle auf leistungsfähige, vernetzte UNIX-Arbeitsplatzrechner angewiesen. Als Beispiele seien die "Power Desktop Workstations" Indigo[2] und neuerdings Octane von Silicon Graphics mit Preisen von ca. 30 bis 60 TDM erwähnt. Die erforderliche Geschwindigkeit wird

---

[1] Wassermolekül, $H_2O$, mit den "Federn", die seine Energie in der Molekülmechanik ausdrücken. Die beiden starken Federn beschreiben die festen, kovalenten O-H-Bindungen, die schwache Feder den Bindungswinkel H-O-H.

hier durch MIPS RISC 64-Bit-CPUs erreicht, die unter anderem in langsameren Varianten auch Grundlage der Spielkonsole Nintendo-64 sind. Neben der Rechengeschwindigkeit ist für CADD jedoch die schnelle und hochauflösende, interaktive 3D-Graphik mit 36 Bit Farbtiefe und CPU-unabhängiger Hardwareunterstützung wesentlich.

## 3. Wie wirken Arzneistoffe?

Unser Wissen über die molekularen Wirkungsmechanismen von Arzneistoffen hängt letztlich mit der Geschichte der Strukturaufklärung organischer Verbindungen zusammen und ist nicht älter als 130 Jahre. 1868 erkannte Baum, daß der biologische Effekt einer chemischen Verbindung in *gesetzmäßiger* Weise von ihrer Struktur abhängt. Dreißig Jahre später gelang es Richet, Meyer und Overton erstmals, *quantitative* Beziehungen zwischen biologischer Aktivität (z.b. narkotische Wirkung) und chemischen Eigenschaften (Wasserlöslichkeit, Öl-Wasser-Verteilung) nachzuweisen. 1913 formulierte Paul Ehrlich: "*Corpora non agunt nisi fixata*" und wollte damit ausdrücken, daß Arzneistoffmoleküle nicht wirken, wenn sie nicht gebunden sind. Arzneistoffe entfalten ihre Wirkung durch Bindung ihrer Moleküle an Biomakromoleküle (Proteine, Nukleinsäuren) im menschlichen Organismus. Sie müssen dafür zum Wirkort an oder in der Zelle gelangen, die z.b. auch eine abzutötende Bakterienzelle sein kann. Die Bindung muß an den Enzym-, Rezeptor-, oder Nukleinsäuremolekülen erfolgen, deren Hemmung oder Aktivierung für den gewünschten Effekt wichtig ist. Sie muß daher *spezifisch*, das heißt stark und selektiv sein.

Eine solche spezifische Bindung kann man sich bildlich mit Hilfe der bereits 1894 von Emil Fischer abgeleiteten Schlüssel-Schloß-Theorie vorstellen. Das Biomakromolekül ist danach einem Schloß vergleichbar, das eine "Bindungsstelle" besitzt, in die das Arzneimittelmolekül wie ein Schlüssel möglichst genau passen muß. Nach unseren Überlegungen aus dem vorigen Abschnitt sind jedoch sowohl Schlüssel als auch Schloß keine starren Gebilde, sondern quasi aus Federn zusammengesetzt. Sie passen sich beim Einführen des Schlüssels in günstiger Weise aneinander an. Ein stark bindendes Arzneistoffmolekül hat wie ein präziser Schlüssel die richtige Paßform. Wenig selektive Arzneistoffe sind dagegen wie Dietriche - sie schließen viele Schlösser mit geringer Präzision.

Unser Bild vom wirklichen Aussehen solcher "Schlüssel-Schloß-Komplexe" ist in den letzten zwanzig Jahren sehr viel konkreter geworden. Dazu hat vor allem der Fortschritt in der Röntgenkristallstrukturanalyse von Biomakromolekülen beigetragen, der wiederum in starkem

Maße von der Entwicklung der Computertechnik abhängig war. Bahnbrechende Arbeiten stammen hier aus der Arbeitsgruppe des Martinsrieder Nobelpreisträgers Robert Huber. In einigen Fällen ist es sogar gelungen, den gebundenen Biomakromolekül-Arzneistoffmolekül-Komplex zu kristallisieren und seine 3D-Struktur aufzuklären. Die Arzneimittelforschung, aber auch die biochemische, biomedizinische und molekularbiologische Grundlagenforschung wird heute wesentlich durch die freie Verfügbarkeit solcher Strukturen vorangetrieben. Über das Internet und File-Transfer-Programme sind Röntgenkristallstruktur-Datenbanken von Biomakromolekülen zugänglich. Die bekannteste ist die *Brookhaven Protein Data Bank*, in der inzwischen mehr als 5000 Strukturen gespeichert sind.

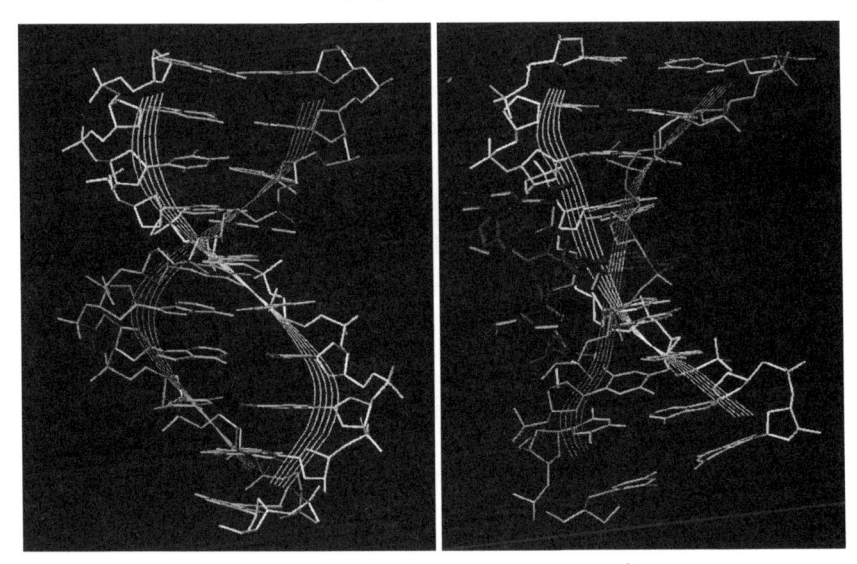

Abb. 2: "Computermethoden im Arzneimitteldesign"[2]

Abb. 2 zeigt als Beispiel Computermodelle zweier aus dieser Datenbank stammender DNA-Strukturen (DNA: Desoxyribonukleinsäure). Dieses und alle anderen Computerbilder (Abb. 3, 5 - 7) entstanden auf einer Workstation "Silicon Graphics Indigo[2] Solid Impact" mit Hilfe der Molecular-Modeling-Software SYBYL 6.3 (Tripos Ass.). Beispiele von Proteinen sollen im Zusammenhang mit der Gerinnungshemmung im nächsten Abschnitt behandelt werden. Auf

---

[2] Computermodelle von DNA-Röntgenkristallstrukturen (ohne H-Atome, Quelle: Brookhaven Protein Data Bank). Links: DNA-Doppelhelix einer zehn Basenpaare langen Nukleotid-Sequenz [GoKa94]. Rechts: Komplex des Arzneistoffmoleküls Actinomycin D (rot) mit einem acht Basenpaare langen DNA-Abschnitt [ShCh95]. Die für die Paarung der beiden Stränge verantwortlichen Seitenketten der Basen Adenin, Thymin, Guanin und Cytosin sind anders (blaugrün bzw. orange) gefärbt als das Desoxyribosephosphat-Rückgrat (grün bzw. gelb). Der Verlauf des Nukleotid-Rückgrats ist zusätzlich durch Bänder schematisiert.

der linken Seite ist die "normale" DNA-Doppelhelix einer aus zehn Basenpaaren bestehenden Nukleotid-Sequenz zu sehen. Die rechte Seite zeigt einen kristallisierten "Schlüssel-Schloß-Komplex" des Arzneistoffmoleküls Actinomycin D mit einem acht Basenpaare langen DNA-Abschnitt. Man erkennt deutlich, wie sich der flache Teil des Actinomycins zwischen zwei Basenpaare schiebt (interkaliert), während die beiden Cyclopeptidteile außen "andocken". Dieser Schlüssel verformt das Schloß so, daß die Doppelhelix der DNA gestört und die Stränge abgebogen werden. Actinomycine sind Antibiotika und Krebs-Chemotherapeutika. Ihre Wirkung beruht auf dieser Bindung an die DNA: Damit die Bakterienzellen und die - im Gegensatz zu normalen Zellen besonders wachstumsaktiven - Krebszellen wachsen können, muß ihre Erbinformation realisiert werden. Das geschieht im ersten Schritt durch *Transkription*. Dabei wird ein messenger-RNA-Strang komplementär zu einem der beiden DNA-Stränge synthetisiert. Das besorgt ein Enzymprotein, die RNA-Polymerase. Wie ein Faden durch ein Nadelöhr wird die DNA-Doppelhelix durch dieses Enzym gezogen und der Doppelstrang dabei zur RNA-Synthese zeitweilig entwunden. Es ist leicht vorstellbar, daß sowohl der eingepaßte Schlüssel Actinomycin durch seine Raumausfüllung als auch die von ihm bewirkte Verbiegung der helikalen Struktur diesen Prozeß verhindern.

## 4. CADD von Arzneistoffen zur Hemmung der Blutgerinnung

Jeder weiß, wie lebenswichtig Blutgerinnung bei Verletzungen ist, wie häufig sie aber auch unerwünscht stattfindet. Blutgerinnsel, Thromben, entstehen nicht nur bei Venenentzündungen, bei zu langem Liegen z.B. von Operierten oder an Endoprothesen wie künstlichen Herzklappen, sondern auch bei der Volkskrankheit Arteriosklerose, wo die geschädigten Stellen der Gefäße wie Kristallisationspunkte für die Gerinnung wirken. Die Folgen sind leider oft fatal: Thromben können am Ort ihrer Entstehung oder nach Ablösung und Ausschwemmung Gefäße verschließen und die Blutzufuhr für lebensnotwendige Organe stören oder unterbinden. Je nach Ort kommt es dann z.B. zu Herzinfarkten, Lungenembolien oder Schlaganfällen mit häufig tödlichem Ausgang. Neben der Auflösung bereits gebildeter Thromben kommt der Hemmung der Blutgerinnung in solchen Fällen daher eine überlebenswichtige Bedeutung zu. Mit einem solchen präventiven Ansatz beschäftigen sich viele Forschergruppen vor allem aus Pharmafirmen. Ziel ist, auch mit Hilfe von CADD neue, stärker wirksame Gerinnungshemmer mit weniger Nebenwirkungen zu entwickeln.

Die Blutgerinnung ist ein sehr komplexer biochemischer Prozeß unter Beteiligung vieler Enzymproteine. Vereinfacht dargestellt müssen zur Entstehung eines Gerinnsels Blutplättchen zusammenballen (aggregieren) und vernetzen. Das Netz wird durch ein aus drei Paaren homologer Polypeptidketten bestehendes Protein, das Fibrin, gebildet, indem sich viele Fibrinmoleküle durch spezifische Wechselwirkungen zu Fäden anordnen. Damit Gerinnung nur stattfindet, wenn sie benötigt wird, liegt im Normalfall nur eine Vorstufe des Fibrins, das nicht vernetzende Fibrinogen vor. Das Signal zur Gerinnung läuft nun, ausgehend von z.b. bei Verletzungen gebildeten Stoffen, über eine ganze Sequenz von Aktivierungsschritten ab. Der letzte Schritt besteht in der Abspaltung kurzer Polypeptidketten, der sogenannten Fibrinopeptide, von den Enden des Fibrinogens. Resultat ist das vernetzende Fibrin. Diesen Prozeß besorgt das Enzymprotein Thrombin, indem es das Substrat Fibrinogen bindet, spaltet und die Produkte Fibrin und Fibrinopeptide "entläßt". Abb. 3 zeigt eine Röntgenkristallstruktur von Thrombin im Komplex mit einem Fibrinopeptid. Die Schlüssel-Schloß-Kontakte sind besonders intensiv. Es wird sichtbar, daß das Peptid an der Spaltstelle in eine Bindetasche taucht, an deren Boden eine positive Peptidladung durch eine negative Ladung des Enzyms angezogen wird.

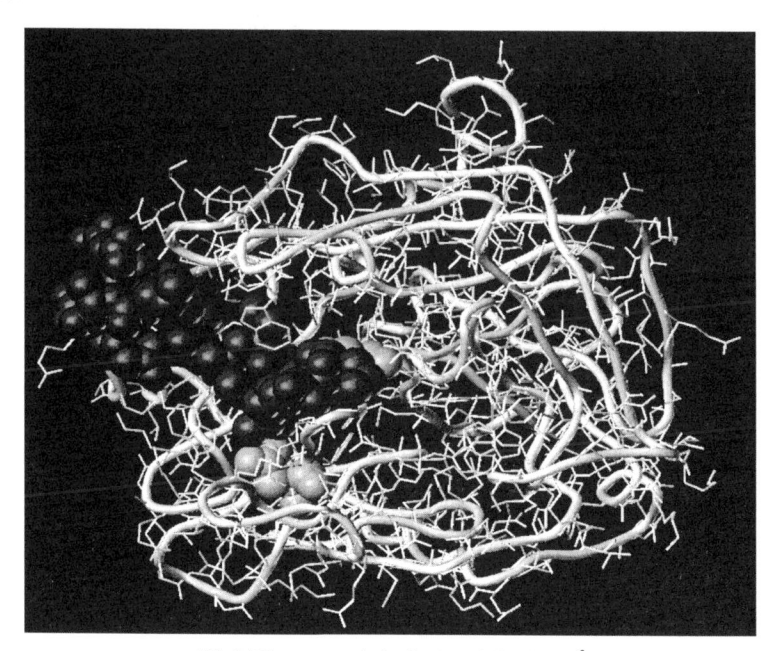

Abb. 3: "Computermethoden im Arzneimitteldesign"[3]

---

[3] Computerdarstellung eines Thrombin-Fibrinopeptid-Komplexes (ohne H-Atome, Röntgenkristallstruktur-Quelle: Brookhaven Protein Data Bank [MaMa96]). Thrombinstruktur - weißes Stäbchenmodell, Fibrinopeptid - rote Kalotten. Die gelbe Röhre kennzeichnet schematisch das "Rückgrat" und damit den Verlauf der Poly-

Die Blutgerinnung wird verhindert, wenn kein Fibrin gebildet wird. Um das zu erreichen, muß man im Rahmen unseres Ansatzes die Funktion des Thrombins, die Fibrinogenspaltung, möglichst vollständig ausschalten. Eine solche *Enzymhemmung* ist das Wirkprinzip vieler Arzneistoffe. Als Beispiel sei auf die Hemmstoffe des Angiotensin-Konvertierungsenzyms hingewiesen, die bei der modernen Behandlung des Bluthochdrucks eine große Rolle spielen. Es gibt verschiedene Möglichkeiten, Enzyme zu hemmen. Der auch praktisch wichtigste Ansatz beruht wiederum auf dem Schlüssel-Schloß-Prinzip: Das Hemmstoff-Molekül paßt als besonders guter "Zweitschlüssel" an die Stelle des Enzyms, an die sonst der "natürliche" Schlüssel Substrat (in unserem Falle das Fibrinogen) bindet. Man spricht vom *kompetitiver Hemmung*, weil Hemmstoff und Fibrinogen um eine Bindestelle am Thrombin konkurrieren. Das Fibrinogen wird verdrängt, und es kann kein Fibrin gebildet werden. Dieses Vorgehen hat den Vorteil, daß die Blutgerinnung bei Bedarf jederzeit wieder erlaubt werden kann: Wenn der Hemmstoff durch Absetzen des Arzneimittels nicht mehr vorhanden ist, ist das Thrombin wieder "frei" und kann seine fibrinogenspaltende Funktion erneut ausüben.

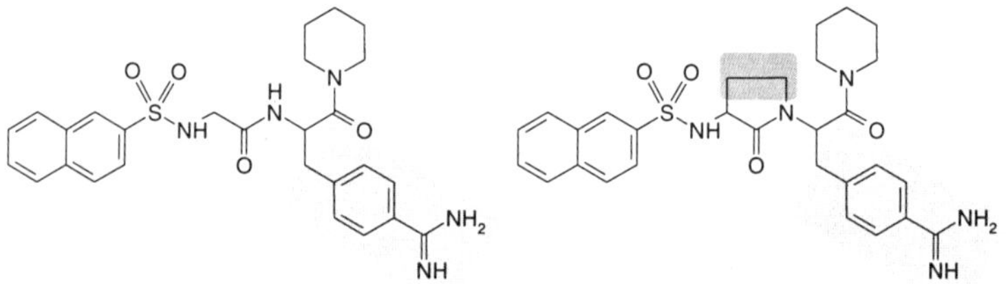

Abb. 4: "Computermethoden im Arzneimitteldesign"[4]

Lange Zeit war die Verbindung NAPAP (siehe Abb. 4a) der wirkstärkste niedermolekulare Hemmer des Thrombins. Er wurde ohne Kenntnis der Röntgenkristallstruktur des Thrombins nach mehr als 10 Jahre währender Suche gefunden. Als Modell diente dabei die Stelle des Fibrinogens, an der die Spaltung erfolgt. Das heißt, das für die Bindung an Thrombin erforderliche Ähnlichkeitsprinzip zwischen Substrat und Hemmstoff war auf nicht räumlicher Ebene berücksichtigt worden. 1989 gelang Wolfram Bode vom Martinsrieder Max-Planck-Institut

---

peptidkette. Die orangenen Kalotten zeigen einen Teil des aktiven Zentrums: oben - Stelle, wo das Fibrinogen gespalten wird, unten - Boden der Bindetasche (negativ geladener Aspartatrest), wo ein positiv geladener Argininrest des Fibrinopeptids besonders fest bindet.

[4] Strukturformeln des Blutgerinnungshemmers NAPAP (a) und seiner computergestützten Weiterentwicklung (b). Unterlegungen: grün - Teile der Moleküle, die anstelle eines Argininrests des Fibrinogens in die Thrombin-Bindetasche eintauchen; rosa - Veränderung (Zyklisierung) in b gegenüber NAPAP.

für Biochemie die Aufklärung der Röntgenkristallstruktur des Thrombin-NAPAP-Komplexes. Abb. 5 zeigt, wie fest NAPAP in der Bindetasche des Thrombins verankert ist, in der sich normalerweise der positiv geladene Argininrest des Fibrinogens befindet. Die fibrinogenspaltende Stelle des Thrombins wird durch den passenden Schlüssel NAPAP völlig blockiert.

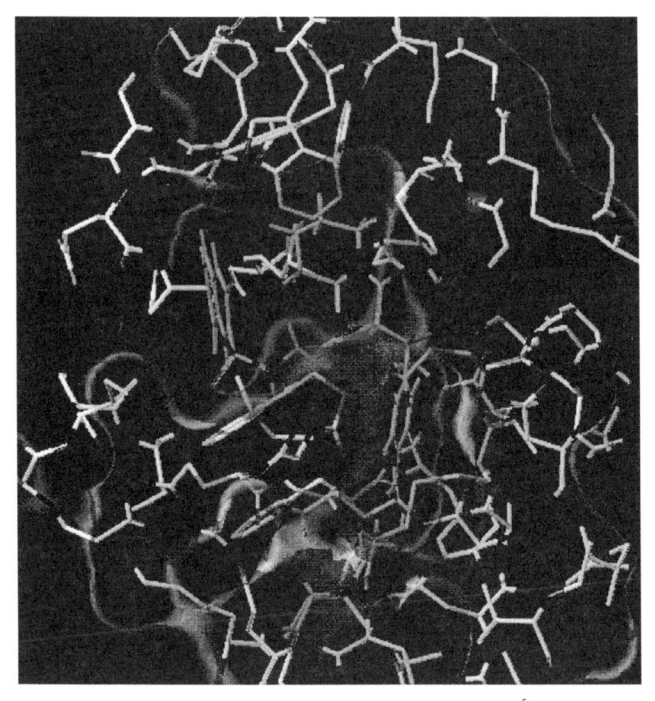

Abb. 5: "Computermethoden im Arzneimitteldesign"[5]

Auf dieser Grundlage brachten die Arzneimittelforscher der BASF Ludwigshafen CADD ins Spiel. NAPAP "sitzt" zwar gut im Thrombinschloß, aber zur Einpassung ist Energie erforderlich. Das NAPAP-Molekül ist relativ flexibel, seine "Federn" müssen für eine perfekte Bin-

---

[5] Computermodell der Bindung von NAPAP im Thrombin-NAPAP-Komplex (Thrombin ohne H-Atome, Röntgenkristallstruktur-Quelle: Brookhaven Protein Data Bank [BrTu92]). Färbung der Atome: Sauerstoff rot, Stickstoff blau, Kohlenstoff (und Wasserstoff) beim NAPAP grün, beim Thrombin gelb. Die grünen NAPAP- bzw. gelben Thrombin-Konturen zeigen einen Schnitt durch das Volumen des Komplexes, der die Schlüssel-Schloß-Beziehung in der Bindetasche und darüber besonders gut sichtbar macht.

dung am Thrombin gespannt werden. Am Computer wurde nun eine 3D-Struktur gebaut (siehe Abb. 4b), die bereits im ungespannten Zustand der Federn ideal an das Thrombin paßt. Das geschah durch "Einfrieren" (Rigidisierung) der gespannten NAPAP-Struktur, indem zwei ursprünglich flexible Bindungen in einen starren Fünfring eingebunden wurden. Die computergestützte Vorhersage dieser Verbindung war ein voller Erfolg: Sie bindet 100-fach stärker als NAPAP am Thrombin, und ihre gebundene 3D-Struktur entspricht nach den Ergebnissen einer Röntgenkristallstrukturanalyse im Komplex mit Thrombin vollständig dem Computermodell.

Das zweite Beispiel eines ebenfalls erfolgreich mit Hilfe des Computers entwickelten Thrombin-Hemmstoffs stammt wieder aus der BASF. Ausgangspunkt war diesmal der Blutegel, *Hirudo medicinalis*, der schon in der Antike zum Aderlaß bei vielen Erkrankungen eingesetzt wurde. Damit ein Blutegel ungehindert Blut saugen kann, muß er die Gerinnung an der Saugstelle ausschalten. Dazu sondert er den Thrombin-Hemmstoff Hirudin ab, der 1954 von F. Markwardt als Polypeptid aus 65 Aminosäuren identifiziert wurde und der das Thrombin unter allen bekannten Stoffen am stärksten hemmt. Abb. 6 zeigt die 1990 von Robert Huber und Wolfram Bode aufgeklärte Röntgenkristallstruktur eines Komplexes aus gentechnisch hergestelltem Hirudin und Thrombin. Vergleicht man dieses Bild mit der Darstellung des Thrombin-Fibrinopeptid-Komplexes (Abb. 3), so sieht man zunächst, daß die 52 Aminosäuren des "Hirudinkopfs" (linke Seite) zwar weitgehend da binden, wo sich in Abb. 3 auch das Fibrinopeptid befindet. Die Bindetasche an der Spaltstelle wird jedoch vom Hirudin nicht ausgefüllt. Der etwa zwölf Aminosäuren lange "Hirudinschwanz" bindet dagegen in einer Furche des Thrombins, der sogenannten "Exo-Site", in die sich normalerweise ein abzuspaltender Fibrinteil des Fibrinogens einpaßt.

Computermethoden im Arzneimitteldesign 85

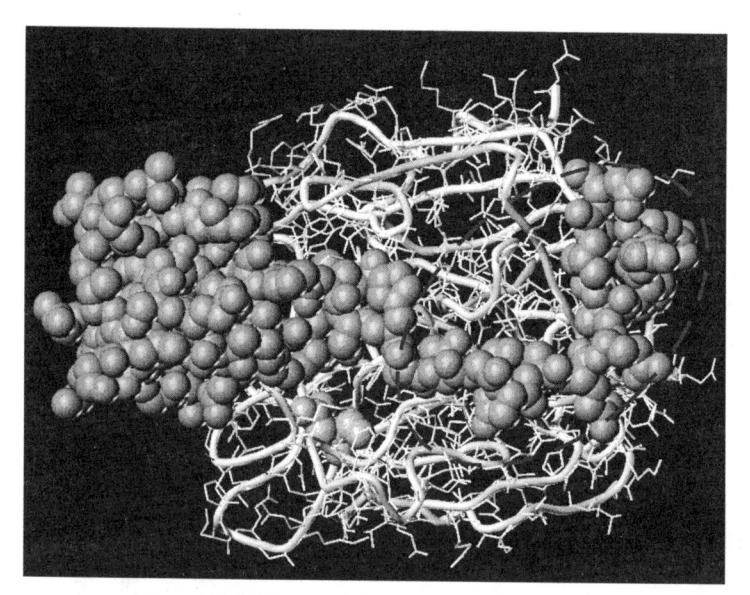

Abb. 6: "Computermethoden im Arzneimitteldesign"[6]

Das gentechnisch hergestellte Hirudin wäre ein sehr guter gerinnungshemmender Arzneistoff, obwohl es wegen der fehlenden Sulfatierung an einer Aminosäure deutlich geringer aktiv als das natürliche Hirudin ist. Die Herstellung ist jedoch viel billiger als die Extraktion und Reinigung der aus dem Blutegel stammenden Substanz, so daß man einfach größere Dosen einsetzen könnte. Das Problem ist jedoch bei beiden Hirudinspezies die kurze Wirkdauer, die sich einfach aus der schnellen Spaltung solcher langen Polypeptide im Organismus ergibt. Das Design länger wirkender Derivate muß daher auf Ketten zielen, die kürzer sind und trotzdem stark binden. *Hirulog*, dessen Röntgenkristallstruktur im Komplex mit Thrombin Abb. 7 enthält, ist dafür ein Beispiel. Dieses Peptid kombiniert eine nur drei Aminosäuren lange Struktur, die anders als das Hirudin wieder in die bekannte Fibrinogen-Bindetasche eintaucht, über eine Glycinbrücke mit dem zwölf Reste langen, in die Exo-Site eingepaßten "Hirudinschwanz".

---

[6] Computerdarstellung eines Thrombin-Hirudin-Komplexes (ohne H-Atome, Röntgenkristallstruktur-Quelle: Brookhaven Protein Data Bank [RyRa90]). Thrombinstruktur - weißes Stäbchenmodell, Hirudin - grüne Kalotten, gelbe Röhre - Verlauf der Polypeptidkette, orangene Kalotten - Boden der Bindetasche, in die sonst ein Argininrest des Fibrinogens eintaucht. Das rote Oval umreißt die sogenannte "Exo-Site", in deren Furche der "Hirudinschwanz" bindet.

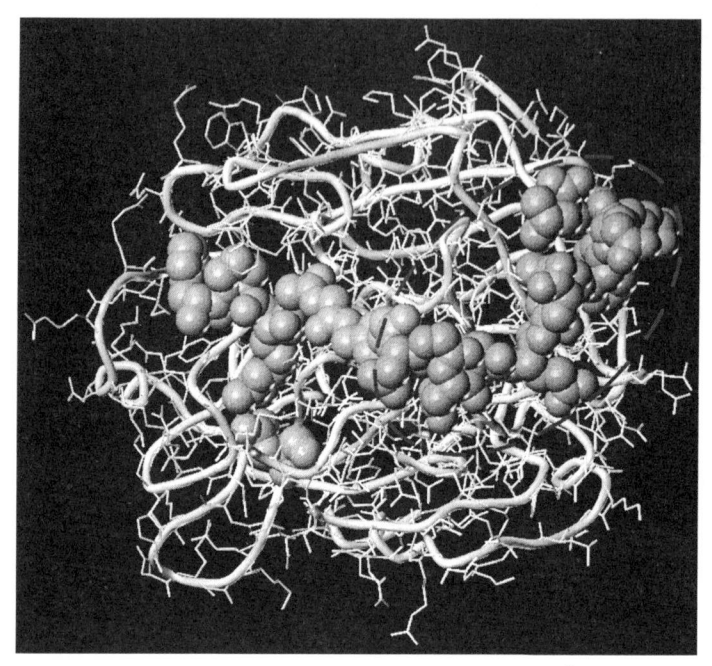

Abb. 7: "Computermethoden im Arzneimitteldesign"[7]

Die Wissenschaftler aus der BASF gingen noch einen Schritt weiter: Sie entwarfen am Computer unter Zugrundelegung der 3D-Struktur des Thrombin-Hirudin-Komplexes die Verbindung LU 58463, die nur an der Exo-Site bindet. Dazu wurden die Seitenketten der Aminosäuren des "Hirudinschwanzes" so verändert, daß sie in idealer, entspannter Weise in das Exo-Site-Schloß passen. LU 58463 besteht nur noch aus zehn zum Teil nicht in lebenden Organismen vorkommenden Aminosäuren und ist bei Ratten wirksamer als das gentechnisch hergestellte Hirudin bei verlängerter Wirkdauer.

Mit der computergestützten Entwicklung solcher niedermolekularer Blutgerinnungshemmer befassen sich nicht nur Wissenschaftler aus der BASF, sondern auch aus anderen großen Pharmafirmen wie Hoffmann-La Roche oder Sandoz. Leser, die näher daran oder an weiteren erfolgreichen Beispielen des CADD interessiert sind, seien auf das sehr instruktive, aktuelle

---

[7] Computermodell eines Thrombin-Hirulog-Komplexes (ohne H-Atome, Röntgenkristallstruktur-Quelle: Brookhaven Protein Data Bank [QiPa92]). Hirulog ist ein Hybrid aus einem "Fibrinopeptid-Glycinbrücken-Kopf" (blaugrün) und einem "Hirudinschwanz" (grün). Die weiteren Darstellungen und Färbungen entsprechen Abb. 6.

und auch Laien verständliche Spektrum-Lehrbuch "Wirkstoffdesign" von H.-J. Böhm, G. Klebe und H. Kubinyi [Böhm96] hingewiesen.

## 5. Schlußbemerkungen zum Nutzen des computergestützten Arzneimitteldesigns

Unsere Beispiele haben Erfolge bei der Entwicklung neuer Arzneistoffe mit Hilfe des CADD gezeigt. In diesen Beispielen war die 3D-Struktur der "Schlösser", in die die Arzneistoffmoleküle als Schlüssel passen, bekannt. Viele andere Fälle erfolgreichen Einsatzes von CADD gehen nur von der Kenntnis möglichst vieler solcher Schlüssel aus, weil Röntgenkristallstrukturen der betreffenden Schlösser nicht vorliegen. Die Ähnlichkeiten der 3D-Strukturen wirksamer Moleküle und ihre Unterschiede zu unwirksamen liefern jedoch Informationen über die vermutliche Struktur der Bindungsstelle am zu hemmenden bzw. zu aktivierenden Biomakromolekül, so wie etwa ein Schlosser aus der Analyse schließender und nicht schließender Schlüssel Vorstellungen über das jeweilige Schloß entwickeln kann.

Damit ist das CADD viel breiter einsetzbar, als in den Beispielen gezeigt wurde. Daß aber solche Computermethoden immer weiter entwickelt und immer mehr verwendet werden, ergibt sich vor allem aus der medizinisch-ethischen Notwendigkeit der Einführung neuer Therapien zur Behandlung bisher nicht genügend beherrschbarer Volkskrankheiten wie Arteriosklerose und Krebs sowie aus dem Zwang zur Rationalisierung in der Arzneimittelforschung. Immer weniger neuartige Arzneistoffe (1990-1994 ca. 40-45 pro Jahr) werden mit immer höheren Entwicklungs- und Einführungskosten (heute etwa 300-600 Millionen DM pro Mittel) auf den Markt gebracht. CADD ist eine neue Technologie, mit der diese Kosten in Zukunft deutlich reduziert werden können. Ohne CADD wurden im Durchschnitt ca. 10000 Synthesen chemischer Verbindungen benötigt, bis ein neuer Arzneistoff einsetzbar war. Die "Vorhersage" wirksamer Strukturen aus dem Computermodell reduziert diesen Syntheseaufwand und den damit verbundenen Rohstoff- und Energiebedarf beträchtlich. Daneben werden natürlich auch die erforderlichen biologischen Testungen einschließlich der Tierversuche auf die wenigen nun noch herzustellenden potentiellen Arzneistoffe beschränkt. Im Ergebnis ist also die Entwicklung "maßgeschneiderter" Arzneistoffe mit Hilfe des Computers ökonomisch und ethisch vorteilhaft. Dazu kommt, daß in Zukunft ein noch gezielteres Design anhand immer mehr bekannter "Schlüssel" möglich wird, so daß Arzneimittel für völlig neuartige Therapiearten gefunden werden können. Diese Vorteile wiegen die im absoluten Maßstab hohen

Kosten für Forscherpersonal, geeignete Computer und Software (ca. 100.000 bis 200.000 DM für ein kommerziell eingesetztes modernes Programm pro Jahr) im Vergleich zu dem ohne die Computertechnologie anfallenden Mittel- und Ressourcenbedarf bei weitem auf.

## Literaturverzeichnis

[BöKl96]  Böhm, H.-J.; Klebe, G.; Kubinyi, H.: "Wirkstoffdesign". Spektrum Akademischer Verlag, Heidelberg 1996.

[BrTu92]  Brandstetter, H.; Turk, D.; Hoeffken, H. W.; Grosse, D.; Stürzebecher, J.; Martin P. D.; Edwards, B. F. P.; Bode, W.: J. Mol. Biol. 226 (1992), 1085.

[GoKa94]  Goodsell, D. S.; Kaczor-Grzeskowiak, M.; Dickerson, R. E.: J. Mol. Biol. 239 (1994), 79.

[MaMa96]  Martin, P. D.; Malkowski, M. G.; Dimaio, J.; Konishi, Y.; Ni, F.; Edwards, B. F.:Biochemistry 35 (1996), 13030.

[QiPa92]  Qiu, X.; Padmanabhan, K. P.; Carperos, V. E.; Tulinsky, A.; Kline, T.; Maraganore, J. M.; Fenton II, J. W.: Biochemistry 31 (1992), 11689.

[RyRa90]  Rydel, T.; Ravichandran, K. G.; Tulinsky, A.; Bode, W.; Huber, R.; Roitsch, C.; Fenton II, J. W.: Science 249 (1990), 277.

[ShCh95]  Shinomiya, M.; Chu, W.; Carlson, R. G.; Weaver, R. F.: Biochemistry 34 (1995), 8481.

# III. Anwendungen in Wirtschafts-, Geistes- und Naturwissenschaften

# Stadtgeographie und touristische Städtewerbung im Internet - Beispiele aus RETIS (Regensburger Tourismus - Informations System)

T. Breuer

## 1. Regensburg als Ziel des Städtetourismus

Regensburg zählt zu den herausragenden Zielen des Städtetourismus in Bayern. Gemessen an den Übernachtungszahlen nimmt Regensburg hinter München (6,1 Mio.), Nürnberg (1,6 Mio.), Würzburg (0,6 Mio.) mit knapp 0,5 Mio. Übernachtungen pro Jahr noch vor Augsburg (0,4 Mio.) den vierten Rang ein.

Unter Städtetourismus versteht man aber nicht ausschließlich und vordergründig den Übernachtungsfremdenverkehr in einer Stadt. Nahezu alle Großstädte erreichen schon aufgrund ihrer zentralörtlichen Stellung mit der Konzentration hochrangiger privater und öffentlicher Verwaltungseinrichtungen ein hohe Zahl von Fremdübernachtungen. Diese gewerblich motivierten Reisen (die sog. Geschäftsreisen) gehören im engeren Sinne der Tourismus-Definition nicht zum Städtetourismus. Andererseits werden in vielen Fällen primär beruflich motivierte Reisen auch mit touristischen Aktivitäten verknüpft, beispielsweise im Rahmen von Kongreßreisen. Aus diesem Grunde ist eine Trennung von gewerblich und touristisch motivierten Fremdübernachtungen nicht praktikabel. Der Übernachtungsfremdenverkehr erreicht in Regensburg z. Z. eine Größenordnung von rd. 250.000 Gästen pro Jahr bei einer mittleren Aufenthaltsdauer von 1,9 Tagen.

Für die quantitative Abschätzung des Städtetourismus ist dem Übernachtungsfremdenverkehr aber in jedem Fall der Ausflugsverkehr (ohne Übernachtung am Zielort) hinzuzurechnen. Die Zahlen über den Umfang des Ausflugsverkehrs in Regensburg müssen geschätzt werden [vgl. Breu97]. Je nach Prämissen reichen die Schätzungen von 500.000 bis 750.000 touristischen Besuchern/Jahr. Allein aus dem Ausflugsverkehr errechnet sich für die Stadt ein Mindestumsatz in einer Größenordnung von jährlich zwischen 23,6 und 35,4 Mio. DM (errechnet nach den vom Deutschen Fremdenverkehrsverband 1995 ermittelten Richtwerten für den Städtetourismus in Deutschland). Hinzu kommen rd. 68,6 Mio. DM aus dem Übernachtungsfremdenverkehr [HaZe95]. Der Städtetourismus ist somit für die Stadt Regensburg ein ernstzunehmender Wirtschaftsfaktor.

Die Stadt trägt dieser Tatsache Rechnung durch ihr Amt für Fremdenverkehr. Bei der Tourismus-Werbung Regensburgs steht eindeutig die historische Bausubstanz der Altstadt im Vordergrund, wobei man sich bemüht, das mittelalterliche Ambiente mit Attributen jugendlich-modernen Lebensstils zu verknüpfen. Die Stadt organisiert darüberhinaus Stadtführungen durch Personal, das von Historikern der Universität geschult und betreut wird [Wald94a,b]. Insgesamt ist deutlich erkennbar, daß die für die Fremdenverkehrswerbung Verantwortlichen der Stadt kulturell orientierte, historisch interessierte Gäste als Zielgruppe ansprechen möchten.

Das sog. Internet (oder „World Wide Web" WWW), ein weltweit operierendes Rechner-Verbundsystem für den Datentransfer, geht in seinen Ursprüngen auf die Vernetzung der Rechenzentren wissenschaftlicher Forschungseinrichtungen zurück. Inzwischen hat sich das Internet auch als Medium für die kommerzielle Informationsübermittlung durchgesetzt [JüSp95].

Es ist naheliegend, das Internet für die Werbung einzusetzen. Dies geschieht bereits seit geraumer Zeit durch kommerzielle Anbieter. Städte und Kommunen in Deutschland nutzen ebenfalls zunehmend diese Möglichkeit zur Werbung und Selbstdarstellung. Vergleichende wissenschaftliche Untersuchungen hierzu fehlen noch, weil die diesbezügliche Nutzung des Internet durch Städte nahezu täglich neue Varianten erfährt. Als der Stadt Regensburg das Projekt RETIS (Regensburger Tourismus-InformationsSystem) durch das Institut für Geographie der Universität vorgeschlagen wurde, war man amtlicherseits eher skeptisch. Erfreulicherweise erwies sich der dem Amt angeschlossene Regensburger Fremdenverkehrsverein als aufgeschlossener: seit November 1994 ist eine Basisversion von RETIS im Internet installiert, die seither laufend erweitert und ergänzt wurde.*

Wie die Homepage von RETIS ausweist (vgl. Abb. 1), ist RETIS in insgesamt fünf Abteilungen aufgebaut:
- Stadt
- Geschichte
- Tourismus
- Kultur
- Service

Abb. 1: Die „Homepage" des Regensburger Tourismus - InformationsSystems

## 2. Touristische Städtewerbung im Internet: neue Perspektiven

Die zentrale Überlegung bei der Konzeption von RETIS bestand von Anfang an darin, daß RETIS sich nicht erschöpfen dürfe in der bloßen Umsetzung von Print-Informationen in eine Bildschirm-Version. Vielmehr sollten die Optionen, die das neue Medium bietet, möglichst wirksam in Wert gesetzt werden. Dabei standen zwei Gesichtspunkte im Vordergrund:

- die neuen Möglichkeiten, Inhalte und Themen multimedial zu visualisieren
- die neuen technischen Möglichkeiten der interaktiven Dokumentation.

## 2.1 Die multimediale Visualisierung

Sie erlaubt es, Textinformationen mit Photos, Luftbildaufnahmen, Kartendarstellungen (wie z.B. Stadtplan-Ausschnitte) und sogar Tondokumente miteinander zu verknüpfen. Dies geschieht über „links", die durch das Anklicken sog. „hot spots" aktiviert werden. Auf diese Weise kann z.B. ein informativer Stadtrundgang virtuell vorweggenommen werden. Als Inhalte bieten sich im Falle Regensburgs auch zahlreiche Ziele in der attraktiven Umgebung der Stadt an, wobei zu dem virtuellen Schiffsausflug auf der Donau eine Einspielung des Regensburg-Liedes („Als wir jüngst in Regensburg waren/ sind wir über den Strudel gefahren/...") ebenso möglich ist wie eine Hörprobe aus dem Repertoire der Regensburger Domspatzen im Zusammenhang mit kunsthistorischen Erläuterungen zum Dom.

Unter dem Aspekt der Aktualität von Informationen sind eine Reihe weiterer Inhalte realisierbar. Ohne weiteres umzusetzen wäre z.B. die tägliche Übermittlung der jeweils aktuellen Wetterdaten aus Regensburg. Als Animation potentieller Besucher könnte auch eine „Live-Übertragung" des städtischen Lebens auf den Straßen der Stadt sehr wirkungsvoll sein: man bräuchte dazu lediglich eine TV-Kamera beispielsweise am Haidplatz oder am Kohlenmarkt zu installieren, die im Sommer mehrmals pro Tag aktuelle Bilder der Straßenszenerie ins Internet einspeist.

## 2.2 Interaktive Dokumentation

Ein ureigener Vorzug der digitalen Informationsübermittlung ist zweifellos die interaktive Dokumentation.Dafür steht in RETIS das Programm-Segment „Service" zur Verfügung. Der Nutzer kann diese Dokumentationsfunktion gezielt einsetzen, um beispielsweise über Stichworte nach geographischen Lokalitäten, bestimmten Kunstdenkmälern oder historischen Sachverhalten zur gewünschten Information zu gelangen. Dafür gibt es die Option „Stichwortsuche".

Zu den Möglichkeiten der interaktiven Dokumentation gehört auch die Erstellung einer Nutzer-Statistik. RETIS nimmt dafür systeminterne Parameter in Anspruch. Sie lassen sich für einen quantitativen Nachweis sowohl der Nachfrage als auch der Akzeptanz von RETIS nutzen. Der Zugang erfolgt wieder von der Homepage aus, wo unter der Gruppe „Service" der Begriff „Statistik" aufzurufen ist. Als Echtzeit-Anfrage wird die jeweils gewünschte Statistik auf den Zeitpunkt der Anfrage hin jeweils neu berechnet. Nach unseren bisherigen Erfahrungen erfolgen pro Woche im Durchschnitt rund 10.000 Zugriffe auf RETIS.

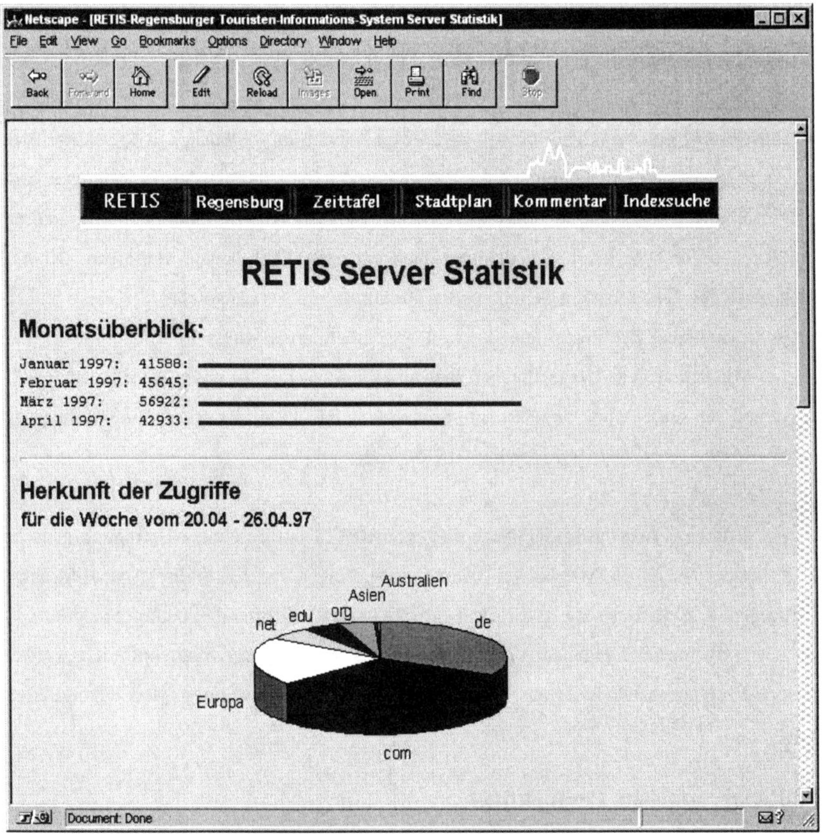

Stadtgeographie und touristische Städtewerbung im Internet - Beispiele aus RETIS 95

Abb. 2: RETIS Server Statisitk

Die Herkunft dieser Zugriffe ist ebenfalls zu ermitteln und in Form einer einfachen Liste abrufbar. Es versteht sich von selbst, daß diese Liste für Zwecke der graphischen Präsentation auch leicht in ein Diagramm umgesetzt werden kann. Zusätzlich ist auch die zeitliche Verteilung der Zugriffe auf RETIS dokumentierbar, wobei der zeitliche Rahmen (Jahr, Monat, Woche) vorgegeben werden kann (vgl. Abb. 2).

Ungleich interessanter dürfte aber zweifellos die Liste der nachgefragten Themen **innerhalb von RETIS** sein. Die jeweils aufgerufenen Abteilungen bzw. Seiten von RETIS lassen sich ebenfalls in einer Liste differenziert darstellen, und zwar geordnet nach der Häufigkeit der

Zugriffe auf eben diese entsprechenden Seiten bzw. Themen. Machbar ist auch die Dokumentation der **zeitlichen Verweildauer** einer Anfrage in RETIS.

Die Auswertung einer solchen Statistik ist allerdings nicht unproblematisch: Sehr kurze Verweildauer signalisiert nicht zwingend die Aktivitäten der sog. „Internet-Surfer", die ohne feste Zielvorstellungen und damit ohne sonderliche Wirksamkeit Informationen im Internet „anklicken". Vielmehr kann sich dahinter auch ein ernsthafter Nutzer verbergen, der beispielsweise über Telefon zehn Seiten aus RETIS abruft, um sie anschließend in Ruhe und intensiv zu studieren. Die eigentliche Verweildauer im Internet würde in einem solchen Fall unter 2 Minuten liegen. Umgekehrt ist auch nicht auszuschließen, daß jemand, der RETIS aufgerufen hat, seine Arbeit de facto unterbricht, ohne RETIS zu verlassen, und auf diese Art und Weise sehr lange Zugriffszeiten auf RETIS produziert.

Für ein differenzierteres Bild der Akzeptanz von RETIS ist die Nutzer-Befragung gedacht: Dabei hat der Nutzer die Möglichkeit, Anregungen, Fragen und Kritik direkt per Bildschirm einzugeben. Auf der Basis dieser Erfolgskontrolle kann RETIS flexibel häufig wiederkehrenden Nachfragemustern angepaßt und die Tourismus-Werbung der Stadt optimiert werden. Dieser Akzeptanznachweis ist aus Sicht der werbenden Stadt zweifellos von hoher Bedeutung.

## Stadtgeographische Perspektiven

Aus der wissenschaftlichen Perspektive der geographischen Stadtforschung sind andere Akzente zu setzen. Im konkreten Fall geht es allerdings weder um eine sozialräumliche Analyse noch um eine wirtschaftsräumliche Gliederung der Stadt Regensburg, sondern ausschließlich um fremdenverkehrsgeographische Aspekte [Monh79], die zudem einen klaren Anwendungsbezug haben müssen. Es geht um das Ziel, eine Stadt touristischen Besuchern als komplexen Lebensraum mit historisch gewachsenen, authentischen Grundrißelementen und Baukörpern so nahezubringen, daß sie als lebendiger Organismus im Be-Gehen und Be-Sehen für Fremde be-greifbar wird.

Auf diese Weise leistet die touristische Stadtwerbung gleichzeitig einen Beitrag zur Akzeptanz des Denkmalschutzgedankens bei den ortsansässigen Bürgern. Die tourismuswirksame

Präsentation städtischer Elemente hat vermutlich manchem Regensburger Bürger erst die Augen geöffnet für die Schätze, die die eigene Stadt in ihren Mauern birgt.

**Raumzeitliche Persistenz**

Zu den zentralen Grundelementen historisch-fundierter Stadtgeographie gehört der Persistenz-Begriff. In vereinfachender Verkürzung versteht die Kulturgeographie unter „Persistenz" das Überleben materieller Strukturen oder mentaler Assoziationen und Verhaltensweisen, die in einer vergangenen Epoche eine sinnvolle Funktion innehatten, in späteren Zeitabschnitten aber als sinnentleerte Gegebenheiten empfunden wurden und deshalb für die jeweils zeitgemäßen Bedürfnisse verändert wurden [Sabe83]. Wenn eine solche zeitgemäße Umwidmung nicht für sinnvoll erachtet wurde, blieben auch keine persistenten Strukturen erhalten, weil sie vorher zerstört bzw. aufgegeben wurden.

Abb. 3: Luftbild-Aufnahme der Piazza del Mercato in Lucca/Ialien. Quelle: Postkarte

Eine ausführliche Diskussion dieses Gedankens würde den hier gegebenen Rahmen zweifellos sprengen. Deshalb soll zur Verdeutlichung ein anschauliches, konkretes Beispiel dienen, nämlich die „Piazza del Mercato" in der toscanischen Stadt Lucca (vgl. Abb. 3). Der Platz erfüllt heute die Funktion eines Marktplatzes, welcher außerhalb der Marktzeiten durch Straßencafes ebenso wie durch Einkaufspassanten belebt wird.

Die Besonderheit des Platzes besteht in seinem ovalen Grundriß. Es handelt sich nämlich um den Standort des römerzeitlichen Amphitheaters. In den Jahrhunderten nach dem Zusammenbruch des Römischen Reiches war der Platz funktionslos geworden. Nachfolgende Generationen nutzten die Hochbauten als Baumaterial-Lager für neue, ihnen zeitgemäßer erscheinende Bauten. Der Abbau der Grundmauern indes wäre sehr arbeitsaufwendig gewesen. Deshalb machte man aus der Not eine Tugend und nutzte die Grundmauern als Fundamente für den Neubau von Wohnhäusern, die sich auf diese Weise zu einem Oval zusammenschlossen. Der Vollständigkeit halber sei für dieses Beispiel vermerkt, daß auch der zentrale Platz zeitweise bebaut war und im 19. Jh. geräumt wurde. Für die hier angestrebte Aussage ist dies irrelevant:

Die ovale Grundrißform des römischen Amphitheaters hat sich bis in unsere Gegenwart als persistente Struktur im Stadtgrundriß erhalten, weil die Umnutzung der Bauwerksreste für nachfolgende, zeitgemäße Funktionen möglich und sinnvoll war.

An dem gleichen Beispiel könnte man trefflich über die Begründung für die Erhaltung historischer Gebäude, vor allem über die vom Denkmalschutz üblicherweise erhobene Forderung nach der Wiederherstellung des „originalen" Zustandes reflektieren (vgl. hierzu [Sabe84]). Das hier gestellte Thema verbietet mir solche thematischen Abweichungen.

Festzuhalten ist, daß auch Regensburg eine Fülle von persistenten Strukturen im Grund- und Aufriß der Altstadt bietet. Als Beispiel sei auf die Straßenführung im Bereich des östlichen Altstadtufers verwiesen: Genau wie im Falle des Amphitheaters im italienischen Lucca wurden die massiven steinernen Fundamente des hiesigen Römerlagers als Fundamente für die Wohnbauten nachfolgender Generationen neu in Wert gesetzt. Als Konsequenz daraus zeichnet das durch die Bebauung festgelegte Straßennetz in weiten Teilen den ehemaligen Verlauf des rechteckigen Grundrisses des Römerlagers nach (vgl. Abb. 4).

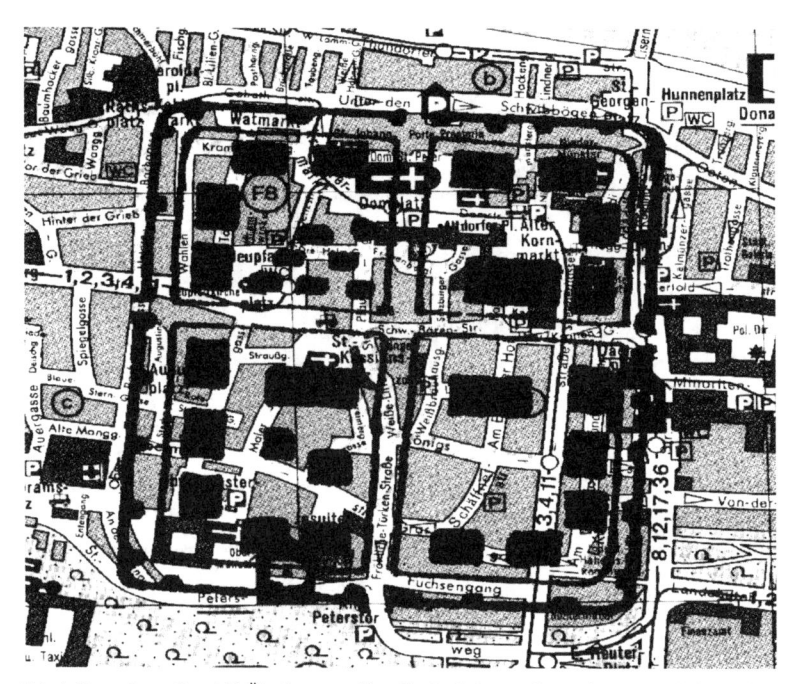

Abb. 4: Regensburg: Grundriß-Überlagerung. Aktueller Stadtplan von Regensburg (Ausschnitt) und Lage-Rekonstruktion des römerzeitlichen Lagers. Quellen: Amtlicher Stadtplan der Stadt Regensburg; [Schw509]

Die Tatsache, daß das organische Wachstum einer Stadt sich aus solchen persistenten baulichen Strukturen ableiten läßt, kann man mit den Mitteln der digitalen Bildverarbeitung visualisieren, indem man z.B. Stadtgrundriß-Darstellungen aus verschiedenen Epochen aufeinander einpasst („merging").

Eine Sequenz von Kartendarstellungen („morphing") aus der Zeit um 350, 780, 1100, 1860 und der Gegenwart (Quellen: [Schw50, 352-357]; amtl. Stadtplan der Stadt Regensburg) läßt sich auf diese Weise zu einem virtuellen Film zusammenstellen, der das räumliche Wachstum der Stadt ebenso wie die dabei wirksamen persistenten Grundrißstrukturen anschaulich sichtbar macht (vgl. Abb. 5 und 6).

1850

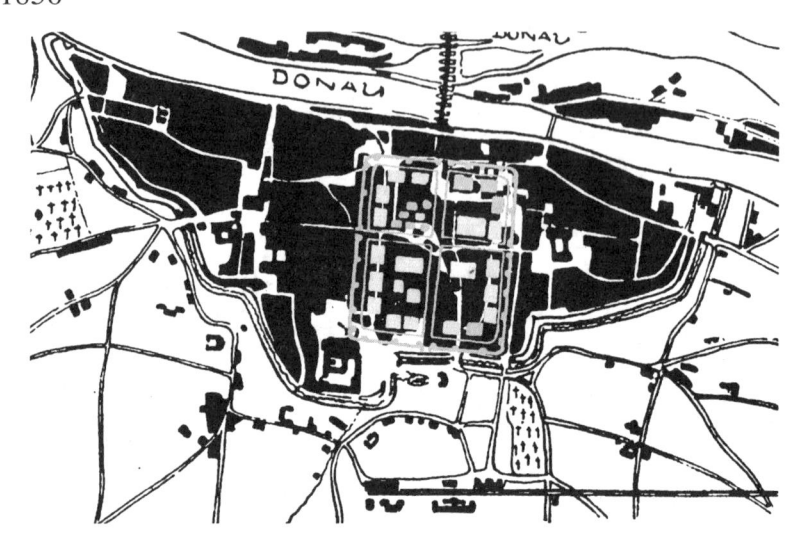

Abb. 5: Regensburg: Grundriß-Überlagerung. Römerlager um 350 und Stadtgrundriß von 1850 Quelle: [Schw50]

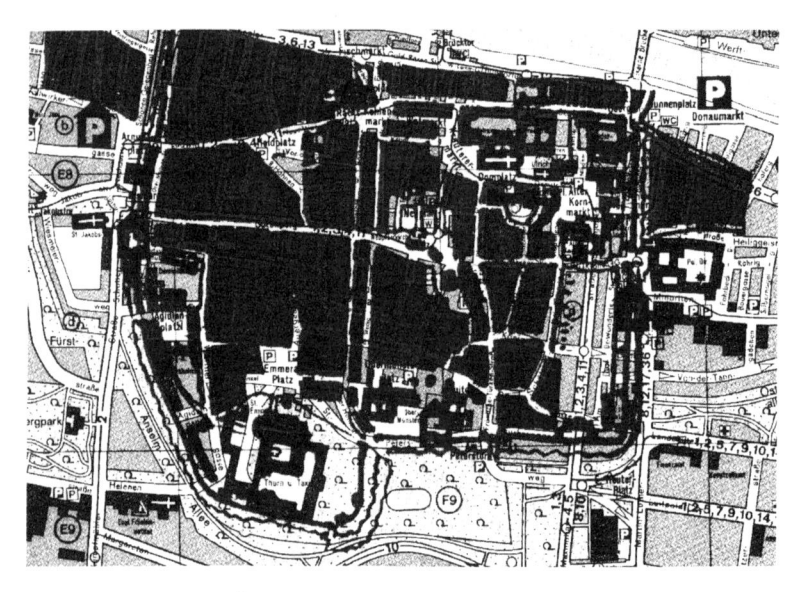

Abb. 6: Regensburg: Grundriß-Überlagerung. Stadtgrundriß um 1100 und aktueller Stadtplan. Quellen: Amtl. Stadtplan der Stadt Regensburg; [Schw50].

Das gleiche Verfahren läßt sich mit Aufrißdarstellungen realisieren. Zur Verknüpfung beispielsweise einer Vedute mit einer Photographie oder zweier Photographien miteinander benutzt man die in der Photogrammetrie entwickelte sog. Paßpunkt-Methode. In einem Beispiel dieser Art wurde in RETIS ein alter Stahlstich des Regensburger Rathauses aus dem Jahre 1835 mit einer Photographie vom Ende der 80iger Jahre unseres Jahrhunderts überlagert.

Wenn man solche Bildsequenzen in einer Internet-Präsentation mit einem kurzen, informativen Text untermauert, vertieft man nicht nur das Verständnis für die aktuellen baulichen Strukturen einer Stadt, sondern fördert in einer sehr grundlegenden Weise auch das Bewußtsein für die ursächlichen Bezüge der heutigen Stadtgestalt:

Die vielen kleinen Plätze in der Altstadt von Regensburg hatten im Mittelalter die Funktion von Märkten, die nach Warengruppen getrennt waren (man vergleiche die heutigen Platz-Bezeichnungen wie „Kornmarkt", „Kohlenmarkt", „Krauterermarkt" usw.). Nachdem ihre originäre Funktion obsolet geworden ist, erweisen sich die Plätze heute im Sommer als Knotenpunkte des innerstädtischen Freizeit-Lebens.

**Die Simulation räumlicher Bezüge**

Neben der Visualisierung des Persistenz-Gedankens ermöglicht die digitale Bildverarbeitung die Simulation räumlicher Bezüge. In der Geographie gewinnen diese Verfahren eine zunehmende Bedeutung für die Entwicklung räumlicher Modelle, die sowohl eine prognostisch-prospektive als auch eine analytisch-retrospektive Zielsetzung verfolgen können.

Das Regensburger Amt für Stadtentwicklung, Abt. Vermessung und Kartographie, hat im Rahmen eines Pilotprojektes ein reales Modell der Stadt im Maßstab 1:500 aus Holz erstellen lassen, das den baulichen Zustand um 1700 wiedergibt. Dieses Holzmodell (Originalgröße 3,80 x 5,50 m) wurde in einer simulierten „Befliegung" photographisch aufgenommen und anschließend photogrammetrisch ausgewertet, so daß inzwischen ein vollständiges 3D-Modell der Stadt um 1700 in digitaler Form vorliegt. Zusätzlich wurden mit einer Architekturkamera erzeugte Fassadenaufnahmen gescannt und den 3D-Daten per „mapping" zugeordnet. Damit war es möglich, in einer rechnergestützten Simulation zentralperspektivische Darstellungen von beliebigen Standorten am Boden, d.h. aus der Sicht des erdgebundenen Betrachters, wirklichkeitsnah zu simulieren (zu den Einzelheiten des Verfahrens vgl. [Lenz97]). Die Simulation ist z.Z. im Medienraum des Stadtmuseums als 15-minütiges Video zu sehen, bei der ein virtueller, dreidimensionaler Rundgang durch Regensburg von Kloster zu Kloster realisiert ist. Die Übernahme einer solchen Simulation in RETIS ist technisch unproblematisch und würde die Attraktivität der städtischen Tourismus-Werbung zweifellos entscheidend erhöhen.

Auf ähnliche Weise wäre auch ein aktuelles 3D-Modell mit virtuellen 3D-Rundgängen durch die gegenwärtige Stadt zu erzeugen, zumal die dafür erforderlichen, für photogrammetrische Zwecke geeigneten systematischen Luftbild-Befliegungen ohnehin vorliegen.

**Themenspezifische Präsentationen**

Ein dritter Gesichtspunkt, der hier nur kurz herausgestellt werden soll, ist die thematisch zielgerichtete Tourismus-Information, um spezifische Interessen potentieller Besucher ansprechen zu können. Den Möglichkeiten, themengebundene touristische Angebote im Internet zu visualisieren, sind kaum Grenzen gesetzt.

Als Geograph denkt man als Erstes an Stadtrundgänge oder Ausflugsrouten in der Umgebung. Das Themenspektrum könnte dabei von der Architektur über die Kunstgeschichte bis hin zu den Biergärten der Stadt reichen, von Erkundungsgängen zur Bauwerksverwitterung über botanische Fußexkursionen bis zur geologischen Lehrwanderung. Andere wissenschaftliche Fachdisziplinen werden sicherlich um weitere Vorschläge nicht verlegen sein.

## Schluß

Städtewerbung im Internet sollte mindestens zwei grundsätzliche Funktionen erfüllen:

- Zum einen muß die Nachfrage bei potentiellen touristischen Gästen geweckt werden. Die Fremdenverkehrswirtschaft gehorcht wie andere Wirtschaftsbereiche auch den Regeln von Angebot und Nachfrage. Im Unterschied zu den meisten anderen Wirtschaftsgütern ist das touristische Angebot aber weitgehend ortsfest. Das Internet bietet einen neuen, bisher nicht bestehenden Zugang zum touristischen Konsumenten. Per Internet sollte die nachfragende Seite, d.h. der Tourist, an seinem jeweiligen Heimatort motiviert werden, ein bestimmtes touristisches Ziel aufzusuchen.

- In diesem Zusammenhang kommt der Art und Qualität der Information eine steuernde Funktion zu. Den engagierten Interessenvertretern der Altstadt von Regensburg steht Rothenburg o.T. als abschreckendes Beispiel vor Augen. Ähnlich gefürchtet ist hierzulande das sog. „Disneyland-Syndrom". Dies wiederum läßt sich nur durch eine anspruchsvolle, wissenschaftlich fundierte Städte-Information verhindern.

Das Regensburger Tourismus-InformationsSystem RETIS kann beide genannten Grundsatz-Forderungen erfüllen. Die zahllosen Möglichkeiten, die das Internet im einzelnen bietet, sind bisher noch nicht ansatzweise ausgeschöpft.

\* An der Entwicklung und Fortführung von RETIS hat Herr Dipl.Geogr. Fritz Spitzer maßgeblichen Anteil. Im Augenblick (Stand Mai 1997) ist RETIS im WWW zwecks Überarbeitung nicht verfügbar.

## Literaturverzeichnis

[BaLa97]   Bayerisches Landesamt für Statistik (Hrsg.): Gemeindedaten 1996. München 1997.

[BeSt93]   Becker, C.; Steinecke, A. (Hrsg.): Kulturtourismus in der Stadt. In: Becker, C. (Hrsg.): Kulturtourismus in Europa: Wachstum ohne Grenzen?. Trier 1993, S. 14- 87.

[Breu97]   Breuer, T.: Stadttourismus in Regensburg. In: Paulus, H.-E.; Reidel, H.; Winkler, P.W. (Hrsg.): Regensburg im Licht seines geschichtlichen Selbstverständnisses (= Regensburger Herbstsymposium. Bd. 3). Regensburg (im Druck) 1997.

[DeFr95]   Deutscher Fremdenverkehrsverband e.V. (Hrsg.): Städtetourismus in Deutschland (= Neue Fachreihe des DFV.H.7.). Bonn 1995.

[HaZe95]   Harrer, B.; Zeiner, M.: Berechnung der wirtschaftlichen Bedeutung des Tourismus in Ostbayern. Grundlagenuntersuchung im Auftrag des Fremdenverkehrsverbandes Ostbayern e.V.(unveröff. Gutachten des DWIF, München 1995.)

[JüSp95]   Jürgens, C.; Spitzer, F.: Fernerkundungsressourcen im WWW (World Wide Web). In: Zeitschrift für Photogrammetrie und Fernerkundung 63 (1995), S. 179-184.

[Lenz97]   Lenz, J.: Nutzung der Fernerkundung durch die Stadt Regensburg. In: Breuer, T.; Gläser, C.; Jürgens, C. (Hrsg.): Fernerkundung in urbanen Räumen (= Regensburger Goeographische Schriften. Bd. 28). (im Druck) 1997.

[Meye89]   Meyer, B.: „Wenn bloß die Türken nicht kommen!" Tourismus in Regensburg. In: Regensburger Almanach 1989, S. 3-12.

[Monh79]   Monheim, R.: Die Stadt als Fremdenverkehrs- und Freizeitraum. In: Becker, C. (Hrsg.): Freizeitverhalten in verschiedenen Raumkategorien (= Materialien zur Fremdenverkehrsgeographie. 3.). Trier 1979, S. 7-44.

[Sabe83]   Sabelberg, E.: The persistence of palazzi and intra-urban structures in Tuscany and Sicily. In: Journal of Historical Geography 9 (1983), S. 247-264.

[Sabe84]   Sabelberg, E.: Die heutige Nutzung historischer Gebäude in toskanischen Städten - Gedanken zum Stellenwert alter Bausubstanz in der Innenstadtplanung. Aachen. In: Sabelberg, E. et al. (Hrsg.): Beiträge zur Landeskunde Italiens. (= Aachener Geographische Schriften 16 ) 1984, S.111 - 137.

[Scha50]   Schwab, L.: Regensburg. Heimat und Welt. Landschaft und Menschen - Lebensbild einer Stadt. Regensburg 1950.

[StRg]     Stadt Regensburg (Hrsg.) (div. Jahre): Statistisches Jahrbuch. Regensburg.

[ReVe94]   Regensburger Verein für Volkskunde (Hrsg.): Stadttourismus und Stadtalltag. Regensburg 1994.

[Wald94a]  Waldherr, G.: „Nicht nur Radi und Schmalzler ...". Was Regensburger Gästeführer und Gästeführerinnen vermitteln wollen. In: Regensburger Verein für Volkskunde (Hrsg.): Stadttourismus und Stadtalltag. Regensburg 1994, S. 49 - 68.

[Wald94b]  Waldherr, G.: Nicht nur die Schokoladenseite. Zu Inhalten, Methodik und Didaktik einer zeitgemäßen Gästeführung, dargestellt am Beispiel Regensburg. Regensburg 1994. (= Gästeführer-Info, Nr. 16.).

# Geisteswissenschaften im Multimedia-Diskurs:
# Traditionen und Ansätze

G. Braungart

## 1. Problemstellungen

Am Anfang sollen drei Texte stehen - oder sind es Bilder?

Abb. 1: Sanduhr/Helwig

Zunächst die 'Sanduhr' von Johann Helwig aus dem Jahre 1650, ein Gedicht über die Vergänglichkeit, wie sie im Barock so häufig sind. Die Lehre des Gedichts ist in ein visuelles Symbol gefaßt, das jedem auf den ersten Blick verständlich ist. Wer die Problematik expliziert haben möchte, muß den Text sukzessive entziffern, wobei er allerdings zuweilen stocken wird, denn die beiden Säulen links und rechts sind nicht leicht in eine vorgegebene Abfolge einzuordnen.

>**Häuft sich Ihrer S**ünden Zahl?
>**Will sie Sata**n allzumal,
>**Den Concurs re**cht zu formiren,
>**Ganz vor v**oll in Rechnung führen?
>**Un**d das Facit findet sich?
>**M**acht der Bürg in seinem Blute,
>**De**bitricin nur zu gute.

(durch die Rechnung einen Strich)

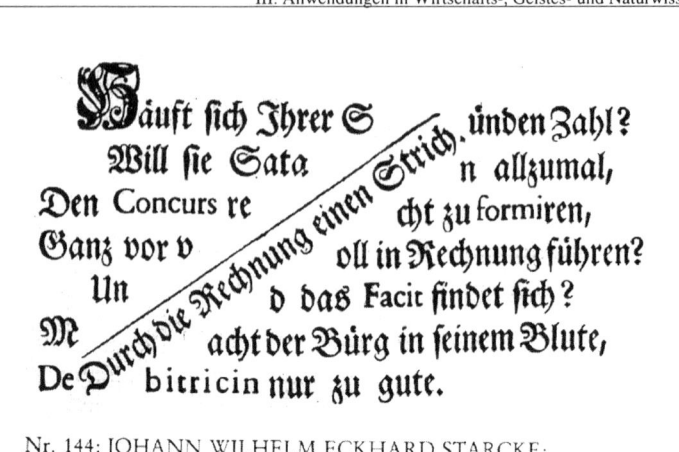

Nr. 144: JOHANN WILHELM ECKHARD STARCKE:
Ikonische Verszeilen.

Abb. 2: (... durch die Rechnung einen Strich)

Das Zweite Bild-Gedicht ist noch effektvoller: Die Verse aus einem Leichgedicht auf eine Fürstin aus der Mitte des 18. Jahrhunderts. Hier ist die zentrale Aussage des Gedichts, daß der Erlöser Christus die Schuldenrechnung des Teufels durch seine Erlösungstat einfach annuliert, in eine visuell wahrnehmbare Gebärde umgesetzt.

In beiden Fällen arbeiten diskursive und visuelle Botschaft, arbeiten Bild und Text Hand in Hand; sie kooperieren, um die Wirkung zu steigern.

## DIE TRICHTER

Zwei Trichter wandeln durch die Nacht.
Durch ihres Rumpfs verengten Schacht
fließt weißes Mondlicht
still und heiter
auf ihren
Waldweg
u. s.
w.

Nr. 165 (a): CHRISTIAN MORGENSTERN: Die Trichter.

Abb. 3: Morgenstern / Trichter

Im dritten Beispiel ist auf vertrackte Weise und ohne, daß es zunächst in die Augen fällt, die Kooperation in eine Konfrontation verwandelt. Der Trichter existiert bei Christian Morgenstern auf zweierlei Weise: Entweder als Bild, das man betrachtet, oder als Text, den man hört. Doch wenn die akustische Variante realisiert wird, ist die graphische zerstört, wenn die graphische sich durchsetzt, kommt die phonetische nicht zu ihrem Recht. Die Medien von Bild und Text und Ton bekämpfen sich also gegenseitig, 'dekonstruktiv', wie man in der neueren Literaturtheorie sagt. Vielleicht sind es deshalb 'zwei Trichter', auch wenn man nur einen sieht: die zweifache Seinsweise des Trichters in diesem witzigen und tiefsinnigen und albernen Gedicht.

Was hat das mit dem Thema zu tun? Mit der Vorführung dieser drei Gedichte - zugegebenermaßen außergewöhnlicher Gedichte - sollte ein Grundproblem der Literaturwissenschaft und zugleich ein wichtiges Problem der Multimedia-Theorie auf die Tagesordnung gesetzt werden. Texte haben immer eine visuelle *und* eine akustische Dimension, Texte können auch Bilder sein. Und wenn Bilder und Texte zusammenkommen, können sie sich in ihrer Wirkung steigern, sie können aber auch in Konflikt zueinander geraten. Der zerstreute Nutzer einer CD-Rom, bei der etwa ein wichtiger Text durch eine ablenkende *slide-show* konterkariert wird, weiß das aus Erfahrung.

Die geisteswissenschaftliche Beschäftigung mit dem Thema Multimedia hat mehrere Ausgangspunkte: **erstens** eine **kulturkritische** Überlegung, **zweitens** eine **wissenschaftstheoretische**, **drittens** eine **pädagogische**:

**1. Zur ersten Überlegung:** Die Spatzen pfeifen es von den Dächern, daß unsere Buchkultur ihrem Ende zugehe. Man hat in diesem Zusammenhang etwas effekthascherisch vom Ende der Gutenberg-Galaxis gesprochen. Gutenbergs Erfindung und Luthers Schriftprinzip bestimmten in einer überaus erfolgreichen Allianz die kommunikative Grundorientierung. Lesen und Schreiben waren und sind bis heute die zentralen Kulturtechniken, ohne die ein Einzelner kaum Anteil am Leben der Gesellschaft haben kann.

Diese Epoche, denke ich, geht nicht zu Ende, aber sie geht über ein eine neue, in der die basalen kulturellen Techniken vielfältiger, vielleicht auch komplexer sind. Nun wird es wichtig werden, daß man lernt, wie man Bilder 'liest', wie man generell über nicht-sprachliche, ikonische Zeichen kommuniziert - vor allem aber: wie man die geistige Integration vom Bildern, Texten, Tönen bewerkstelligen kann, ohne durch Reizüberflutung überfordert zu werden. Daß der Übergang von der Schrift- und Wortkultur in die Multimedia-Kultur nicht ein kultureller Bruch oder gar ein Rückfall in sprachlose Barbarei wird, ist nicht selbstverständlich und muß mit zu den Zielen universitärer Forschung und Lehre - gerade auch in den Geisteswissenschaften - gehören.

2. **Zweite Überlegung:** Multimedia ist per se ein interdiziplinäres Thema; in Zeiten, in denen Interdiziplinarität allenthalben und zuweilen auch aus rein modischen Gründen auf der Tagesordnung steht, sollte dieses wichtige Thema in übergreifenden Kooperationsprojekten angegangen werden.

3. **Überlegung:** Der Markt, der sich mit dem Zauberwort 'Multimedia' verbindet, wächst exponentiell und wird weiter wachsen. Eine Unternehmensberatungsfirma hat bis zum Jahre 2000 allein für Deutschland die Entstehung von 2 Millionen neuen Arbeitsplätzen prognostiziert. - Ob man diesen Optimismus in diesem Maße teilt oder nicht: sicher werden viele Berufe künftig mit Multimedia zu tun haben; und gerade die von Geisteswissenschaftlern ausgebildeten Studenten, die bisher traditionellerweise 'in die Medien', das heißt zu einem Verlag, einer Zeitung, zu Funk oder Fernsehen gingen, werden künftig immer mehr mit neuen Produkten und Produktionsweisen konfrontiert werden, denn dieser Sektor - ob man an die Unterhaltungsindustrie denkt, oder an Bildung und Ausbildung oder auch an neue Formen der Kunstproduktion - dieser Sektor boomt ungeheuer. Und - jeder Beobachter der Szene weiß das - es gibt sehr viel Wildwuchs. Immer noch bestimmen vielfach einfach die technischen Möglichkeiten auch die Konzepte, nach dem Motto: viel hilft viel; möglichst viele Effekte, Bilder, möglichst bunt und bewegt. Grundlagenreflexionen fehlen weitgehend. Das bedeutet auch: Eine Studienplanung, die auf Multimedia als Komponente setzt, erhöht die Berufschancen unserer Absolventen drastisch. Vermittelt wird damit nämlich auch eine der zentralen Schlüsselqualifikationen: Medienkompetenz.

Multimedia ist also, so fasse ich die Problemstellung zusammen, für die Geisteswissenschaften 1. ein Problem der kulturellen Kontinuität und der basalen kulturellen Techniken, 2. eine Frage der interdiziplinären Kooperation und 3. eine außergewöhnliche Chance zur Erschließung neuer Berufsfelder für die Absolventen.

Im folgenden soll mit Beispielen plausibel gemacht werden, daß die Geisteswissenschaften - hier in Form einer Philologie wie der Germanistik - durchaus zu diesem Diskurs etwas beitragen können; daß man mit Problemstellungen, die teilweise uralt sind, zweifellos einen substanziellen Beitrag zur Grundlagenreflexion für Multimedia leisten kann, wenn man Berührungsängste überwindet.

Es sollen zu diesem Zweck einige - teilweise sehr alte - Gegenstände vorgeführt werden, um statt des kulturellen Bruches die Kontinuität der Problemstellungen zu zeigen und um zu erkunden, was man aus historischen Konstellationen für aktuelle Problemstellungen lernen kann - vielleicht auch als Moment der Innovation.

Abb. 4: Laokoon

In seiner 1766 erschienen Schrift 'Laokoon: oder über die Grenzen der Malerei und Poesie' hat Gotthold Ephraim Lessing nicht nur eine Grenzbestimmung zweier Künste angestrebt, sondern eine umfassende, zeichentheoretisch begründete Kunst- und Literaturtheorie. Aus dieser immer noch lesenswerten Schrift, die für die ganze neuere Ästhetik große Bedeutung hatte, möchte ich nur zwei Grundgedanken ansprechen. - Erstens: Das schmerzverzerrte Gesicht des Priesters Laokoon, der seine Landsleute vor dem Trojanischen Pferd, dem Geschenk der Griechen, warnte und zur Strafe dafür zusammen mit seinen zwei Söhnen von zwei Seeschlangen getötet wurde, ist der Ausgangspunkt von Lessings Schrift. Johann Joachim Winckelmann hatte zu zeigen versucht, daß die Bildhauer der berühmten Gruppe aus den Vatikanischen Sammlungen nicht den Moment höchsten Schmerzes und Schreckens darstellten, sondern zugleich die - bei Winckelmann ethisch dimensionierte - Bewältigung dieses Schmerzes. Lessing stimmt ihm in der Beobachtung selbst zu (nicht in der ethischen Rahmung) und bietet eine zeichen- und medientheoretische Erklärung dafür an, daß Laokoon in der wichtigsten *literarischen* Verarbeitung des Stoffes im Altertum, nämlich in Vergils *Aeneis* keineswegs zurückhaltend in seinem Schmerz gezeigt wird, sondern vielmehr ein 'gräßliches Geschrei' anstimmt. Im literarischen Werk läßt der Dichter, so Lessing, 'das Leiden des Laokoon in Geschrei ausbrechen', im Werk der bildenden Kunst dagegen ist der Ausdruck von Schmerz und Leid zurückgenommen.

Warum? Lessing versucht die Differenz aus den unterschiedlichen jeweils zu Grunde liegenden Zeichensystemen zu erklären. Im Falle der bildenden Kunst sind es nach Lessing 'authentischere' Zeichen, die in einer Ähnlichkeitsbeziehung zum Dargestellten stehen; im Falle der Literatur beruht das Verhältnis der Zeichen (also der Worte) zum Dargestellten nicht auf Authentizität, sondern auf Vereinbarung, auf Konvention. Deshalb kann der Dichter seiner Kunst freien Lauf lassen, ohne ständige Rücksicht auf Dezenzforderungen, denn allein durch die Distanz der Worte zu den Dingen ist gesichert, daß das Gräßliche den Rezipienten nicht einfach überwältigt. Andererseits muß sich aber der Maler ganz erhebliche Disziplin auferlegen (man fühlt sich an die Diskussion etwa um die Berichterstattung aus dem Bosnien-Krieg erinnert): Denn seine Darstellungsmittel sind, so Lessing, per se bereits so authentisch, daß er selbst sich zurückhalten muß. Warum aber? Hier kommt eine Größe ins Spiel, die im 18. Jahrhundert zumeist Einbildungskraft heißt und heute mit dem griechischen Wort 'Phantasie' genannt wird. Der Künstler muß der Phantasie des Betrachters noch Raum lassen; er darf das

Allergräßlichste, er darf den Höhepunkt selbst nicht zeigen, damit ihn der Betrachter - in Verlängerung des dargestellten Moments - selbst durch seine produktive Einbildungskraft erzeugen kann. - Modern gesprochen muß der Maler sein Bild auf die Eigenaktivität des Betrachters hin anlegen; Bild muß Interaktion provozieren, interaktiv sein. Der Künstler muß, so Lessing, also denjenigen Moment für sein Bildwerk wählen, der das Äußerste noch in sich trägt, der mit dem ganz Großen noch schwanger geht, er muß - ganz wörtlich übersetzt - den 'prägnanten' Moment wählen, der durch die Eigenaktivität des Betrachters dann ergänzt wird. Das wäre der erste von mir hervorzuhebende Gedanke aus Lessings Schrift. Auf ihn werde ich noch zurückkommen.

Der zweite Gedanke ist vielleicht bekannter als der erste; er bezieht sich auf das Verhältnis von Malerei und Poesie, und die Theorie Lessings in dieser Sache ist gemeint, wenn ganz allgemein vom 'Laokoon-Problem' gesprochen wird.

Die Malerei verwendet Zeichen, bei denen die Dinge im Raume, genauer: auf eine Fläche nebeneinander angeordnet sind, die Poesie - weil sie sich der Sprache bedient - ist auf Zeichen angewiesen, die in einer zeitlichen Abfolge erscheinen. Koexistenz und Simultaneität sind also die Logik des Bildes, Sukzession und Diskursivität dagegen die Logik der Poesie und sprachlicher Texte überhaupt - so jedenfalls stellt Lessing die beiden Pole dar. Der Maler hat also Momente in einem Tableau darzustellen, der Poet dagegen Handlungen, genauer: Abläufe, Prozesse in einer zeitlichen Folge. Daraus ergibt sich für Lessing einerseits eine scharfe Kritik der zeitgenössischen 'Beschreibungspoesie', die in diesem Zusammenhang außer Betracht bleiben kann, und eine Favorisierung des Dramas andererseits.

Die historischen und ästhetischen Probleme und Folgerungen können hier nicht weiter erörtert werden. Als wichtiger Anstoß von Lessings 'Laokoon' sei aber die These von einer zunächst einmal völlig unterschiedlichen Gesetzmäßigkeit der Darstellungtechniken bei Bildern einerseits und Texten andererseits festgehalten. Bilder folgen einer anderen Zeichenlogik als Texte. Hieran haben sich nicht nur die Zeitgenossen gerieben, sondern bis in die Gegenwart hinein wurde Lessings Schrift zum Ausgangspunkt interessanter theoretischer Erörterungen. Und diese Einsicht kann im Multimedia-Zeitalter durchaus neu bedacht und weiterentwickelt werden.

## 2. Problemfelder I: Instruktion - Lehren und Lernen

Zweifellos finden sich auf dem Gebiet der Wissensvermittlung mit die interessantesten Entwicklungen und Innovationen durch Einbeziehung multimedialer Formen und Techniken - ob es sich um 'edutainment' bei den Kindergartenkindern handelt, um Vokabellernen für die

Schulkinder, um historische und naturwissenschaftlichen Anschauungsunterricht, um multimedial gestütztes Studieren, um Simulationsprogramme in der Medizinerausbildung, um computer-based training (CBT) in der beruflichen Fortbildung und vieles andere mehr.

**2.1 Bild-Text-Beziehungen:**

Die verschiedenen Medien - Bilder, Texte, Töne, bewegte Bilder - haben ihre je eigene Logik und Ästhetik; das kann man von Lessing eindringlich lernen. Die **Spezifik** der jeweiligen Erscheinungsformen sollte, ganz besonders wenn es um multi-mediales Lernen geht, genau bedacht werden. Für einen Sprachkurs ist natürlich das gesprochene Wort besonders wichtig, für eine technische Instruktion können Animationen ein hervorragendes Mittel darstellen. Bei der Integration mehrerer Medien in ein und demselben System muß Komplementarität in den meisten Fällen das Ziel sein, bloße Verdoppelung wirkt eher 'zerstreuend' und kann der angestrebten Wirkung durchaus entgegenstehen.

**2.2 Zentrifugalität**

Damit ist eines der zentralen Probleme von Multimedia-Produktionen überhaupt angesprochen, das sich bei Lehr-Lern-Systemen nur besonders deutlich herausarbeiten läßt: Die Kombination verschiedener Komunikationsmodi und -kanäle wirkt bereits auf der technischen Ebene und vollends in den kommunikativen Prozessen selbst zunächst einmal zentrifugal. Die Gefahr, sich im Überangebot der Sinneseindrücke zu verlieren, ist immens groß und in verschiedenen evaluierenden Studien auch nachgewiesen worden. Für die Konzeption multimedialer Ensembles bedeutet es in der Konsequenz eine besondere Herausforderung, dieser Zentrifugalität entgegenzuarbeiten, denn in der Regel verfolgt das Produkt ein festes Ziel, etwa die Vermittlung eines bestimmten Wortschatzes und weiterer sprachlicher Fertigkeiten. Die inhärente Zentrifugalität steht diesem Ziel zumindest latent entgegen und muß aufgefangen werden: Durch ein besonderes Design, durch geeignete Orientierungs- und Navigationshilfen oder auch - darauf soll in diesem Zusammenhang ein besonderer Akzent liegen - durch Techniken, die uralt sind, und für welche gerade die Literaturwissenschaft zuständig ist: durch Geschichten, Mythen, Erzählungen. Seit je sind Geschichten ein probates Mittel, disparaten Inhalten Kohärenz zu verleihen - seien es die Aspekte ritterlicher Ethik im höfischen Roman des Mittelalters, seien es die Theoreme frühneuzeitlicher Staatslehre im utopischen Roman vergangener Jahrhunderte. Epische Integration - so könnte man das entsprechende Prinzip nennen.

Der Sprachkurs *Who ist Oscar Lake?* ist hierfür ein hervorragendes Beispiel.

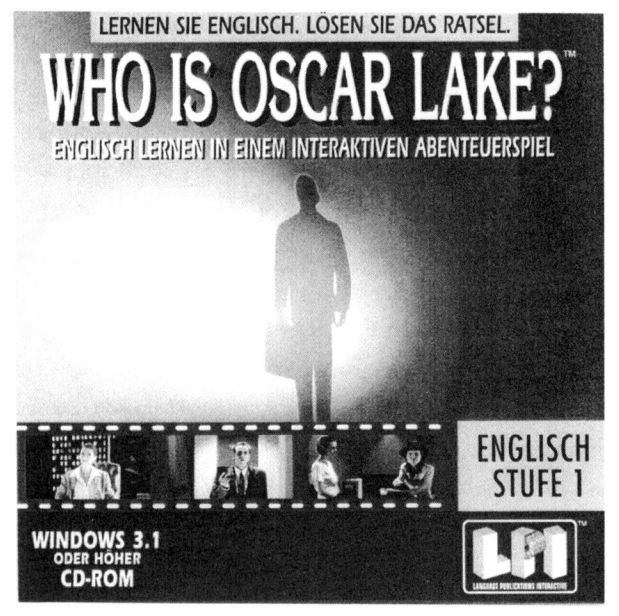

Abb. 5: Oscar Lake

*Live the adventure, speak the language.* - Damit ist das didaktische Prinzip auf einen Nenner gebracht. Einige Lektionen in Englisch sind in eine spannende Geschichte, in ein Adventure-Game in Form eines Krimis verpackt. Der Spieler bekommt die Aufgabe, herauszufinden, wer Oscar Lake ist und wo der wertvolle Diamant hingeraten ist. Bei dieser spannenden Jagd muß er verschiedene Situationen kommunikativ bewältigen und übt nebenbei die nötigen sprachlichen Formen. Zudem kann er die Geschichte an jeder Stelle unterbrechen und eine Lektion systematischen Repetierens eines bestimmten Wortfeldes einschieben.

Man muß telefonieren, eine Fahrkarte lösen, um nach Washington zu fahren. Man muß sich in einem Hotel einmieten, zu einer Party gehen, nicht ohne sich vorher im Bad entsprechend herzurichten. - Ob sich mit Jessica Chandler auf der Party eine wichtige Verbündete einfindet? - Und immer wieder bekommt man vom System positive Verstärkung.

Doch nie verliert man das Ziel des Krimis aus den Augen. Das Ganze bekommt durch die Anlage als adventure-game eine sehr starke Kohärenz und zugleich eine deutlich teleologische

Struktur. Das Ganze gewinnt so den Charakter eines emotional durchaus mitreißenden Erlebnisses, wozu übrigens die Musik- und Geräusch-Ausstattung einen guten Beitrag leistet.

## 2.3 Erlebnischarakter

Sowohl aus lernpsychologischen als auch aus Kohärenzgründen können und sollen Lernprogramme also Erlebnischarakter haben. Neben einer gewissen Emotionalisierung der Abläufe bedeutet das auch, daß die systematischen Erfordernisse in den Hintergrund treten müssen, möglichst nicht an der Oberfläche erscheinen sollten. Mythen und Geschichten bekommen also so einen ganz neuen Sinn als organisierende Prinzipien von Lernsystemem. Ein weiterer Aspekt kommt hinzu: In manchen Bereichen und Altersstufen ist - auch das haben experimentelle Studien gezeigt - 'inzidentes', beiläufiges Lernen dem konventionell-direkten Lernen überlegen. In diesem Zusammenhang heißt das: Man erlebt das Abenteuer und lernt die Sprache intensiv. Schließlich: Ästhetisch-erzählerische Attraktivität eines Programms und motivierende Interaktivität fordern zur Wiederholung heraus und können so einen weiteren Faktor zur Steigerung von Lernerfolgen beibringen. Sicher scheint mir aber, daß Geschichten als Strukturprinzip zusammen mit einer durchdachten Tonregie und in Verbindung mit einem anspruchsvollen Design die mit dem Lernprozeß intensivieren können; und daß eine größere emotionale Involviertheit bestimmte Gedächtnisleistungen steigern kann, hat die Lernpsychologie längst erwiesen.

## 2.4 Interaktivität

Die Lernpsychologie weiß auch seit langem, daß der Lernerfolg dann steigt, wenn die Eigenaktivität des 'Schülers' besonders hoch ist. Wo man möglichst viel selbst macht, lernt man auch mehr. Der positive Effekt, der möglicherweise durch die Kombination mehrerer Sinneskanäle erzielt wird, wird andererseits zunichte gemacht, wenn das System dem Benutzer nur ganz geringe eigene Tätigkeit abverlangt. Für die Konzeption eines Multimedia-Lernsystems ist es deshalb eine besondere Herausforderung, den Benutzer zu vielfältigen Aktivitäten zu provozieren. So könnte bei manchen Anwendungen das - unausgesprochene - Dogma, daß die *leichte* Verfügbarkeit von Informationen wichtig und von Vorteil sei, geradezu auf den Kopf gestellt werden. Das Ziel wäre in diesem Zusammenhang eher, die Motivation zu erhöhen (durch Spannungsmomente etwa) und gleichzeitig - je nach Lernfortschritt - die Hürden immer höher zu legen. Exemplarisch durchgeführt ist dieses Prinzip bei einer Produktion der deutschen Rap-Gruppe 'Die phantastischen Vier' - allerdings wahrlich kein echtes Lernprogramm -, bei welcher der Fan ziemlich viele Rätsel lösen und Instrumente zusammensuchen muß und überhaupt viele Eigenaktivitäten zeigen muß, bis er dann endlich einen Musiktitel hören kann.

## 2.5 Kreativität

Je umfangreicher die Möglichkeiten für Eigenaktivitäten des Benutzers sind, desto größer ist auch sein Spielraum für Kreativität. Ein System, bei dem sich die Wege und Ereignisse bald wiederholen, verliert schnell seinen Reiz. Denkbar sind auch Produkte, bei denen die Spielräume so groß werden, daß der Benutzer sich zugleich auch *zum Entwickler entwickeln* kann.

## 2.6 Die Rolle des Lehrenden

Die Rolle des Lehrenden wandelt sich in solchen Lernkontexten ganz erheblich. Er ist nicht mehr in erster Linie eine Informationsvermittlungsinstanz, sondern Moderator und Anreger in einem Team. Unter Umständen geht es beim Multimedia-Lernen künftig mehr um Meta- bzw. Schlüsselfertigkeiten: *information handling*, eigenständige Strukturierung, eigenständige Problemfindung und -entwicklung. Schließlich ist es wichtig, daß nicht von einem Verdrängungswettbewerb der verschiedenen Lehr- und Lernmedien ausgegangen werden sollte, sondern von einem Zusammenwirken. Es geht also auch um die Vernetzung von Multimedia-Systemen mit anderen Medien und Lernpraktiken (Buch, Team- und Projektarbeit usw.) - im Idealfall wären die Schnittstellen für diese Vernetzung bereits im Produkt mit eingebaut.

## 3. Problemfelder II: Präsentation

Ein zweites großes Feld für Multimedia-Aktivitäten ist der Bereich der Präsentation. Darunter sollen in diesem Rahmen ganz vorläufig die Selbstdarstellung einer Instanz (Behörde, Institution, Firma, Einzelperson usw.) zur Förderung oder Erreichung allgemeiner und konkreter Ziele verstanden werden. Allgemeine Ziele könnten sein: Imagearbeit, Bewußtseinsbildung, Erhöhung des Bekanntheitsgrades. Konkrete Ziele wären etwa: Werbung für ein Produkt, Präsentation eines Angebotes, Bewerbung um eine Stelle. Bei Absolventen von Kunst- und Medienhochschulen ist es inzwischen gang und gäbe, die eigenen Qualifikationen auf einer selbstproduzierten CD-ROM zu präsentieren. Eine führende Fachzeitschrift zeichnet Ergebnisse in diesem Bereich regelmäßig mit Preisen aus. Es geht also bei Präsentation in diesem Sinne nicht um die Aufbereitung und Vermittlung von Wissen und Fertigkeiten, zumindest nicht in erster Linie.

## 3.1 Klassische Rhetorik

Die zentrale historische Instanz für Präsentation ist seit der Antike die klassische Rhetorik. Der Grundidee nach geht es dort immer um die Erreichung eines konkreten Zieles: eine bestimmte politische Entscheidung herbeizuführen, die Verurteilung eines Verbrechers zu erreichen, das Image eines Monarchen zu verbessern. Rhetorische Präsentation hat also immer ein konkretes Ziel. Dabei fordern die Theoretiker seit je die Beachtung einer zweifachen Angemessenheit, eines zweifachen *aptums*: einerseits gegenüber der zu verhandelnden Sache, andererseits gegenüber der äußeren Situation, worunter auch der richtige Adressatenbezug fällt. Übertragen hieße das etwa: Das Design des Otto-Kataloges auf CD-ROM muß der angebotenen Ware entsprechen; oder: Ein Fortbildungsprogramm für Manager sollte die richtige Anrede für den Benutzer aufweisen.

Weitere Kategorien und Prinzipien aus der klassischen Rhetorik bieten mögliche Ansätze für Präsentationskonzepte in multimedialer Form: *attentum parare*: Zentrales Anliegen muß es sein, überhaupt erst die Aufmerksamkeit auf die Präsentation zu lenken und sie zu erhalten. - *Captatio benevolentiae*: Für das Erzielen einer positiven Grundstimmung müssen eigens konzipierte Mittel eingesetzt werden. - Das *Movere* ist traditionell eine der drei Hauptaufgaben des Redners - die emotionale Erschütterung des Zuhörers oder besser: Benutzers ist ein wichtiger Faktor für den Erfolg: Wie kann die Präsentation zum 'Erlebnis' werden? Wie kann ich die Intensität des Ereignisses steigern? - Schließlich die alte horazische Formel vom *prodesse* und *delectare*, vom Nützen und Ergötzen: Die Koppelung von Belehrung/Information einerseits und 'entertainment' in Multimedia-Produkten ist weder neu noch originell: *Edutainment* und *infotainment* sind letztlich ein zentrales Postulat der abendländischen Poetik.

## 3.2 Zielorientierung / Intentionalität

Die strikte Zielorientierung teilt die klassische Rhetorik mit der modernen Werbung. Das ändert sich selbstverständlich auch nicht in multimedialen Kontexten. Doch ist dort die Gefahr, daß Erwartungen geweckt werden, die dann nicht eingelöst werden, wohl besonders groß. Bekannt ist die Frustration, wenn man ein Symbol anklickt, das - etwa vom Design oder der Aufschrift her - vielversprechend aussieht, und die dahinterliegende Seite dann enttäuschend aussieht. Erwartung und Enttäuschung liegen in den neuen Multimedia-System teilweise extrem nahe beieinander. Diese Art von 'Erlebnis' steht der erwünschten Wirkung durchaus entgegen.

Für die Frage der Zielorientierung kann es wichtig sein, die interaktiven Momente hoch anzusetzen und die Phantasie des Betrachters so zu aktivieren, daß er selbst tätig wird. Man erinnere sich an Lessings 'prägnanten Moment', der vielversprechend sein soll, aber eben nicht alles zeigen darf und bewußt der Aktivität des Rezipienten Raum schaffen soll. Gerade im Bereich der Präsentation ist natürlich die Vernetzung mit anderen Kommunikationsformen entscheidend und nicht weniger, was ganz *konkret* erreicht werden soll. - Ein Extremfall für angestrebte Anschlußaktivitäten wäre die online-Bestellung von der Katalog-CD aus automatisch übers Internet.

### 3.3 Pluralisierung / Individualisierung: Das Prinzip Hypertext / Hypermedia

Das multimediale Arrangement gerät allerdings in seiner Zentrifugalität in einen latenten Widerspruch zur Orientierung auf ein handfestes Ziel. Die Interaktivität, das heißt, die Tatsache, daß der Benutzer eingreifen und Abläufe selbst bestimmen kann, hat eine Pluralisierung und Individualisierung der Präsentation zur Folge. Es gibt nicht mehr *eine* Show, die immer gleich ablaufen würde, sondern viele verschiedene; nicht *eine* Geschichte, die erzählt würde, sondern viele. Das bedeutet, daß es eigentlich kein Einzelereignis mehr gibt, an dem ein mehr oder weniger homogenes Publikum im selben Maße teilhätte. Daraus folgt, daß der 'Produzent' den konkreten Ablauf (auch den zeitlichen Ablauf) nicht wirklich im Griff hat. Welche Möglichkeiten, so muß man von hier aus fragen, gibt es dennoch, eine Rhythmisierung, Strukturierung, Modulation, ja überhaupt die *Kohärenz* der Präsentation zu erreichen? Welche Möglichkeiten gibt es, auch den Ereignischarakter in transformierter Gestalt zu bewahren - etwa durch 'eingebaute' kleine 'events', beispielsweise in Form von Animationen.

Eine Möglichkeit der besonders dichten - die Zentrifugalität auch kompensierenden - Strukturierung, der extremen Vernetzung in Multimedia-Gebilden bietet sich durch das Hypertext-Prinzip. Damit ist gemeint, daß nicht mehr, wie in den meisten Fällen bei traditionellen Büchern nur die Möglichkeit der linearen Lektüre besteht, sondern daß sich - ermöglicht durch vielfältige, dichte Querverbindungen, *links* - jeder Benutzer seinen eigenen 'Weg' sucht, der sich verzweigt, Schleifen aufweist und möglicherweise an ganz unerwarteter Stelle endet.

Das hat es allerdings schon früher gegeben. Jedes Buch, das Anmerkungen und Fußnoten aufweist, ist zumindest tendenziell eine Hypertext. Ein schönes Beispiel, bei dem nicht nur Textelemente mit Textelementen, Worte mit Worten durch *links* zu einem Hypertext verknüpft sind, sondern auch Bilder mit Worten, so daß man schon von *Hypermedia* sprechen kann, ist der *orbis pictus* von Johann Amos Comenius von 1658, das wichtigste reformpädagogische Werk der frühen Neuzeit.

## VI.
## Aqua.

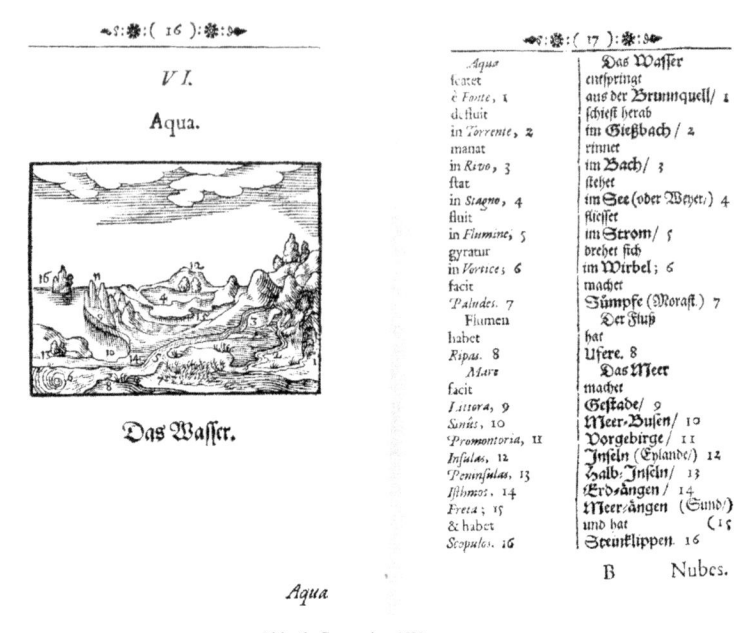

*Aqua*
scatet
è *Fonte*, 1
defluit
in *Torrente*, 2
manat
in *Rivo*, 3
stat
in *Stagno*, 4
fluit
in *Flumine*, 5
gyratur
in *Vortice*; 6
facit
*Paludes*. 7
Flumen
habet
*Ripas*. 8
*Mare*
facit
*Littora*, 9
*Sinus*, 10
*Promontoria*, 11
*Insulas*, 12
*Peninsulas*, 13
*Isthmos*. 14
*Freta*; 15
& habet
*Scopulos*. 16

Das Wasser
entspringt
aus der Brunnquell/ 1
schießt herab
im Gießbach / 2
rinnet
im Bach / 3
stehet
im See (oder Weyer;) 4
fließet
im Strom / 5
drehet sich
im Wirbel; 6
machet
Sümpfe (Morast.) 7
Der Fluß
hat
Ufere. 8
Das Meer
machet
Gestade/ 9
Meer-Busen/ 10
Vorgebirge / 11
Inseln (Eylande/) 12
Halb-Inseln/ 13
Erd-Engen / 14
Meer-Engen (Sund/)
und hat (15
Steinklippen. 16

B Nubes.

*Aqua*

Das Wasser.

Abb. 6: Comenius / Wasser

Wenn ich das Wortfeld 'Wasser' abschreiten möchte, kann ich beim Bild ansetzen, mich über einen *link* zur lateinischen Bezeichnung des Bildelementes 'hinüberklicken' und schließlich noch die deutsche Übersetzung des Wortes aufsuchen. Ich kann aber natürlich auch bei den Worten ansetzen, etwa wenn es um das Buch geht, das durch Multimedia zweifellos nicht verdrängt werden wird:

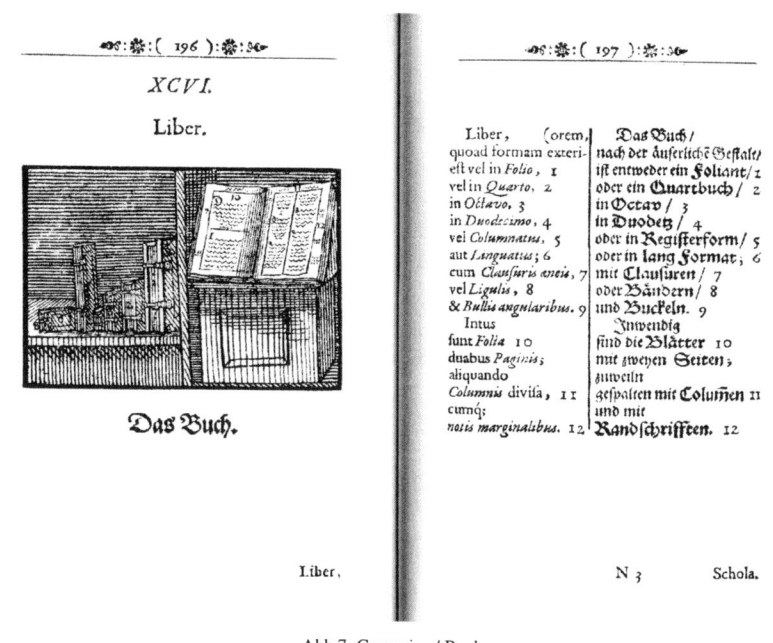

Abb.7: Comenius / Buch

Ich kann beispielsweise bei die 'Randschriften' anvisieren, mich über den *link* 12 zum Bild hinüberbegeben und mir anschließend den lateinischen Terminus zeigen lassen.

### 3.4 Prozeß oder Tableau?

keineswegs feindlich gesonnen. Die von Lessing aufgestellte Dichotomie muß also relativiert werden. Man kann das Lessingsche Laokoon-Problem auch mit den Begriffen der amerikanischen Philosophin Susanne K. Langer formulieren: Sie stellt den *diskursiven* Symbolen, wie sie die Sprache verwendet, die *präsentativen* gegenüber, wie sie sich in der bildenden Kunst finden. Doch die Grenzziehung Lessings ist nicht durchzuhalten. Betrachtet man das riesige Gebiet der frühneuzeitlichen Emblematik - jener Kunstgattung also, in der Bilder und Texte zu einem aussagekräftigen, eindrücklichen und geistreichen Gebilde vereinigt wurden -, dann zeigt sich, daß auch Bilder sukzessive 'gelesen' werden können, da sie aus Einzelelementen arrangiert sind und quasi eine eigene Syntax aufweisen. Die folgenden Beispiele sind dem *Nuecleus emblematum* des Gabriel Rollenhagen vom Anfang des 17. Jahrhunderts entnommen.

*Omne malum superat VICTRIX PATIENTIA DVRI*
*Vt nec ab imposito pondere palma perit.*

Abb.8: Rollenhagen / Beschwerte Palme

Die Umschrift 'Victrix Patientia Duri' (Geduld ist Siegerin über die Mühsal) wird auf eine etwas rätselhafte Weise durch ein konstruiertes Bild erläutert und durch eine Bildunterschrift: *Alles Schlechte überwindet als Besiegerin der Mühsal die Geduld, wie auch die Palme nicht von der aufgebürdeten Last zugrunde geht.*

Es zeigt sich aber auch, wie Texte und Bilder derart miteinander verbunden werden können, daß der Begriff der Interaktivität noch einen zusätzlichen Sinn bekommt und nicht nur das Verhältnis zwischen dem Medium und dem Benutzer bezeichnet, sondern auch das Verhältnis zwischen den verschiedenen Medien selbst.

Abb. 9: Rollenhagen / Fortuna

*Fortuna ut Luna - das Glück ist wie der Mond*: so lautet das Rätsel, das die *Inscriptio* aufgibt; und das Bild bringt dieses Rätsel in anderer Form erneut. *Der Anblick des Glücks wechselt durch das Licht des Mondes; es kann nicht an einem Ort bleiben, macht zweideutige Schritte.* Von dieser Erläuterung aus kann man wiederum zum Bild zurückgehen und neue Einzelelemente in den Deutungsrahmen einbeziehen.

Aus der Alternative zwischen sprachlich-diskursivem Prozeß einerseits und visuellem Tableau andererseits wird damit die modellhafte Kooperation innerhalb eines *hypermedia*-Arrangements.

## 4. Mit Multimedia ins Mittelalter?

Damit sollen die Beispiele aus früheren Jahrhunderte abgeschlossen sein - mit einer Ausnahmen. Eingangs war vom vielbeschworenen Ende der Gutenberg-Galaxis die Rede. Daran ist vielleicht soviel richtig, daß mit dem Multimedia-Zeitalter eine Epoche angebrochen ist, in der die mit dem geschriebenen und gedruckten Wort zusammenhängenden Kulturtechniken nicht mehr ganz so monopolhaft herrschen werden. Zu schließen, daß damit das Ende der abendländischen Kultur gekommen sei, wäre weit übertrieben. Man kann das auch als Wiederaufnahme alter Traditionen aus der Zeit vor dem Siegeszug des Buchdrucks ansehen. Die Liturgie war schon immer ein multimediales Ereignis und die Abbildung einer Handschrift, die hier am Ende stehen soll, zeigt dies in ihrer Kombination von Bild, Text und Musik doch recht eindrücklich.

Abb. 10: Aus einem Choralbuch - Handschrift Mitte 16. Jahrhundert

# Benutzerfreundlichkeit:

# Orientierung am Nutzer bei der Gestaltung von Geräten

A. C. Zimmer

## 1. Einführung

Wenn man nach der Benutzerfreundlichkeit von Geräten fragt, dann besinnt man sich eigentlich auf den Zweck dieser Geräte, denn sie dienen - wie ganz allgemein auch Werkzeuge - dazu, dem Menschen den Umgang mit seiner Umwelt zu verbessern. Dieser Umgang kann darin bestehen, daß Energie, Information oder Gegenstände ausgetauscht werden: Vom Kühlschrank oder Heizungssystem über Fax, Telefon und Computerkommunikation (z.b. über Internet) bis zur industriellen Produktion.

Speziell am Beginn der Entwicklung solcher Geräte steht die unmittelbare Funktionalität im Vordergrund, d.h. das Gerät "erfüllt seinen Zweck". Diese Konzentration auf die reine Funktionalität bringt jedoch üblicherweise mit sich, daß der Nutzer des Gerätes sich dessen Gegebenheiten vollständig anpassen muß, d.h. der Nutzer muß nicht nur das System vollständig verstehen, sondern er muß auch zu den vom Gerät vorgegebenen Zeitpunkten und in den entsprechenden Modalitäten in das System eingreifen bzw. das System z.B. durch die Lieferung von Energie unterstützen. Derartig gestaltete Systeme erfüllen zwar durchaus ihren Zweck für den Nutzer, berücksichtigen aber nicht die Anforderungen, die durch die Bedienung der Geräte an den Nutzer gestellt werden.

Die Orientierung auf den Nutzer beginnt damit, daß z.B. Bedienelemente so gestaltet werden, daß sie keine Verletzungen hervorrufen können und bei einer Dauernutzung möglichst zu wenig Ermüdung führen; die Evolution von Werkzeugen im Lauf der Zeit spiegelt eine solche Anpassung von Geräten an die Gegebenheiten des Nutzers wider (s. z.B. [Petr93]). Die Berücksichtigung dieser Aspekte bei der Gestaltung von Geräten ist Gegenstand der Ergonomie, wie sie sich seit Beginn des Jahrhunderts entwickelt hat. Eine ganz neue Perspektive hat die nutzerorientierte Gestaltung durch die Entwicklung von Computern gewonnen, mit denen eine nahezu natürliche Kommunikation, d.h. ein Informationsaustausch durch Worte und Sätze, möglich ist. Die Qualität eines solchen Informationsaustausches kann man daran ermessen, inwieweit er den Regeln der Sprachpragmatik folgt (s. [Grice75]; [Zimm89]), nämlich ob genau die benötigte Information gegeben wird, ob die Information verläßlich ist, ob die Information den Kontext berücksichtigt und endlich, ob die Information klar ist. Wenn diese Gegebenheiten vorliegen, wird die Kommunikation nicht nur effizient, sondern erweckt auch den Eindruck guter "Manieren", sie wird als "freundlich" erlebt. Insofern ist es jetzt möglich, vom Ziel der klassischen Ergonomie, nämlich der Vermeidung von Fehlern und Schädigungen, zu den Zielen einer kognitiven Ergonomie weitergehen, für die die Optimierung der Kommunikation zentral ist; dies kann man als Nutzerfreundlichkeit bezeichnen.

Das klassische Vorgehen bei der ergonomischen Gestaltung von Geräten besteht in drei Stufen:
- Aufgabenanalyse
- Bewertung der spezifischen Leistungen im Mensch-Maschine-System (MMS)
- Abstimmung von Mensch und Maschine im MMS.

1. Aufgabenanalyse

Hier wird zunächst untersucht, wie das generelle Ziel in konkrete Einzelvorgaben zerlegt werden kann, wie diese Einzelvorgaben in Aktionen zerlegt werden können, in welcher Reihenfolge diese Aktionen durchgeführt werden müssen, und endlich wie man feststellen kann, ob die Aufgabe erfolgreich beendet ist.

2. Arbeitsverteilung zwischen Mensch und Maschine

Aufgrund sog. MABA-MABA-Listen (Man Are Better At - Machines Are Better At) (siehe Tabelle 1) kann man einschätzen, welche der o.a. Einzelaktionen am besten Menschen und welche Maschinen übertragen werden sollten.

3. Passung von Mensch und Maschine

Hier, in der im eigentlichen Sinne ergonomischen Fragestellung, geht es darum, die Maschinen so zu gestalten, daß sie a) möglichst ermüdungsfrei, b) fehlerfrei und c) kontrollierbar bedient werden können; das letztere impliziert, daß die jeweiligen Zustände der Maschine jeweils eindeutig dem mentalen Modell des Nutzers zugeordnet werden können, das dieser von der Aufgabe hat.

Ein zusätzlicher, in klassischen ergonomischen Ansätzen oft nicht berücksichtigter Aspekt der menschengerechten Gestaltung von Maschinen besteht darin, daß Maschinen das Erlernen ihrer Bedienung optimal unterstützen sollten; dies kann auf der einen Seite durch die Erfüllung des Prinzips der Selbsterklärbarkeit geschehen (was aber voraussetzt, daß man ein vollständiges Modell sowohl von dem technischen System wie auch von jedem möglichen menschlichen Nutzer hat) und zum zweiten durch das Prinzip des explorierenden Lernens, das am markantesten in der Forderung von Christine und Ernst-Ulrich v. Weizsäcker nach "Fehlerfreundlichkeit" (1984) von technischen Systemen gekennzeichnet wird, denn wie aus der Theorie des Begriffslernens bekannt ist, erlaubt die systematische Eliminierung von Hypothesen den besten Erfolg und damit sind Fehler und die Rückmeldung darüber notwendig, um Kompetenz zu erwerben.

So einfach und plausibel diese Grundelemente der ergonomischen Gestaltung sind, so schwierig werden sie in der konkreten Umsetzung, u.a. auch deshalb, weil jeweils mehrere Dimensionen beachtet werden müssen und es häufig zu einem trade-off zwischen diesen Dimensionen kommt, d.h. die Ziele der einen Dimension kann man nur erreichen, wenn man Kompromisse bezüglich anderer Dimensionen macht: So lassen sich z.B. die Ziele "Bearbeitungsgeschwindigkeit" und "Reduktion der kognitiven Belastung" üblicherweise nicht gleichzeitig realisieren (die Steuerung eines Prozesses mit Kommandosprache ist schnell, stellt aber hohe Anforderungen an den Umfang und Präzision des Gedächtnisses des Nutzers, dagegen ist Menüsteuerung notwendigerweise langsam, aber dafür kognitiv entlastend).

Die allgemeine Konsequenz für die Gestaltung von technischen Systemen ist es daher, daß es eine Best-Gestaltung nicht gibt, sondern daß entweder optimale Kompromisse z.B. aufgrund einer Multi-Attribut-Bewertung gefunden werden, oder aber daß aufgrund von externen Vorgaben sichergestellt ist, welche Kriterien auf jeden Fall erfüllt sein müssen; letzteres trifft besonders auf technische Geräte zu, die ein hohes individuelles oder gesellschaftliches Risiko implizieren. Das Bild eines komplexen technischen Systems, in dem Mensch-Maschine- bzw. Mensch-System-Interaktionen optimiert worden sind, läßt sich anhand Reasons Modell [Reas90], modifiziert für die Produktion, verdeutlichen (s. Abb. 1).

| Funktionen, die der Mensch besser bewältigt als die Maschine | Funktionen, die eine Maschine besser bewältigen kann als ein Mensch |
|---|---|
| 1. Detektion energetisch sehr schwacher Signale und deren Verstärkung | 1. Lösung einfacher arithmetischer Aufgaben mit großer Geschwindigkeit, Fähigkeit zu sehr schnellen Reaktionen ($10^{-6}$- $10^7$s) |
| 2. Flexibilität und Improvisation (schnelles Finden einer Alternativlösung) | 2. Differenzierung, d.h. Durchführung der mathematischen Operation d/dt |
| 3. Wechsel von einer bestimmten Strategie zu einer anderen (Übergang zu einer anderen Lösung) | 3. Integrierung, d.h. Durchführung des Integrals einer Funktion |
| 4. Langfristiges Behalten von großen Informationsmengen (2,8 x $10^{20}$ bit, nach Neumann) und schnellerer Suchvorgang | 4. Einsatz großer Kraft oder Leistung bei großer Präzision und genau definiertem Ablauf (bei der Maschine ist die Leistung im Praxibezug unbeschränkt) |
| 5. Räumliche Wahrnehmung (Wahrnehmung von Raumtiefe und Formen) | 5. Exakte Wiederholung bestimmter Prozesse nach einem vorgegebenen Programm über einen beliebigen Zeitraum |
| 6. Interpolation (Bestimmung der Werte zwischen fixen Punkten bzw. Werten) | 6. Langfristige Wachsamkeit, keine Ermüdungserscheinungen |
| 7. Prädiktion und Antizipation (Vorhersage weiterer Entwicklung in logisch schwer definierbaren Bedingungen) | 7. Kurzzeitiges Behalten einer Information, kurzzeitige Speicherung |
| 8. Induktive Urteilsprozesse (Verallgemeinerung) bzw. Bildung einer Ansicht | 8. Durchführung von komplexen simultanen Funktionen mit großer Geschwindigkeit bzw. nach genauer zeitlicher Abfolge |
| 9. Realisierung homöostatischer Prozesse (Beibehalten einer stabilen Lage bei Änderung der äußeren Bedingungen) | 9. Deduktive Urteilsprozesse |
| 10. Adaptation und Lernen | 10. Einfache Entscheidungen von dem Typ ja-nein mit großer Geschwindigkeit (allerdings mit weniger Möglichkeit, die Ergebnisse zu korrigieren) |
| 11. Durchführung komplexer Entscheidungen; Lösung komplizierter unvollkommen definierter Situationen bzw. unvorhergesehener Situationen | 11. Detektion von Signalen, deren Qualität mit den menschlichen Sinnesorganen nicht wahrgenommen werden kann, mit wesentlich größerer Genauigkeit, als dies der Mensch in seinem Bereich kann |

Tabelle 1: MABA-MABA-Liste (nach [Lanc75])

# Benutzerfreundlichkeit: Orientierung am Nutzer bei der Gestaltung von Geräten

```
                          ┌─────────────────────┐
                          │ Sicherheitsmaßnahmen│
                     ╱────│ gegen vorhersehbare │
                    ╱     │ riskante Situationen│
                   ╱   ┌──┴──────────────────┐  │
                  ╱    │ Optimierung der     │  │
  Produkte  ◄────●     │ Mensch-Maschine-    │  │
                 ╱│    │ Interaktion         │  │
                ╱ │ ┌──┴──────────────────┐  │  │
               ╱  │ │ Zuverlässige Geräte,│  │  │
              ╱   │ │ gut ausgebildete und│  │  │
             ╱    │ │ motivierte Bedienst.│  │  │
            ╱     │ │ etc.                │  │  │
  Rück-    ╱      │ ┌┴────────────────────┤  │  │
  meldung ◄──○    └─┤ Operative Planung,  │  │  │
           ╲       ╲│ Instandhaltung,Weit.│  │  │
            ╲       │ bildung etc.        │  │  │
             ╲    ┌─┴────────────────────┐│  │  │
              ╲───┤ Management-          ││  │  │
                  │ Entscheidungen       ││  │  │
                  └──────────────────────┘
                            ↗
                           ╱
                          ╱
          Eingaben von außen
```

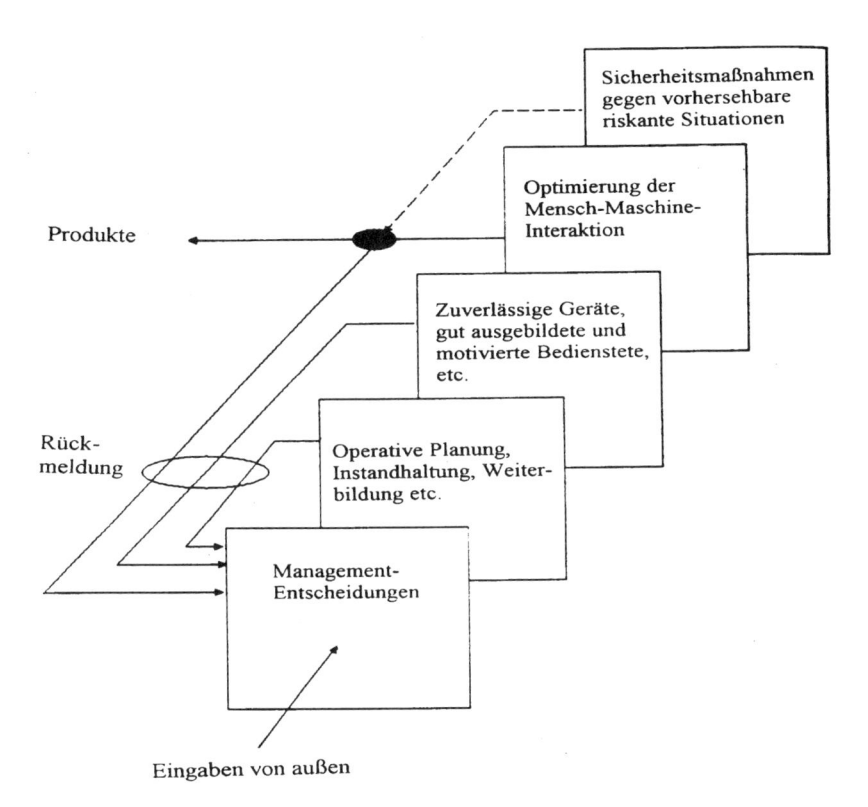

Abb. 1: Reasons Modell einer funktionierenden Organisation, umgesetzt für Produktionsabläufe [Reas90]

Nur im Idealfall wird ein solches komplexes System fehlerfrei arbeiten; die Ursachen auch möglicherweise fataler Fehler, die einerseits in Unfällen, andererseits im geschäftlichen Bankrott münden, können auf vielen verschiedenen Ebenen liegen. Üblicherweise können lokale Fehler auf anderen Ebenen abgefangen werden, wenn das System nicht zu stark hierarchisiert ist, aber wenn Konstellationen von Fehlern auf verschiedenen Ebenen zusammentreffen, kann das anfangs erwähnte katastrophische Ergebnis entstehen (s. Abb. 2).

WECHSEL-
WIRKUNGEN
MIT LOKALEN
EREIGNISSEN

Fehlerhafte Sicherheitsvorrichtungen, die entweder akutes Fehlverhalten ermöglichen, oder durch ein latentes Gefahrenpotential gekennzeichnet sind

Gefährliche Aktionen
Fehlbedienungen,
Regelverletzungen
etc.

Psychologische
Vorbedingungen für
gefährliche Aktionen

Latentes Fehlerpotential

Fehlerhafte Maßnahmen
im operativen Bereich,
in der Instandhaltung
oder Training

Latentes Fehlerpotential

Fehlerhafte Entscheidungsvorgänge im Management
Latentes Fehlerpotential, konkrete Fehlentscheidungen oder habituelles Mis-Management

UNFALL

FENSTER DER
FEHLERMÖG-
LICHKEIT

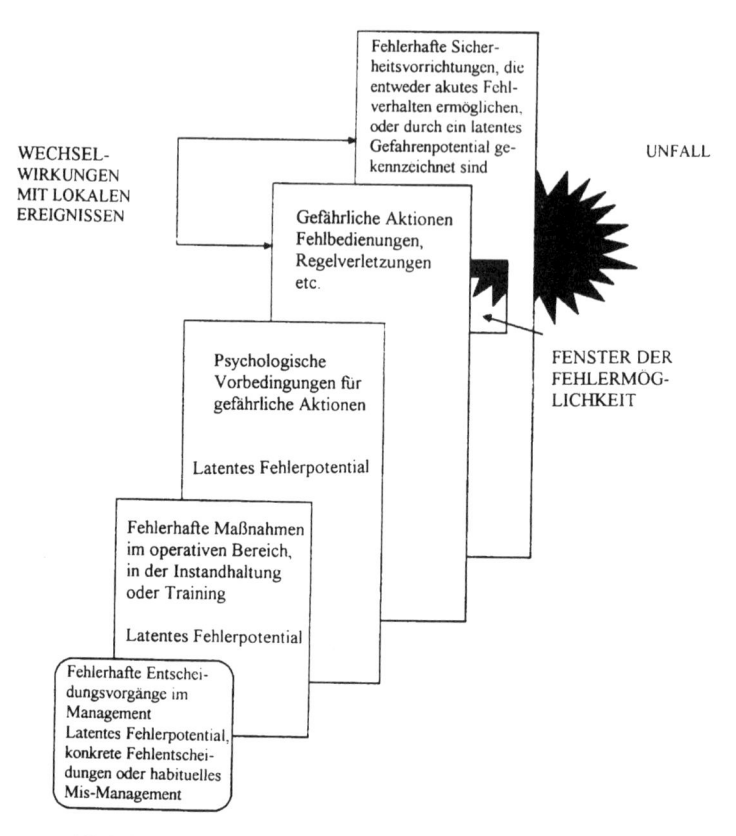

Abb. 2: Reasons (1990) Modell der Entstehung katastrophaler Fehler [Reas90]

Diese Fehler werden allerdings nur dann für das Gesamtsystem katastrophal, wenn ein korrelierendes Zusammentreffen von Fehlern auf allen oder mehreren Ebenen eintritt; wenn also Management-Entscheidungen individuelles Fehlverhalten nicht berücksichtigen, Trainings- und Instandhaltungsmaßnahmen nicht imstande sind, latente Fehlermöglichkeiten zu beseitigen, individuelle Durchführungsfehler gemacht werden, die aber durch eingebaute Sicherheitsmechanismen nicht aufgefangen werden können. Ein Beispiel dafür ist der Chemikalienaustritt bei Höchst im Jahr 1992, der durch individuelles Fehlverhalten (Beginn der Chemikalienzugabe ohne Starten des Mischers) ausgelöst wurde, aber nicht auf einen eingebauten Sicherheitsmechanismus (ein sog. Inter-lock) getroffen ist, das die Öffnung des Einfüllstutzens unmöglich macht ohne gleichzeitiges Starten des Mischers. Unterstützt wurde die Wahrscheinlichkeit des Auftretens dieses Fehlers durch mangelhafte Ausbildung und unzureichende Dokumentation bzw. Beschriftung des Systems. Nachdem die Chemikalien ausgetreten waren, wurde der Vorfall zu einer betrieblichen "Katastrophe", weil seitens des Managements hinsichtlich öffentlicher Information und Beginn der Aufräum- und Reinigungsmaßnahmen gravierende Fehler gemacht wurden.

| Aspekt | Beschreibung |
|---|---|
| Ziele und Intentionen | Ein Ziel ist der Zustand, den eine Person erreichen will; eine Intention ist die Entscheidung, so zu handeln, daß das Ziel erreicht werden kann. |
| Spezifikation der Handlungsabfolge | Der psychologische Prozeß der kognitiven Repräsentation der Handlungen, die der Nutzer in Interaktion mit dem System durchführen muß. |
| Abstimmung der Ziele und Intentionen mit der Handlungssequenz | Um die Handlungssequenz zu spezifizieren, muß der Nutzer seine Ziele und Intentionen in einen erwünschten Zustand des Systems übersetzen, dann muß bestimmt werden, welche Einstellungen der Kontrollmechanismen diesen Zustand herbeiführen, und dann welche physischen Manipulationen des Systems notwendig sind. Das Ergebnis ist die interne mentale Spezifikation der auszuführenden Handlungen. |
| Der physische Zustand des Systems | Die Menge aller Parameter der physikalischen Variablen des Systems. |
| Kontrollmechanismen | Die Bedienelemente und Systemkomponenten (Hardware sowie auch Software), durch die die Parameter der physischen Variablen kontrolliert werden. |
| Die Zuordnung der Systemkomponenten zum Systemzustand | Die Beziehung zwischen den Einstellungen der Bedienelemente und dem resultierenden Systemzustand; üblicherweise ist diese Zuordnung dynamisch, d.h. zeitabhängig. |
| Interpretation des Systemzustandes | Die Beziehung zwischen dem physischen Zustand des Systems und den Zielen des Nutzers kann nur dadurch spezifiziert werden, daß zunächst die physischen Zustände in wahrnehmbare Zustände übersetzt werden und dann das wahrgenommene System in den Termini der psychologischen Variablen (Ziele und Intentionen) interpretiert wird. |
| Bewertung des Ergebnisses | Die Bewertung eines Systemzustandes erfordert den Vergleich des wahrgenommenen Systems mit den angestrebten Zielen. Häufig ergibt sich an dieser Stelle entweder eine genauere Spezifikation der Ziele oder gar neue Ziele und Intentionen, so daß ein rekursiver Prozeß einsetzt. |

Tabelle 2: Aspekte einer Aufgabe (nach [Norm86])

Bei der Struktur des Systems in Abb. 1 bieten sich zwei Maßnahmen zur Verbesserung der Mensch-System-Interaktion an: Zum einen können durch die Einführung eines effizienten Informationssystems die Rückmeldungen schneller und gezielter verarbeitet werden; dies ist ein Hauptmerkmal des sog. total-quality-movements (Kaizen). Die zweite Möglichkeit besteht darin, lokal die einzelnen Arbeitsabläufe zu verbessern. Nebenbei bemerkt: Häufig besteht das Argument gegen solche Verbesserungsmaßnahmen darin, daß das System ja so komplex und vernetzt sei, daß lokale Lösungen nichts brächten; dem liegt ein gravierender Fehlschluß zugrunde, denn genauso wie sich in vernetzten Systemen Fehler unberechenbar propagieren können, pflanzen sich auch die positiven Auswirkungen von lokalen Verbesserungen fort, wobei allerdings die Voraussetzung dafür darin besteht, daß eine Kommunikation zwischen den verschiedenen Ebenen oder Positionen auf der gleichen Ebene weiterhin möglich ist.

Ganz gleich aber, wie man an die Verbesserung der Mensch-System-Interaktion geht, Voraussetzung für eine effektive Lösung ist die Analyse der lokalen oder globalen Aufgabe, die bearbeitet werden soll (s. Tabelle 2)

Die Dynamik von Aufgabenspezifikation und -durchführung illustriert [Norm86] mit einer Abbildung (Abb. 3)

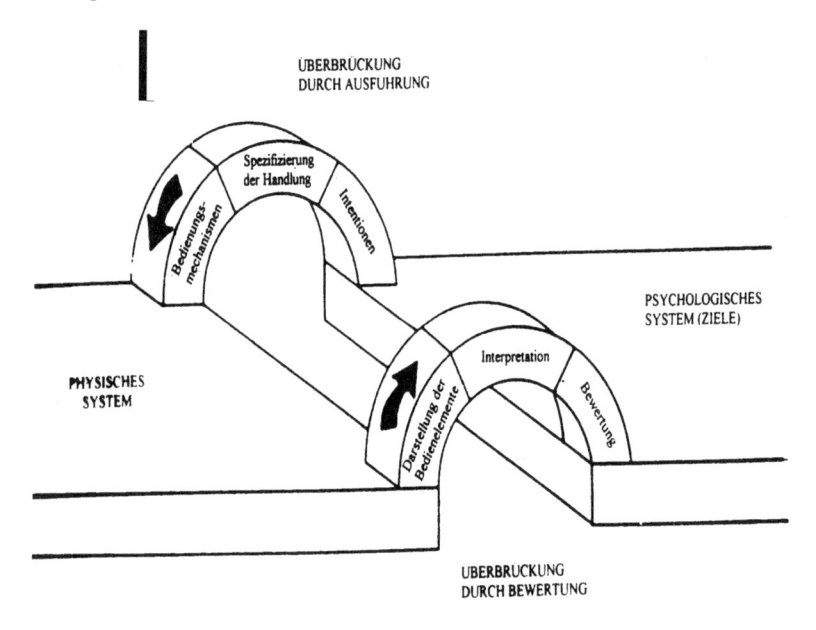

Abb. 3: Normans Modell des Interface zwischen physischen Systemen (z.B. Computern) und psychologischen Systemen [Norm86].

Nach diesen allgemeineren einführenden Ausführungen möchte ich an drei unterschiedlichen Fallbeispielen die angeführten allgemeineren Prinzipien erläutern. Zunächst wird anhand der Tastaturgestaltung gezeigt, wie Fehler und Ermüdung reduziert werden können. Danach wird ein System vorgestellt, in dem explorierend der Umgang mit einem Datenbanksystem erlernt wird. Abschließend wird ein Entscheidungsunterstützungssystem vorgestellt, in dem Ziele des total-quality-Management realisiert werden.

## 2. Fallbeispiel 1: Gestaltung von Tastaturen

Wohl jeder kennt Witze über die Probleme des Zwei-Finger-Suchsystems beim Schreibmaschineschreiben; wer das 10-Finger-System erlernt hat, erinnert sich sicher an die Schwierigkeiten, die er oder sie dabei hatte, und ärgert sich immer wieder über systematisch auftretende Fehler; und endlich kennt man vom Hörensagen oder aus eigener Erfahrung, daß sich als Folge des Schreibmaschineschreibens Sehnenscheidenentzündungen einstellen können. Angesicht der Tatsache, daß sich Tastaturen an Computern, Taschendatenbanken oder Informationssystemen wie Btx oder automatische Fahrplanauskunft so häufig finden, daß man ohne ihre Bedienung kaum mehr auskommen kann, stellt sich die Frage, wie durch Bessergestaltung den eingangs genannten Problemen begegnet werden kann. Diese Probleme erstrecken sich auf die Gebiete der Anthropometrie bzw. Biomechanik, der Bedienbarkeit und endlich der Erlernbarkeit.

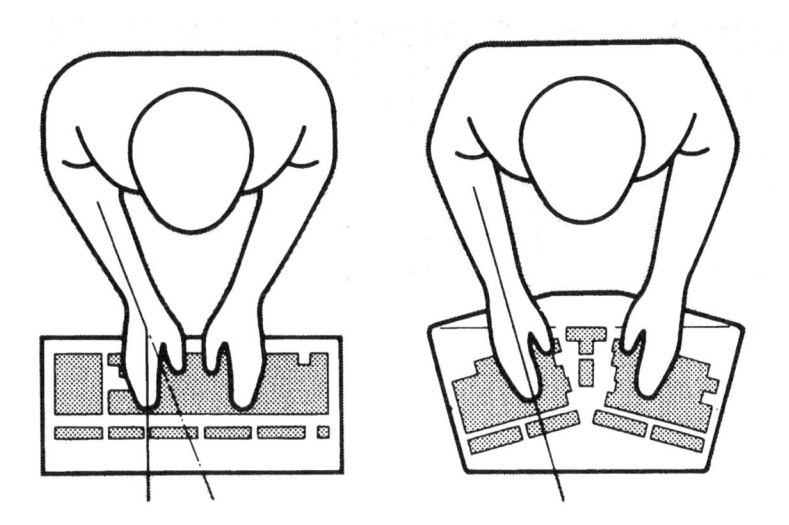

Abb. 4: Teilung und Abwinkelung des alphanumerischen Tastenfeldes

Was biomechanisch bzw. anthropometrisch an herkömmlichen Tastaturen falsch ist, zeigt Abb. 4, linker Teil. Zur kontrollierten Benutzung im 10-Finger-System muß die Hand um ca. 15 Grad nach außen gebeugt werden. Diese Abduktion resultiert in einer permanenten Spannung der Sehnen, was wiederum in Ermüdung bzw. Entzündung resultiert. Schon Klockenberg hat 1926 gefordert, daß aus ergonomischen Gründen der Block in zwei Teile zerlegt werden sollte, die jeweils 12 bis 15 % abgewinkelt sein sollten. Basierend auf einer Untersuchung des Fraunhofer-Instituts für Arbeit, Wirtschaft und Organisation in Stuttgart hat 1993 die Firma Marquardt den Mini-Ergo-MF2 hergestellt, der den 1926 formulierten Kriterien genügt.

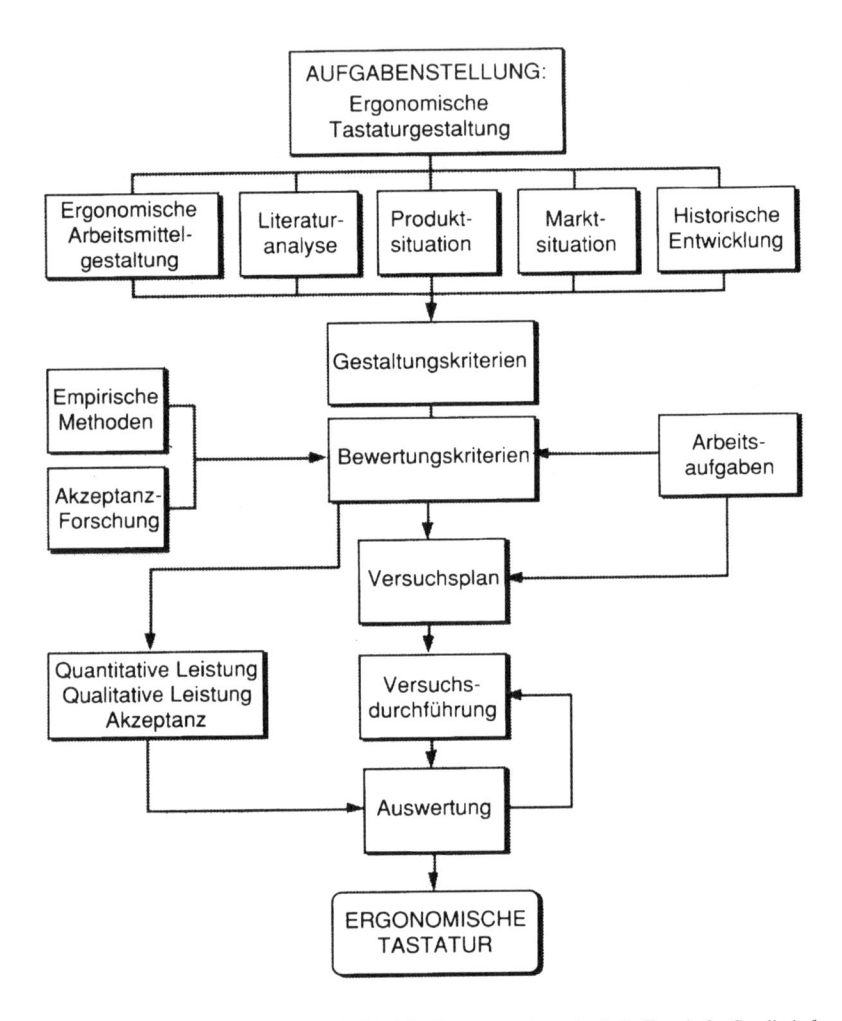

Abb. 5: Strukturdiagramm des Forschungsablaufs bei der Tastaturgestaltung durch die Fraunhofer-Gesellschaft

Warum es so lange Zeit gedauert hat, um ein solches System zu entwickeln, wird deutlich, wenn man sich das Flußdiagramm zur Vorgehensweise bei der Gestaltung einer ergonomischen Tastatur (Fraunhofer-Gesellschaft) ansieht (Abb. 5), denn aufgrund der Gewöhnung an herkömmliche Tastaturen wird eine Umstellung nur dann erfolgreich sein, wenn sie unmittelbar und deutlich Vorteile gegenüber der bisherigen Gestaltung mitbringt und gleichzeitig keine großen Anforderungen an Umlernen stellt. Das Resultat zeigt Abb. 6, wo unmittelbar deutlich wird, daß lediglich das klassische Tastaturfeld in der Mitte aufgespalten worden ist, dabei bleibt in den einzelnen Zeilen und auch dazwischen die Anordnung der Tastenbelegungen gleich.

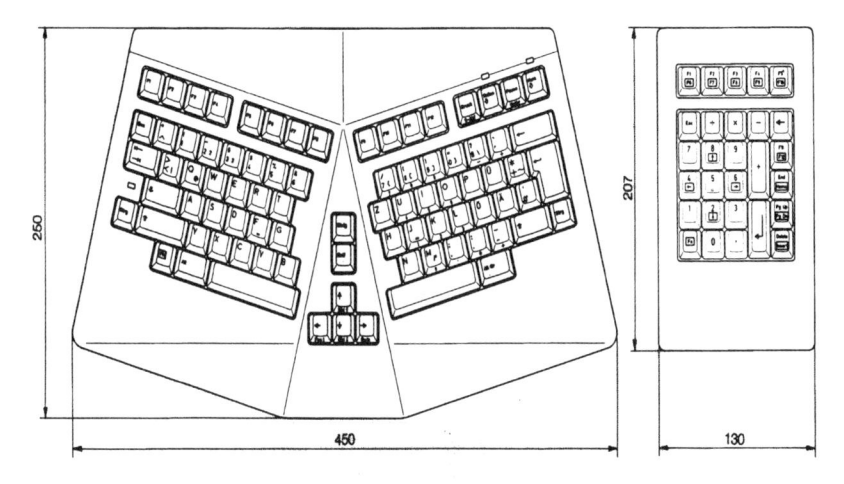

Abb. 6: Das resultierende Tastenfeld

Diese Tastenbelegungen, die zu dem Suchverhalten des im Schreibmaschineschreiben Unkundigen führen, entspricht dem QWERTY-System, das von Charles Latham Sholes in den 70er Jahren des vorigen Jahrhunderts entwickelt worden ist. Hintergrund dieser Tastenanordnung waren die mechanischen Probleme, die beim gleichzeitigen oder schnell aufeinanderfolgenden Anschlagen zweier Tasten resultierten. Ziel mußte es daher sein, Buchstaben, die häufig direkt aufeinander folgen wie i und e weit auseinanderzulegen, um "Tastensalat" zu verhindern. Die Arbeitsbelastung des Nutzers bzw. sein Lernaufwand wurden überhaupt nicht in Betracht gezogen: Der Nutzer muß sich also bei der Bedienung dieser Maschine voll an die Maschine anpassen. Zur Erleichterung des Lernens bzw. Vermeidung von systematischen Tippfehlern sind alternative Tastenbelegungen entwickelt worden; hier ist vor allen Dingen die sog. Dvorak-Tastatur zu nennen, die vor allem die Anzahl unintendierter "Vertipper" verhindern soll (ein Überblick über verschiedene Tastaturen findet sich in Abb. 7). Hier wird auch sofort sehr deutlich, warum die eigentlich naheliegende Lösung einer alphabetischen Anordnung wenig bringt, weil das Alphabet keine "natürlichen" Segmentierungen mit sich bringt, so daß bei Verteilung auf verschiedene Zeilen oder Diagonalen wieder das Suchproblem auftritt, weil man sich - was man üblicherweise nicht tut - die Segmentierungen zusätzlich merken müßte.

Lernversuche mit den verschiedenen Tastaturen zeigen zwar bei alphabetischen Anordnungen einen anfänglichen Vorteil, der jedoch relativ rasch verschwindet, lediglich die Dvorak-Tastatur schneidet signifikant besser ab.

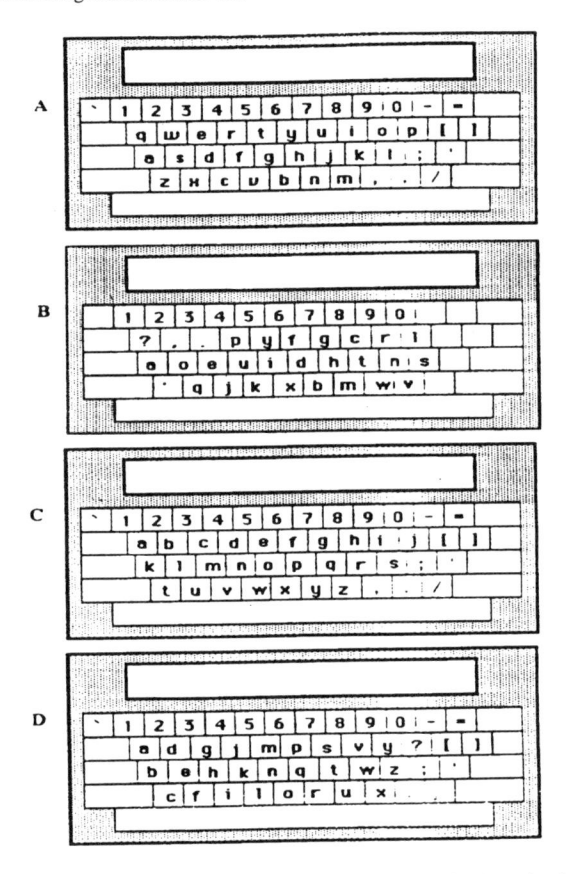

Abb. 7: Verschiedene Tastaturen: A Qwerty (Sholes), B Dvorak, C zeilenweise alphabetisch, D diagonal alphabetisch

Ein Nachteil der in Abb. 7 gezeigten Tastaturen ist es, daß einem Finger mehrere Tasten zugeordnet sind, dies führt zu einer starken Beeinträchtigung der Bedienungsgeschwindigkeit, weil zum einen gemäß Hick´s Law die Entscheidungszeiten länger werden und zudem Wege zurückgelegt werden müssen, die - selbst wenn sie trajektorisch realisiert werden - Zeit kosten. Selbst wenn das Schreibmaschineschreiben hochautomatisiert ist, ergibt sich hier ein zusätzlicher Zeitbedarf (s. [Grud83]; [RuNo82]). Diese Nachteile werden durch die sog. Chord-Tastatur aufgefangen, wo jedem Finger eine Taste fest zugeordnet ist, aber Buchstaben durch das Anschlagen mehrerer Tasten gleichzeitig realisiert werden. Diese Tastatur wird von US-amerikanischen Gerichtsstenographen verwendet und ist außerordentlich schnell, läßt sich auch vergleichsweise gut lernen, hat aber den großen Nachteil, daß schon nach vergleichsweise kurzzeitigen Perioden ohne Praxis das Kompetenzniveau drastisch absinkt.

Zusammenfassend läßt sich sagen, daß eine Kombination einer biomechanisch korrekten Tastatur wie in dem Marquardt-System und eine Tastenbelegung nach Dvorak zu einer signifikanten Verbesserung der Tastaturengestaltung führen könnte, ob sich aber ein solches System durchsetzen würde, ist angesichts der geringen Akzeptanz von Umlernprozessen fraglich.

Wie sieht es aber mit Bedienung von Computern aus, die heute noch nahezu den vollständigen Abschied von dem bedeuten, was man gelernt hat? Wie selbstverständlich wird dort vorausgesetzt, daß man gelesen und fehlerfrei memoriert hat, mit dem Befehl "Ctrl + alt + F1" abzulegen und zu sichern. Aus der Gedächtnispsychologie ist bekannt, daß solche sinnlosen Symbolfolgen nur durch Elaboration verläßlich gelernt werden können, also z.B. durch die Methode des direkten Ausprobierens. Dies aber schließt der Computer aus, da er von einer eindeutigen Zuordnung von Befehlen und Systemzuständen ausgeht, so daß vor bedienung des Systems die Bedienung schon gelernt sein muß. Daher erstaunt es nicht, daß der Kundendienst von DELL Computers angibt, daß die Mehrzahl der 12 000 - 13 000 Anrufer pro Tag eigentlich fragen, ob sie den Computer nicht auch bedienen könnten, ohne lange und unverständliche Instruktionstexte lesen zu müssen. Die Lösung dieses Problems könnte darin bestehen, den Computer als Explorationsumgebung zu gestalten.

## 3. Fallbeispiel 2: Explorierendes Lernen am Computer

Aufgrund der technischen Entwicklungen, die einerseits zur Herstellung preiswerter Computersysteme geführt haben und andererseits neue Kommunikationssysteme anbieten, ist es seit einiger Zeit möglich, explorierendes Lernen auf dem Computer zu unterstützen. Dabei geht man zunächst von dem Konzept aus, daß es für solche Lernsituationen optimal wäre, Wissen in diesem System so zu speichern wie Waren in einem Warenhaus, wo die Käufer durch Stöbern bzw. gezieltes Fragen die Waren finden, die sie suchen. Analog kann das Lernverhalten in computerunterstützten Systemen modelliert werden. Es stellt sich dann heraus, daß ein derartiger Wissenserwerb nur effizient wird, wenn der Lernende eine Rahmenkonzeption für den Bereich mitbringt, in dem er oder sie detailliertes Wissen erwerben will.

Eine erste Strukturierung dieses explorierenden Lernens am Computer wurde von J. S. Brown mit dem Konzept der "increasingly complex micro worlds" (ICM) vorgeschlagen: In diesem Konzept wird davon ausgegangen, daß sich die Lernenden in einer einfachen Situation, für die sie ein Rahmenkonzept haben, nicht nur das notwendige Detailwissen durch Exploration erwerben, sondern darüber hinaus auch die Rahmenkonzeption für eine geringfügig komplexere Lernsituation erwerben [Brow75]. Haben sie das Wissen der einfachen Situation erworben, wird zur nächsten leicht komplexeren übergegangen u.s.w. Dieses Konzept ist prinzipiell nur dann anwendbar, wenn der zu vermittelnde Stoff streng hierarchisch gegliedert ist. Weicht die Strukturierung des Lernmaterials jedoch von der strengen Hierarchie ab, dann lassen sich keine ICMs mehr konstruieren. In seiner Analyse der ICMs weist jedoch J. S. Brown auf einen Aspekt hin, der eine Verallgemeinerung dieses Konzepts ermöglicht: Die Bedeutung des "learning by doing", d. h. die Lernenden erschließen sich die strukturellen Regeln des Lernstoffs dadurch, daß sie ihn systematisch manipulieren. Auf dieser Grundlage sind sie in der Lage, systematische Hypothesen zu entwickeln und diese auf neue Situationen anzuwenden. Die Modellierung einer solchen Lernsituation kann analog der Theorie der Schemaintegration [Zimm86] erfolgen.

Ein Schema kann durch folgende Bestandteile definiert werden:
1. eine Menge von basalen Einheiten ("primitives"), die im gegebenen Kontext nicht weiter analysierbar sind;
2. eine Menge von Organisationsregeln;
3. eine Menge von zulässigen Transformationen, die die Klasse von Invarianten der betrachteten Objekte erzeugt.

Eine wichtige Konsequenz dieser Definition ist, daß schematisch angeordnetes Wissen nicht allein aus einer Menge basaler Einheiten und den zugehörigen Organisationsregeln für ihre

Anordnung besteht, sondern daß dazu auch die Menge der zulässigen Transformationen dieses Wissens beachtet werden muß.

Explorierendes Lernen kann somit als systematischer, aber nicht notwendigerweise vollständiger Erwerb eines Schemas verstanden werden. Die beim Lernen miterworbenen zulässigen Transformationen bestimmen damit mögliche Transfersituationen für das so erlernte Wissen. Welche Schemata beim explorierenden Lernen in welcher Reihenfolge erarbeitet werden, bestimmt ausschließlich der Lernende. Explorierendes Lernen bedeutet also nicht wahl- und zielloses Aufpicken von Schema-Details.

Während inzwischen eine Reihe von Tutorsystemen existieren, die die grundlegenden Gedanken intelligenter Tutorsysteme mehr oder weniger realisieren, z.B. der Geometrie-Tutor von [AnBo85]; STEAMER von [HoHu84] oder SOPHIE von [Brow82], existiert für den Bereich des explorierenden Lernens ein solches System nicht. Für seine Realisierung sind folgende Konstruktionsanforderungen zu berücksichtigen:

1) Strukturierte Stoffanordnung und Stoffübersicht mit der Möglichkeit, diesen Stoff beliebig zu bearbeiten: Während die Strukturierung des Stoffs den Erwerb und die Übertragbarkeit von Rahmenkonzeptionen auf neue Lernsituationen unterstützt, ermöglicht der beliebige Zugriff auf den Lernstoff dem Lernenden das Explorieren.

2) Unterschiedliche Grade von Unterstützung der Lernenden durch das System: Die Lernenden können sich den Grad der Unterstützung durch das Lernsystem auswählen. Im einen Extremfall erhält der Lernende keine Unterstützung, im anderen Fall der totalen Unterstützung bleiben dem Lernenden keine Eingriffsmöglichkeiten mehr.

3) Kopplung von Wissenserwerb und Wissensanwendung: Die Lernenden haben jederzeit die Möglichkeit, Wissen, das ihnen das Tutorsystem liefert, in der Originalsoftware anzuwenden. Dazu steht das Tutorsystem den Lernenden auch wissensspezifische Beispiele und Aufgaben zur Verfügung.

Diese Anforderungen wurden bei einem Tutorsystem realisiert, das dem Erlernen der Datenbanksoftware dBase dient. Dieser Aufgaben- und Anwendungsbereich wurde gewählt, da er sowohl weitverbreitet wie auch in seiner zugrundeliegenden Struktur einfach zu verstehen ist. Man kann sogar davon ausgehen, daß jeder, der einmal mit Listen gelernt hat, für dBase die kognitiven Rahmenkonzeptionen mitbringt. (Allerdings ist darauf hinzuweisen, daß sich die Module dieses 2-Prozessor-Tutorsystems auch für andere Anwendungsbereiche eignen und nicht ausschließlich an die Software dBase gebunden sind.)

Das auffälligste Kennzeichen dieses Tutorsystems ist die Verwendungen zweier gekoppelter Rechner.

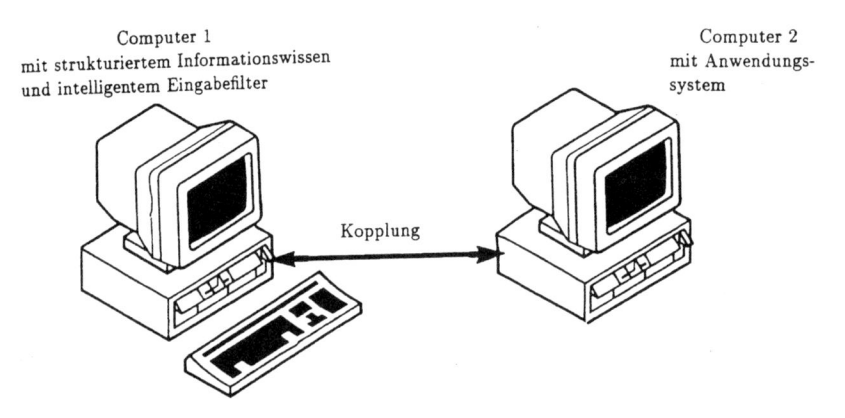

Abb. 8: Die gekoppelte 2-Computer-/2-Systeme-Anordnung für das explorierende Lernen

Auf dem rechten Rechner ist die zu erlernende Anwendersoftware installiert, auf dem linken Rechner die Tutorsoftware. Sie erlaubt dem Lernenden strukturiertes Informationswissen explorativ abzufragen und in vier verschiedenen Lernarten in der Originalsoftware anzuwenden und zu erproben. Das Tutorsystem kontrolliert dabei die Tastatureingaben auf Fehler, gibt sie bei Fehlerfreiheit an die Anwendersoftware weiter oder gibt Rückmeldung über den Fehler. An dieser Stelle kann der Lernende durch weitere Bearbeitung von Anleitungstexten oder Beispielen das zur Fehlerbehebung notwendige Wissen erwerben, ohne negative Konsequenzen, wie z.B. einen Systemabsturz oder Datenverlust, erwarten zu müssen.

Im Detail wurden bei der Systemgestaltung folgende Punkte beachtet:

a) Explorationsmöglichkeiten

Das Tutorsystem gibt keinen Lernweg vor. Ein einmal gewählter Lernweg kann jederzeit abgebrochen werden. Die vollständige Bearbeitung eines Kapitels wird angezeigt.

b) Fehlertoleranz

Die Eingaben des Lernenden werden nur dann an den dBase-Rechner weitergegeben, wenn sie entweder fehlerfrei sind oder nur solche Fehler beinhalten, die der Lernende in dBase korrigieren kann, wie z.b. Tippfehler beim Ausfüllen von Feldern. Eine fehlerhafte Eingabe, die dBase in einen nicht mehr zu korrigierenden Zustand versetzen würde, werden vom Tutorrechner abgefangen und nicht an den dBase-Rechner weitergeleitet.

c) Verschiedene Lernarten

Das Tutorsystem bietet dem Lernenden vier verschiedene Lernarten an, sein Wissen in der Originalsoftware zu erproben. Die vier Lernarten sind die Vorführung, das schrittweise Bearbeiten eines Beispiels, die Durcharbeitung einer Übung und die Abarbeitung einer Aufgabe. Diese Lernarten unterscheiden sich bezüglich der Explorationsmöglichkeiten des Lernenden und durch die Unterstützung, die der Lernende erhält.

Im Rahmen einer experimentellen Studie zum explorierenden Lernen versuchten wir folgende Fragenkomplexe zu klären:

1) Wie agieren Lernende in einer Lernsituation, die explorierendes Lernen erlaubt?
2) Welchen Effekt hat explorierendes Lernen für den Transfer auf neue Situationen und Aufgaben?

Um für die Lernenden gleiche Ausgangsbedingungen für die Arbeit mit dem jeweiligen Tutorsystem zu schaffen, wurde die Lernsituation mit dBase in ein Schulungskonzept eingegliedert. Dabei wurden vor dem eigentlichen Lernexperiment elementare Hard- und Softwarebegriffe mit Schulungsunterlagen erläutert, der Gebrauch der Tastatur an einer Textverbesserungsaufgabe geübt und Fragen zum bisherigen Umgang der Lernenden mit elektronischer Datenverarbeitung bearbeitet.

Die Probanden waren männliche Auszubildende der metallverarbeitenden Industrie. Sie hatten alle keine Vorerfahrung in der Nutzung der Datenbank-Software dBase. Zwölf der Probanden arbeiteten mit dem 2-Prozessor-Tutorsystem, acht mit dem zu dBase gehörenden Tutor. Die Teilnahme am Experiment erfolgte freiwillig während der Arbeitszeit.

Beide Lerngruppen hatten nach der Arbeit mit dem jeweiligen Tutorsystem acht Aufgaben in dBase zu bearbeiten. Sie waren aufgrund von Erfahrungen in dBase-Kursen so ausgewählt, daß über die Aufgaben eine mittlere Lösungswahrscheinlichkeit zu erwarten war. Fünf der Aufgaben waren ausschließlich mit dem durch den Tutor vermittelten Stoff zu lösen, während die drei anderen Aufgaben nur durch Transfer gelöst werden konnten.

Die Gruppe, die mit dem 2-Prozessor-Tutorsystem lernte, löste im Mittel 6 Aufgaben (Standardabweichung 1,3) während die Gruppe mit dem Standard-Tutor im Mittel nur 1,6 Aufgaben (Standardabweichung 1,8) löste. Für die Transferaufgaben findet man vergleichbare Mittelwertsunterschiede von 1,8 und 0,3 gelösten Transferaufgaben (Standardabweichung 0,45 vs. 0,3). Die Unterschiede sind in beiden Fällen statistisch bedeutsam.

Bei der Anzahl der gelösten Aufgaben zeigt sich klar, daß durch die Lernumgebung des 2-Prozessor-Systems eine Effektivierung des Stofferwerbs möglich ist. Vor allem der Unterschied bei den gelösten Transferaufgaben macht deutlich, daß diese Effektivierung nicht ausschließlich als Mengeneffekt zu verstehen ist, sondern daß beim Lernen mit dem 2-Prozessor-System auch allgemeine bzw. generalisierbare Konzepte erworben werden, die der Anwendungssoftware zugrunde liegen.

Um genauer zu klären, welches Lernverhalten Probanden am 2-Prozessor-Tutorsystem zeigen, wurden detailliert die Lernwege der Probanden untersucht. Die Abbildungen 9a und 9b zeigen beispielhaft die Lernwege zweier Probanden, die systematisch bzw. unsystematisch den Lernstoff bearbeitet haben.

Allgemein weisen die Lernverläufe eine hohe Varianz im Explorationsverhalten auf. Im einzelnen bedeutet das, daß die Lernenden die Möglichkeit, in der Lernstoffmenge beliebig zu wählen, extensiv bei der Lernkapitel-Auswahl nutzen, aber nach erfolgter Kapitelwahl die Unterkapitel und ihre Anwendung in der dBase-Software relativ systematisch nutzen.

Die Überlegungen zur Bedeutung eines strukturierten Informationsangebotes für effektives Lernen legen nahe zu erwarten, daß auch die Lernvorgänge effektiver sind, die eine klar geordnete hierarchische Struktur aufweisen. Vergleicht man jedoch die Lernleistungen, speziell die Transferleistungen, die aufgrund der sehr unterschiedlichen Lernwege in Abbildungen 9a und b erreicht worden sind, stellt man sogar eine leichte Überlegenheit der unsystematischen Suche fest. Dieses auf den ersten Blick überraschende Ergebnis wird aber plausibel, wenn man davon ausgeht, daß der Lernende ja nicht als "unbeschriebenes Blatt" in die Aufgabe hineingeht, sondern durchaus schon Vorerfahrungen im Umgang mit Tabellen o.ä. hat, selbst wenn es sich nicht um computerunterstützte Systeme handelt. Die Verfügbarkeit von auf dieser Erfahrung basierenden Konzepten ermöglicht es nun, sehr schnell zu überprüfen, ob ein Konzept von dBase mit den Vorerfahrungen übereinstimmt oder nicht; im ersten Fall wird man den entsprechenden Bereich der Lernumgebung schnell wieder verlassen, muß jedoch ein neues Konzept erworben werden, dann sollte dies nicht nur isoliert "auswendig gelernt" werden, sondern in die entsprechenden Anwendungsaspekte eingepaßt. Dies läßt sich am besten durch eine kombinierte Horizontal- und Vertikalsuche erreichen.

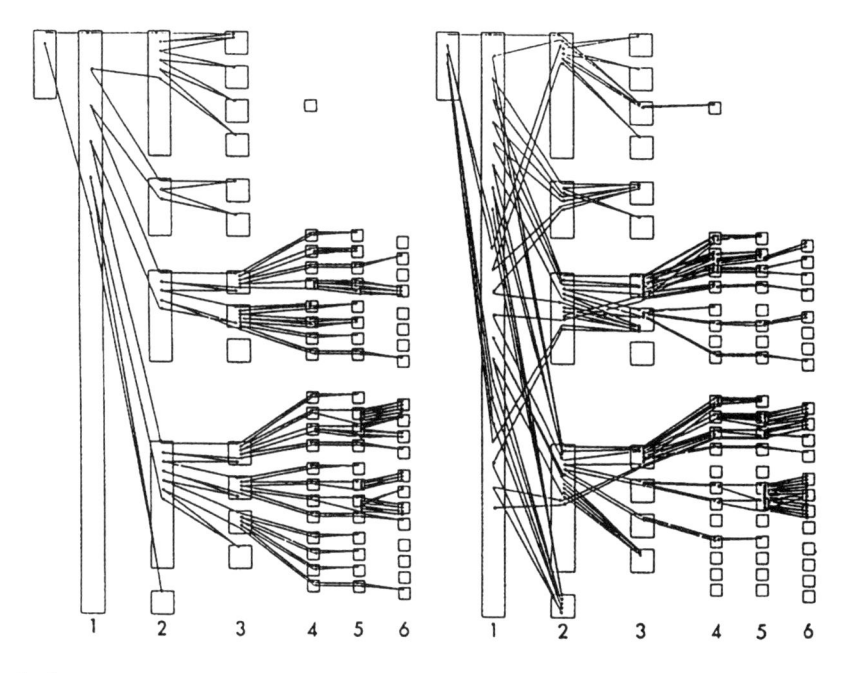

1 = Ausgangsmenu
2 = Informationskapitel über Datenbanksysteme (entsprechend Fenster Mitte links)
3 = Detailinformationen über die Kapitel in Ebene 2 (großes Informationsfenster)
4 = Lernarten: Vorführung, Beispiel, Übung, Aufgabe (entsprechend Fenster links unten)
5 = Anwendung des Stoffes in dBase (rechter Bildschirm)
6 = Fehler in dBase

Abb. 9: Zwei Extrembeispiele für explorierendes Lernen: a) systematisch, b) unsystematisch.
Die Ziffern geben die verschiedenen Ebenen des hierarchisch angeordneten Lernstoffes an

Der Lernerfolg der Gruppe, die mit dem 2-Prozessor-System arbeitete, kann also darauf zurückgeführt werden, daß sie beim Lernen nicht nur isolierte Konzepte, sondern die zur Lösung von Datenbankaufgaben notwendigen Konzeptabfolgen erworben haben. Für diese Lerngruppe spielt es dann bezüglich späterer Aufgaben oder Anwendungen keine Rolle, ob sie den Stoff systematisch oder unsystematisch bearbeitet haben. So gesehen kann exploratorisches Lernen als Erwerb der Invarianten eines Konzepts (oder auch Schemas) verstanden werden, indem einerseits die Anwendbarkeit eines Konzepts auf verschiedene Aufgaben vom Lernenden getestet, andererseits irrtümlich angenommene Konzepteigenschaften verworfen werden.

Die Wirksamkeit eines Lernsystems, das explorierendes Lernen erlaubt, läßt sich auf folgende Einflußgrößen zurückführen:

a) Exploration
- Durch Explorieren finden die Lernenden die Invarianten im Lernstoff, indem sie intentionale Fehler begehen und aus diesen Konsequenzen lernen.
- Die im Tutor dargebotene Information kann direkt in der Originalsoftware angewandt werden.
- Diese Anwendung der Tutorinformation geschieht in Abhängigkeit vom Lernstand der Lernenden.

b) Transfer
- Die Lernenden erwerben nicht nur starre Kommandofolgen
- Die Trennung von Tutoroberfläche und Originalsoftware-Oberfläche ermöglicht den Lernenden die Trennung von Lern- und Anwendungssituation.

c) Gedächtnisunterstützung
- Das System motiviert die Lernenden, eigene Systembeschreibungen (mögliche andere Anwendungen, Analogien, Formulierungen) im System zu speichern und für spätere Anwendungsfälle bereitzuhalten.
Das System erlaubt Lösungswege zu sichern, die nicht mehr rational rekonstruiert, sondern nur noch erinnert werden können.

Die Lernwirksamkeit des 2-Prozessor-Tutorsystems bestätigt die theoretischen Überlegungen, daß aktive Lernsituationen effizienten Wissenserwerb und die Übertragbarkeit dieses Wissens auf neue Situationen erlauben. Unter pragmatischen Gesichtspunkten fordert sie die Überlegung heraus, ob in allen Anwendungsfällen, für die intelligenten Tutorsysteme entwickelt werden, der Aufwand im Vergleich zur beschriebenen Alternative gerechtfertigt ist. Denn eines sollte man bei aller technologischen Entwicklung nicht vergessen: Lernen bedeutet für die Lernenden selbst aktiv zu sein, der Nürnberger Trichter [Carr90] ist noch nicht erfunden.

# 4. Fallbeispiel 3: Ein Informationssystem für Marktforschung

## 4.1 Allgemeine Problemlage

Ein klassisches Problem für die Führung von Unternehmen ist die Koordination von Produktion, Lagerhaltung, Vertrieb und Abrechnung, also die Logistik von Rohstoffen, Produkten und Informationen. Während noch vor vergleichsweise kurzer Zeit das Hauptproblem der Logistik im Transport bzw. in der Bereitstellung von Waren bestand, verlagert sich heute mehr und mehr das Problem der Logistik auf die Bereitstellung und Verarbeitung von Information über den Planungs-, Produktions- und Controlling-Bereich. Einer der Hauptgründe für diese Entwicklung ist die Diversifikation des Marktes, in der Marktvorteile vor allen Dingen dadurch erreicht werden können, daß zuverlässige Information über alle o.g. Bereiche zur Verfügung stehen und ein optimales Verhalten ermöglichen; dies ist eine Hauptvoraussetzung für das Organisationskonzept, das dem 'Re-Engeneering' entspricht. Es ist daher als Zeichen der Zeit zu verstehen, wenn Ende der 80er Jahre der Nobelpreis für Wirtschaftswissenschaften an Debreu/Berkeley verliehen wurde, weil dieser mathematisch nachgewiesen hat, daß eine Marktstruktur dann und nur dann optimale Versorgung ermöglicht, falls allen Teilnehmern des Marktes vollständige Information über den Markt zugänglich ist.

Angesichts der Datenmengen, die in der Zwischenzeit dank der Registrierung und Verarbeitung durch EDV zugänglich sind, entsteht an dieser Stelle das Problem einer Überfülle von Daten, die aber insofern keine echte Information darstellen, da sie den menschlichen Informationsverarbeiter überfordern; man denke nur an die Datenmengen, die täglich Dank der EDV-gestützten Registrierung der Kaufvorgänge anfallen.

Mit der Einführung der EDV in Betrieben und Verwaltungen seit über 40 Jahren hatte man sich eine erhebliche Steigerung der Produktivität in Herstellung und Dienstleistung erwartet, diese ist jedoch aus den genannten Gründen bislang ausgeblieben; legt man jedoch die Einführung der Elektrizität als technologischen Vergleichsfall für die zu erwartende Effektivitätssteigerung an, dann stellt man fest, daß auch dort erst mit Ende des 1. Weltkriegs, also 40 Jahre nach Einführung, ein spürbarer Produktivitätseffekt dieser Technologie sichtbar geworden ist.

Der Grund für diese Entwicklung liegt darin, daß die Methoden zur Datenanalyse nicht im gleichen Umfang effizienter geworden sind wie die durch EDV anfallenden Datenmengen.

Bei diesen Datenmengen steht der Nutzer vor zwei Problemen, die sich am besten mit Problemen der menschlichen Wahrnehmung illustrieren lassen: Zum einen lassen die Datenmengen nicht erkennen, was zufällige Fluktuation und was bedeutsame Information ist; so sieht man in Abbildung 10 zunächst nur ein zufälliges Muster von schwarzen und weißen Flecken, erst der Hinweis auf einen Dalmatinerhund macht diesen ´sichtbar´.1

Abb. 10: Muster nach B. Julesz

Zum zweiten muß die vorhandene Datenmenge für ´reporting´ und ´controlling´ genau so reduziert werden, daß ein vorhandenes Muster erhalten bleibt, aber die Datenmenge überschaubar wird; hier sind Modellvorstellungen über den Gegenstand notwendig, die umso effizienter sind, je besser sie an der Realität orientiert sind. Greift man bei einer detaillierten Strichzeichnung z.B. die Punkte größter Krümmung heraus und verbindet sie, dann bleibt die Ursprungsinformation selbst bei einer Reduktion 200:1 gut erhalten (s. Abbildung 11).

---

[1] Die Fläche des Dalmatiners unterscheidet sich vom Hintergrund nicht in der durchschnittlichen Farbverteilung (Mittelwert), sondern im Verteilungsmuster (höhere statistische Momente der Verteilung).

Abb. 11: Muster nach F. Attneave

Daß bei der üblichen Darstellung von Daten die oben angeführten effektiven Mechanismen der menschlichen Wahrnehmung nicht ausreichen, zeigt das Volumen der ständig zu berücksichtigenden Marktforschungsdaten, wo pro Produkt in jeder Zeiteinheit 8 oder mehr bis zu vierstellige Zahlen simultan verarbeitet werden müssen. Da die menschliche Informationsverarbeitungskapazität auf $7 \pm 2$ Einheiten pro Zeiteinheit beschränkt ist und auch graphische Darstellungen nicht beliebig Information komprimieren können, sind ohne Hilfsmittel nicht mehr als 3 Produkte vergleichbar und auch nur dann, wenn die Daten direkt nebeneinander stehen. Diese Daten müssen daher einer rechnergestützten Analyse unterzogen werden, die alle repetitiven und schematischen Arbeiten im Sinne der MABA-MABA-Liste von Tabelle 1 durchführt, um damit die typisch menschlichen Leistungen (Abb. 10 und 11) zu unterstützen.

## 4.2 Alternative 1: Expertensysteme

Eine Möglichkeit, diesen Problemen zu begegnen, hat man seit Mitte der 70er Jahre darin gesehen, sog. Expertensysteme zu erstellen. Diese Systeme bestehen aus einer Liste von Regeln, die das Vorgehen von menschlichen Experten widerspiegeln sollen. Als Endergebnis soll ein solches Expertensystem die anfallenden Datenmengen nicht nur genauso gut auswerten können, wie ein menschlicher Experte (aus Marketing oder Produktion), sondern besser, weil dieses System nämlich in der Lage ist, beliebige Datenmengen ohne Ermüdung oder Vergessen fehlerfrei zu bearbeiten. Solche Systeme sind ursprünglich für die Modellierung medizinischer Experten entwickelt worden, dann jedoch sehr schnell auf den Wirtschaftsbereich übertragen worden: Das System "PROSPECTOR" dient der Planung von Bohrvorhaben für die Erdölindustrie oder das System "TAXADVISOR" soll in der Lage sein, die fiskalischen Probleme eines Betriebes automatisch zu bearbeiten. Die Erfahrung mit solchen Systemen hat jedoch gezeigt, daß ihre Anwendung nur von begrenztem Nutzen ist. Dies liegt an folgenden Problemen:

1. Sprache

Expertensysteme gehen von eindeutig definierten Begriffen aus, die speziell der Nutzer, der nicht selbst Experte ist, leicht mit umgangssprachlichen Begriffen gleichsetzt, für die die gleichen Worte benutzt werden. Doch selbst der menschliche Experte benutzt Fachtermini mit einer gewissen Unschärfe; so bedeutet "schnelle Reaktion auf Entwicklungen bei Konkurrenten" in Abhängigkeit vom betrieblichen oder produktbezogenen Kontext einen Zeitraum zwischen einer Woche und zwei Jahren (z.B. bei der Automobilindustrie), während in einem Expertensystem entweder eine klare Information vorliegen muß oder aber die Unschärfe präzise modelliert werden muß wie z.B. im Rahmen des "fuzzy reasoning".

2. Kontrolle

Bei der Nutzung eines Expertensystems ist es üblicherweise nicht möglich, exakt nachzuvollziehen, wie dieses System zu einer spezifischen Problemlösung gekommen ist, so daß der Anwender nicht mehr selbst die Kontrolle über die Problemlösung hat, sondern sie vollständig an das System abgeben muß.

3. Anwendungsmöglichkeiten und Grenzen des Systems

Um ein Expertensystem effizient anwenden zu können, ist es vor allen Dingen notwendig, die Grenzen dieses Systems zu kennen, d.h. genau die Probleme definieren zu können, für die das Expertensystem gute oder hinreichende Antworten gibt. Gerade komplexe Expertensysteme, die für eine Vielzahl von Problemen geeignet sein sollen, weisen jedoch nicht mehr die Transparenz auf, um ihre Grenzen der Anwendung zu erkennen.

4. Berücksichtigung der Kompetenz des Nutzers

Expertensysteme sind üblicherweise nur für einen spezifischen Typ des Nutzers entworfen. Wenn dieser Nutzer - möglicherweise in Interaktion mit dem Expertensystem - sich weiter entwickelt, also selbst weitere Expertise erwirbt, dann ist dieses System für ihn nur noch von geringem Nutzen. Ähnliches gilt für einen Nutzer, der ein höheres oder niedrigeres Kompetenzniveau hat als vom Expertensystem angenommen; in diesen Fällen wird der Nutzer entweder überfordert oder mit Trivialitäten gelangweilt.

Anfang der 80er Jahre ist von japanischen Wissenschaftlern das Projekt "Computer der 5. Generation" (VLSI = Very Large System Integration) entwickelt worden mit dem Ziel, Grundlagen für EDV-gestütztes Management und Produktion zu schaffen. Dabei bestand die Grundüberlegung darin, so viel wie möglich menschliche Intelligenz, d.h. die Fähigkeit zum Problemlösen in die Rechner selbst zu integrieren.

Optimisten vertraten die Ansicht, daß diese Computer z.B. in der Lage sein würden, auf die Anfrage, "gib mir an, wann und zu welchem Preis ich die Aktien meines Portfolios verkaufen bzw. durch Zukäufe ergänzen sollte, um den Wert zu maximieren" in der Lage sein würde, besser als jeder Börsenmakler effiziente Information zu geben. Aufgrund der Arbeitsplatzmodellierung von Börsenmaklern hat man tatsächlich computergestützte Systeme für den An- und Verkauf von Aktien entwickelt.

Der große Nachteil dieses Vorgehens wurde aber beim letzten New Yorker Börsencrash deutlich, weil alle computergestützten Programme nach denselben Kriterien ihre Aktionen optimierten, schaukelten sich die negativen Effekte auf und das gesamte Börsensystem wurde instabil, weil es zu homogen war. Der Entschluß der amerikanischen Börsenaufsichtsbehörde (SEC), durch Verbote bzw. Einschränkungen den Einsatz von Computern im Börsenhandel zu regulieren, ist ein typisches Beispiel von administrativen Reaktionen auf Fehlentwicklungen, wobei nämlich nicht den konzeptuellen Ursachen nachgegangen wird, sondern lediglich die Auswirkungen dieser durch Ver- und Gebote eingeschränkt werden. Stattdessen wäre es notwendig gewesen, die strukturellen Gegebenheiten hinter diesem Börsencrash zu untersuchen und diese liegen ganz eindeutig in einer falschen Sicherheitsphilosophie, die durch die folgenden Punkte charakterisiert ist:

1. Es gibt eine und nur eine beste Lösung.
2. Ist diese Lösung gefunden, dann muß sie immer und überall angewendet werden.
3. Das Finden der besten Lösung ist unabhängig von Hardware und Software, soweit nur die gleichen Daten und Regeln eingehen, daher

4. ist es nicht notwendig, eine einmal gefundene Optimallösung auf anderen Wegen bestätigen zu lassen.
5. Die Intelligenz des Nutzers eines solchen Systems besteht dann darin, diesem blind zu vertrauen.

Wie extrem Expertsysteme ´over reliance´ erzeugen, also die Tendenz, die Ergebnisse auch dann als richtig zu akzeptieren, wenn sie der Plausibilität und damit der individuellen Expertise widersprechen, zeigt der Fall der chilenischen staatseigenen Firma Codelco; J.P. Davila programmierte das Expertsystem für die Verwaltung des Portfolio so, daß an einer Stelle ´verkaufen´ anstelle von ´kaufen´ eingesetzt war, der Fehler wurde erst bemerkt, als schon Verluste in Höhe von 0.5 % des chilenischen Bruttosozialprodukts erreicht waren.

Diese praktischen negativen Erfahrungen mit Expertsystemen haben dazu geführt, einmal genauer nachzufragen, was denn eigentlich die Rolle solcher oder ähnlicher Systeme sein kann. Dabei hat man festgestellt, daß anders als bei den impliziten Annahmen in Expertsystemen das Ziel für den Anwender üblicherweise nicht darin besteht, eine eindeutige und auf klare "wenn-dann"-Regeln zurückführbare Problemstruktur zu entwickeln, sondern für komplexe und vielfach auch gar nicht voraussagbare Situationen Ratschläge dafür zu erhalten, was man bei Entscheidungen an Informationen in Betracht ziehen sollte. Es hat sich in diesem Kontext auch herausgestellt, daß man nicht wie in der industriellen Automatisierung, wo eine handwerkliche Fertigung durch einen Roboter übernommen wird, den Experten durch eine Maschine ersetzen kann, da diese aus den o.g. Gründen viel zu unflexibel und eingeschränkt ist. Die Rolle des Computers ist hier nicht mehr der Ersatz für den Experten, sondern die eines optimal unterstützenden Werkzeuges.

### 4.3 Alternative 2: Entscheidungsunterstützende Systeme

Notwendig ist stattdessen die Entwicklung von Systemen, die bei der Entscheidungs- oder Strategiefindung "beraten", indem sie nämlich die Datenfülle, die für ein Problem relevant sein kann, aber die Verarbeitungskapazität des Experten übersteigt, so in Informationseinheiten übersetzt, daß eine kompetente Unterstützung des Entscheiders möglich wird. In einem solchen System wird dem Experten also nicht seine Kompetenz "weggenommen", sondern dadurch verstärkt, daß die Daten so aufbereitet werden, daß sie direkt das Expertenurteil stützen. Dies läßt sich an dem Beispiel der Abbildung 11 sehr gut verdeutlichen. Ein Expertsystem würde die Strichzeichnung, auf der eine Katze dargestellt ist, aufwendig mit Methoden der automatischen Bilderkennung analysieren und am Ende das Wort "Katze" ausdrucken. Ein entscheidungsunterstützendes System bestimmt mit sehr viel geringerem analytischen Aufwand die Punkte innerhalb des Bildes, die besonders informationshaltig sind. Dabei wird sogar noch weitere Information ("Tier liegt entspannt") erhalten, über die der Empfänger dieser Informationen jetzt selbst entscheiden kann, ob sie in dem jeweiligen Kontext von Bedeutung sind oder nicht.

Die Erfahrungen mit Expertensystemen und die weiteren angeführten Gründe machen es plausibel, warum aus meiner Sicht die Entwicklung von Entscheidungsunterstützungssystemen sinnvoller erscheint, die dem potentiellen Anwender nicht fertige Entscheidungen liefern, sondern ihn "lediglich" darin unterstützen, aus den vielen Daten die für die Entscheidungen notwendigen Informationen zu filtern. Für die Anwendung auf das Problem des Informationsmanagements ist es notwendig, den Geschäftsablauf, wie er den Hintergrund für alle Entscheidungen des Anwenders darstellt, als Netz von vielen sich gegenseitig beeinflussenden Bedingungen zu modellieren, so daß der Anwender nicht mit der riesigen Datenmenge konfrontiert wird, die ihm nur sagt, daß alles genau so ist, wie er es schon immer gewußt hat, sondern seine Aufmerksamkeit auf die Situationen, Konstellationen oder Produktgruppen richtet, die sich im Markt anders verhalten, als es der normale Geschäftsablauf erwarten läßt. Denn nur diese Situationen erfordern Entscheidungen, d.h. unternehmerische Aktionen, wobei bei den Experten die volle Kompetenz verbleibt, darüber zu entscheiden, welche Priorität diese einzelnen Aktionen haben sollen und ob nicht auch das eine oder andere dieser Ergebnisse auf Faktoren zurückzuführen ist, die der Experte kennt, aber nicht im Modell des Geschäftsablaufs niedergelegt ist. Gerade der letztere Punkt macht es deutlich, weswegen bei der Modellierung des Geschäftsablaufs nicht das Ziel sein kann, alle Komplexitäten widerzuspiegeln, sondern ein Netz von Bedingungen geschaffen werden muß, das einerseits hinreichend spezifiziert ist für die Datenanalyse, aber andererseits auch nicht so komplex ist, daß es an Transparenz verliert und damit in seiner Effizienz und Bedeutung nicht mehr vom Experten beurteilt werden kann.

Die Charakteristika eines solchen entscheidungsunterstützenden Werkzeuges bestehen darin, daß ihre Funktionalität für den Nutzer uneingeschränkt durchschaubar ist, daß die Interaktion zwischen Nutzer und Werkzeug so gestaltet ist, daß der Nutzer jederzeit die volle Kontrolle besitzt, und daß schließlich das Werkzeug die und nur die Aktionen automatisch durchführt, die Routine sind, d.h. vollständig durchschaubar und durch eine Rechenvorschrift oder mechanische Realisierung dargestellt werden können, aber den Nutzer physisch oder psychisch dadurch überfordern, weil zu große Kräfte oder zu große Datenmengen manipuliert werden müssen.

Diese Vorstellung eines informationsverarbeitenden Systems als eines Werkzeugs, das einer modernen Sicherheitsphilosophie genügt und die Expertise des Nutzers nicht nur nicht reduziert, sondern sie systematisch und interaktiv ausbaut, lag der Entwicklung des Systems ANALYST für die Bahlsen AG zugrunde. In diesem System werden die umfangreichen Datenmengen, die in der Marktforschung anfallen, durch ein Bedingungsnetz analysiert, das die konkreten Geschäftsabläufe, wie sie jedem Experten vertraut sind, modelliert.

Ein solches System überprüft also jede Veränderung in den Daten darauf, ob sie sich durch das bekannte Netz der Geschäftsabläufe und weitere Fakten über den Markt erklären lassen. Entspricht ein Datenmuster also voll den "Erwartungen" des Systems, wird es als Bestätigung des bisherigen Wissens klassifiziert, das keine neuen planerischen Entscheidungen erfordert. Weicht dagegen ein Muster signifikant von den Erwartungen ab, dann wird der Experte darauf hingewiesen, daß hier ein Fall vorliegt, der einer besonderen und spezifischen Analyse bedarf, wie es nur der menschliche Experte vermag. Der Experte selbst kann entscheiden, wie sensibel das System in seiner Analyse sein soll, ob es z.B. nur die fünf statistisch bedeutsamsten Abweichungen angeben sollte oder alle Abweichungen, die eine bestimmte Prozentschwelle überschreiten.

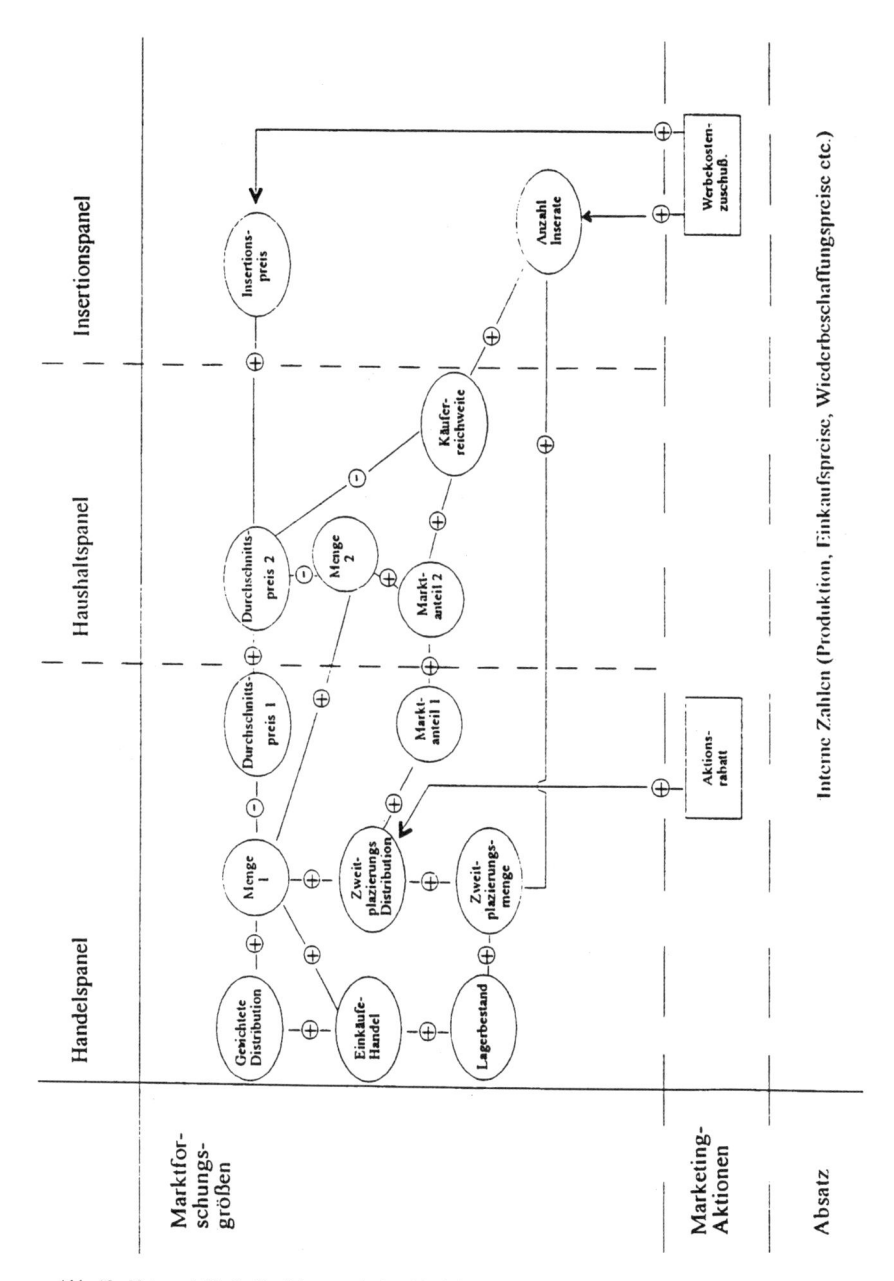

# Benutzerfreundlichkeit: Orientierung am Nutzer bei der Gestaltung von Geräten 151

Abb. 12: Netzwerk für die Beziehung zwischen Marktforschungsdaten, Marketing-Aktionen und Absatz

Durch den Werkzeugcharakter dieses Systems, das nur in Interaktion mit dem menschlichen Experten arbeitet, ist ein weiterer Vorteil dieses Vorgehens gegeben, denn das System kann aufgrund der Erfahrungen des Nutzers evolutiv verbessert werden, d.h., daß die Optimalgestaltung zu einem bestimmten Zeitpunkt nicht für alle Zeiten festgeschrieben wird, sondern sich dynamisch den Veränderungen in den Geschäftsabläufen oder Marktcharakteristika anpassen kann.

Abschließend ist noch darauf hinzuweisen, daß die Entscheidung darüber, ob man das Informationsmanagement mittels eines Expertensystems oder mittels eines entscheidungsunterstützenden Systems realisiert, davon abhängt, welche "Unternehmensphilosophie" bzw. -struktur auf Dauer angestrebt wird. FORTUNE (Nr. 9, 13.6.1994) hat die Implikationen unterschiedlicher Unternehmensstrukturen untersucht und kommt zu dem Ergebnis, daß die traditionelle, streng hierarchische Struktur eine andere Form des Informationsmanagements impliziert als die alternative Struktur, die dem "re-engineering" entspricht; es ist unmittelbar einsichtig, daß eine Unternehmensstruktur, die nicht primär hierarchisch, sondern den Anforderungen des jeweils aktuellen Projekts gemäß strukturiert wird, am besten durch ein Informationssystem unterstützt werden kann, das einerseits die Konzeptionen der Beteiligten widerspiegelt, und zum anderen jedem Projektmitarbeiter jeweils den vollen Zugriff auf entscheidungsrelevante Informationen ermöglicht.

Die Ergebnisse der Untersuchungen und Entwicklungen zum Projekt ANALYST lassen sich folgendermaßen zusammenfassen:

1. Es ist möglich, die Marktforschungsdaten unterschiedlicher Quellen der Datenerhebung (z.B. Nielsen- oder Gfk-Panel) zu integrieren, selbst wenn die Daten zu unterschiedlichen Zeiten, mit unterschiedlicher Frequenz und in unterschiedlichen Datenbanksystemen niedergelegt sind.

2. Durch statistische Verfahren (gleitende Mittelwertsbildung bzw. Interpolation) ist es möglich, aus den verschiedenen Panels Daten für die jeweils interessierende Referenzperiode zu erhalten.

3. Es ist möglich, mit Hilfe der EDV automatisch all die Markt-Produkt-Kombinationen zu identifizieren, die sich gegenüber einem festgelegten Referenzzeitraum durch eine bestimmte prozentuale Veränderung unterscheiden (dabei kann der Analytiker selbst bestimmen, welche Unterschiedsschwelle für ihn von Interesse ist); daneben ist es auch möglich, die auf-

grund der statistischen Eigenschaften als besonders bedeutsam anzusehenden Markt-Produkt-Kombination herauszusuchen (hierbei gibt der Analytiker die Anzahl der ihn/sie interessierenden Kombinationen an).

4. Die festgestellten Unterschiede werden darauf untersucht, inwieweit sie mit Veränderungen der Referenzprodukte (im 'relevant set') anderer Hersteller übereinstimmen (horizontale Analyse)

5. Innerhalb des Produktangebots eines Anbieters kann festgestellt werden, ob eine bei einem Einzelprodukt festgestellte Veränderung eine gesamte Produktschiene oder einen Teil davon betrifft oder ob eine Markt-Produkt-Kombinationsveränderung durch das Verhalten einer bestimmten Vertriebsschiene oder Region erklärt werden kann (vertikale Analyse).

6. Abschließend erfolgt eine Überprüfung, inwieweit die beobachteten Veränderungen mit dem Wirkungsgefüge kompatibel sind, das der Marktanalyse zugrunde liegt, also ob die marktorientierten Wirkungsannahmen den aktuellen Gegebenheiten entsprechen.

Ein Vergleich mit anderen Analysesystemen für Marktforschungsdaten (z.B. PANELIZER der Fa. GfK) zeigt, daß die in diesem Projekt entwickelte Funktionalität des Analysesystems in folgenden Punkten überlegen ist:

1. Die Integration unterschiedlicher Panels,
2. die statistische Analyse von Zusammenhängen und Veränderungen,
3. Die Analyse mit Hilfe eines marktorientierten Wirkungsmodells.

Diese Vorteile ermöglichen die Implementation des entwickelten Prototypen eines Analysesystems mit dem Ziel des Informationsmanagements im Marketingbereich und der Entscheidungsunterstützung in Marktforschung und Marketing.

## 5. Zusammenfassende Bewertung

Aus den drei angeführten Beispielen wird m.E. deutlich, daß bei der Frage der optimalen Passung von Menschen und Maschinen die Humanwissenschaften zentral gefordert sind. Zur Lösung dieser Aufgaben, die zweifellos mit darüber entscheiden werden, ob unsere Wirtschaft kompetitiv bleiben kann, ist sehr viel stärker als bisher die "menschliche Seite" zu berücksichtigen, die bisher hinter dem technisch Machbaren oder Wünschenswerten zurückgestanden hat. So ist m.E. die Krise der deutschen Automobilindustrie auch darauf zurückzuführen, daß die Zielsetzung "Mobilität" (im klassischen Sinne eine Aufgabe für ein Mensch-Maschine-System) zu wenig daraufhin untersucht worden ist, welche konkreten Implikationen sie denn für den Nutzer hat und wie Fahrzeuge und Verkehrssysteme gestaltet werden müssen, daß für dieses Ziel im Konflikt mit anderen Zielen (wie z.b. Unfall- und Schadstoffbelastungsminimierung) ein optimaler Kompromiß gefunden werden kann. Dieses Beispiel zeigt auch, daß eine Einbeziehung der Humanwissenschaften in die Gestaltung von Mensch-Maschine-Systemen über die "Humanisierung des Arbeitsplatzes" hinaus ein erhebliches Potential für Produktivitätssteigerungen und die effiziente Entwicklung strategischer Ziele hat.

Auf der anderen Seite werden die Humanwissenschaften diese Beiträge aber nur dann einbringen können, wenn sie bereit sind, sich auf die Sprache und Denkweise von Ingenieuren und Informatikern einzulassen; ansonsten bleibt es dabei, daß von Humanwissenschaftlern schöne aber inpraktikable Utopien entwickelt werden, denen auf der anderen Seite technisch optimale, aber nicht mehr beherrschbare Systeme gegenüberstehen.

Zum Abschluß noch ein Ansatz zu einer kritischen Betrachtung der Mensch-Maschine-Beziehung: Auf den ersten Blick liegt die Optimierung des Mensch-Maschine-Systems darin, daß die kreativen, formschaffenden und formsensiblen Qualitäten der Systemkomponente "Mensch" möglichst eng mit den reliablen, detailgetreuen und datengesteuerten Qualitäten der Maschinen verknüpft werden. Im Idealfall, dann nämlich, wenn die Maschine aus allen vergangenen Mensch-Maschine-Interaktionen das künftige Verhalten des Menschen zuverlässig voraussagen kann, kann sich die Maschine jeweils optimal an die Bedürfnisse des Menschen anpassen (Selbstadaptierbarkeit). Betrachtet man aber die Unterschiede in der Adaptationszeit zwischen Mensch und Maschine, dann wird deutlich, daß die typisch menschliche Flexibilität gegenüber der starren aber reliablen Reaktionsweise von Maschinen zu einer "Versklavung" des Menschen im Sinne der Synergetik [Hake90] führt, also auf Dauer gerade zum Verlust der Kreativität, die im MABA-MABA-Vergleich den prinzipiellen Vorteil der Systemkomponente "Mensch" darstellt. Die ironische Konsequenz für die Gestaltung des Mensch-Maschine-Systems scheint darin zu bestehen, daß es dann optimal ist, wenn die gegenseitige Passung etwas weniger als perfekt ist.

Die herkömmliche Sicht der Mensch-Maschine-Beziehung wird am griffigsten im Motto der Weltausstellung von Chicago 1933 zum Ausdruck gebracht: Science finds, industry applies, man conforms; dem stellt [Norm93] das personzentrierte Motto des 21. Jahrhunderts gegenüber: People propose, science studies, technology conforms; dies kann man als die Essenz des Begriffs der Benutzerfreundlichkeit verstehen. Ich will jedoch nicht verhehlen, daß ich dabei ein gewisses Unbehagen verspüre, denn eine Maschine nach dem Zuschnitt dieses Mottos erweckt in mir die Assoziation eines rückgratlosen Lakaien. Aber es ist nicht nur ein dumpfes Unbehagen, das mich an Normans Motto des 21. Jahrhunderts zweifeln läßt: "Intelligente" Systeme dieser Art, die selbstadaptierend sind [Norm86], bergen in sich die Gefahr, positiv rückgekoppelte Mensch-Maschine-Systeme zu produzieren, in denen sich menschliche Fehlkonzeptionen aufschaukeln (s. [Körn91]), da - ohne zu diskriminieren - Korrektes wie Fehlerhaftes unterstützt wird. Meine Zielvorstellung tendiert zu einem Mensch-Maschine-System, in dem durch eine hinreichende 'Widerständigkeit des Gegebenen' eine Balance zwischen intelligenter Unterstützung und konsequenter Fehlerrückmeldung erreicht, indem dann nämlich der Nutzer die Kontrolle über ein hinreichend durchsichtiges System behält; etwas, was [Norm93] sicher im Sinn hatte, als er unter dem Motto des 21. Jahrhunderts "die Qualitäten des Menschlichen im Zeitalter der Maschine" verteidigen wollte.

## Literatur

[AnBo85]   Anderson, J.R.; Boyle, C.; Yost, G.: The geometry tutor. Proceedings of the International Joint Conference on Artificial Intelligence. Los Angeles 1985, CA.

[BrBu75]   Brown, J.S.; Burton, R.R.: Multiple representation of knowledge for tutorial reasoning. In: D. Bobrow & A. Collins (eds.) Representing and understanding: Studies in Cognitive Science. New York 1975, Academic Press.

[BrBe82]   Brown, J.S.; Bell, A.: SOPHIE: A Sophisticated Instructional Environment for Teaching Electronic Troubleshooting. In: D. Sleeman and J.S. Brown (eds.) Intelligent tutoring systems. Cambridge 1982, MA, Academic Press.

[Carr90]   Carroll, J.M.: The Nurnberg funnel: Designing minimalist instruction for practical computer skill. Cambridge 1990, MA, The MIT Press.

[FrIn]   Fraunhofer-Institut: Ergonomische Tastaturgestaltung für Arbeitswirtschaft und Organisation.

[GoRa88]   Gopher, D.; Raij, D.: Typing with a two-hand chord keyboard: Will the QWERTY become obsolete? IEEE Transactions on Systems, Man, and Cybernetics, 18 (1988), 601-609.

[Gric75]   Grice, H.P.: Logic and conversation. In: P. Cole & J.L. Morgan (Eds.) Syntax and semantics, 3. New York 1975, Academic Press.

[Grud83]   Grudin, J.T.: Error patterns in novice and skilled transcription typing. In: W.E. Cooper (Ed.) Cognitive aspects of skilled typewriting. New York 1983, Springer.

[HoHu84]  Hollan, J.; Hutchings, E.; Weitzman, L.: STEAMER: An Interactive Inspectable Simulation-Based Training System. AI Magazine 1984. Summer.

[Kloc26]  Klockenberg, E.A.: Rationalisierung der Schreibmaschine und ihrer Bedienung. Berlin 1926, Springer.

[KöZi88]  Körndle, H; Ziegler, S.; Zimmer, A.C.: Lernen durch Explorieren am Computer ein 2-Prozessor-System für dBase. Referat auf der 30. Tagung experimentell arbeitender Psychologen in Marburg 1988.

[KöZi91]  Körndle, H.; Zimmer, A.: Vom Anfänger zum Könner. Eine Studie zum explorierenden Lernen am und mit dem Computer. Medienpsychologie, 3 (1991), 197-214.

[Lanc75]  Lanc, O.: Ergonomie. Urban-Taschenbücher, Band 197. Stuttgart 1975, Kohlhammer.

[LiNo77]  Lindsey, P.H.; Norman, D.A.: Human information processing. New York 1977, Academic Press.

[Norm86]  Norman, D.A.: Cognitive engineering. In: D.A. Norman, S.W. Draper (Eds.) User centered system design. Hillsdale 1986, N.J., Lawrence Erlbaum Ass.

[Norm88]  Norman, D.A.: The psychology of everyday things. New York 1988, Basic Books.

[Norm93]  Norman, D.A.: Things that make us smart. Reading 1993, Mass., Addison-Wesley Publ. Co.

[Petr93]  Petroski, H.: The evolution of useful things. New York, Alfred A. Knopf.

[Reas90]  Reason, J.T.: Human error. Cambridge 1990, Mass., Cambridge University Press.

[RuNo82]  Rumelhart, D.E.; Norman, D.A.: Simulating a skilled typist: A study of skilled perceptual motor performance. Cognitive Science, 6 (1982), 1-36.

[Zimm86]  Zimmer, A.C.: The economy principle, perceptual mechanisms and automated cognitive processes. Gestalt Theory, 8 (1986), 174-185.

[Zimm89]  Zimmer, A.C.: The conceptualization of explanatory intervention in a dynamic human-computer interaction. In: Ch. Ellis (Ed.) Expert knowledge and explanation. Chichester 1989, Ellis Horwood Ltd.

# Multimedia in der Namenforschung

A. Greule, M. Prinz, H. Korten

## 1. Einführung: Das Namenbuch (A.Greule)

Ein wichtiges Instrument der Namenforschung ist das Namenbuch, das wegen seiner internen Informationsstruktur - alphabetisch angeordneten Lemmata werden Informationen zugeordnet - dem herkömmlichen Wörterbuch zur Seite gestellt werden kann.1 In Namenbüchern präsentiert die Namenforschung ihre Ergebnisse, indem sie diese durch einen wörterbuchähnlichen Zugriff leicht zugänglich macht. In Anbetracht der Bedeutung dieses Instrumentariums hat sich die Namenforschung nahezu so viele Namenbuchtypen geschaffen, wie es Namentypen gibt.

Entsprechend unseren Forschungsinteressen am Lehrstuhl für deutsche Sprachwissenschaft konzentrieren wir uns im folgenden auf den Typus Ortsnamenbuch bzw. auf zwei Untertypen, das Siedlungsnamenbuch2 und das Gewässernamenbuch.3 Ein dritter, wenn auch kleinräumiger Untertypus wäre das Flurnamenbuch, das hier aber beiseite bleiben muß. Allen drei Typen ist gemeinsam, daß sie eine historische Ausrichtung haben und daß von ihnen eine Antwort auf die Frage erwartet wird, was der jeweilige Name bedeutet.

Nach dem Scheitern des ehrgeizigen Projekts eines neuen Siedlungsnamenbuchs für ganz Deutschland ("Neuer Förstemann") ist eine Regionalisierung der Ortsnamen-Lexikographie erkennbar, d.h. angestrebt wird jetzt verstärkt die Schaffung von kleinräumigen Siedlungsnamenbüchern z.B. für Landesteile bzw. besonders für Landkreise.4 Dazu gehört auch das Forschungsprojekt "Historisches Ortsnamenbuch von Bayern".5 Der typische Aufbau der sogenannten Ortsartikel in solchen Namenbüchern soll an Abbildung 1 verdeutlicht werden.

Der Ortsartikel (Abb. 1) hat folgende Struktur: 1.Das Namenlemma Oggersheim mit Hinweisen zur Lokalisierung dieser Siedlung. - 2.Der Belegteil, eine Zusammenstellung der historischen Formen des als Lemma genannten Namens mit Angabe der heutigen Mundartform des Namens (Mda.). - 3.Deutungsteils; hier wird Oggersheim als (unechtes) Kompositum mit dem Grundwort (GW) -heim und dem Bestimmungswort (BW) germanischer Personenname Agar gedeutet.- 4.Literaturangaben.

₀**Oggersheim** Stadtteil von Ludwigshafen am Rhein. 6516
769 (K.um 1190) *Cogrishem* (lies: *Agris-;* CL 1196); 846 (K.um 1190) *Agrisheim* (CL 1077); 891-914 (K.16.Jh.) *Agersheim* (Wo.UB III 224); 1179 (K.1595) *Agersheim* (Lesarten: *Agres(c)heim;* D F I Nr.775); 1249 (Or.) *Agirsheim* (HStA Mü, Rhpf.Urk.1341); 1270 (Or.) *Agyrsheim* (StA Luzern, Gatt.-App.Nr.144); 1277 (Or.) *Agers-, Agresheim* (HStA Mü, Rhpf.Urk.1007); 1288 (Or.) *Agresheim* (HStA Mü, Rhpf.Urk.2029); 1289 (inser.1294) *Agirisheim* (StA Luzern, Gatt.-App.Nr.263); 1292 (Or.) *Agersheim* (Corpus II 689); A.14.Jh. (Or.) *AGIRSHEIM* (Siegel 65); 1316 (Or.) *Agirsheim* (Baur II 786); 1417 (Or.) „*Agershem*" (R.Spon.III 3806); 1429 (Or.) *Agerßheim* (StA Luzern, Gatt.-App.Nr.1238); 1469 (Or.) *Agerscheheimer marck* (StA Luzern, Gatt.-App.Nr.1767); 1482 (Or.) *Agerßheym, Agerscheym* (LA Sp, D 36/23); 1483 (Or.) *Ogerschem* (LA Sp, D 36/29); 1496 (Or.) *Agershemer almeynde* (LA Sp, F 2/67, fol.62); 1509 (Or.) *Agassheim* (Bonin 320); 1584 (Or.) *Ogersheim* (LA Sp, F 3/41, fol.242); um 1600 (Or.) *Ogersheim* (Rotes Buch 172); 1614 (Or.) *Oggerßheim* (LA Sp, A 1/703).- Mda. *oge'sch'm.*
FlN: 1478 (Or.) *Ogerßheymer weg* (zu Mutterstadt; StA Luzern, Gatt.-App.Nr.1861); 1483 (Or.) *Ogerßemer weg* (LA Sp, D 36/29).
Eine Reihe irrtümlich bisher auf Oggersheim bezogener Belege gehören zu +Eigersheim (s.d.).

GW: *-heim* #. BW: PN *Agar* < *$Ag(i)$-har(i)*.
1469 *Agerscheheimer* steht hyperkorrekt für *Agerschemer*. Die Entwicklung des Vokals $a > o$ zeigt sich erstmals im Wegenamen von 1478 (Or.).

Chr I 448. Km 213. Hist.Stätt.V 277.

Abb.1: (Quelle: Greule/Dolch, Historisches Siedlungsnamenbuch der Pfalz, 1991, S. 358)

Noch ein Wort zu den Gewässernamenbüchern. Hier sieht insbesondere der Forschungshintergrund etwas anders aus. Der Indogermanist Hans Krahe hat in den fünfziger Jahren entdeckt, daß sich unter den Gewässernamen ältestes, über ganz Europa verbreitetes Sprachgut verbirgt.6 Als Mitglied der Mainzer Akademie hat er daraufhin ein Forschungsprojekt initiiert, das unter dem Namen "Hydronymia Germaniae" alle auf der topographischen Karte 1:25000 vorhandenen Gewässernamen und die damit zusammenhängenden Siedlungs- und Flurnamen systematisch erfassen und deuten sollte - und zwar nach Gewässersystemen. An meinem Lehrstuhl werden zur Zeit im Rahmen der Hydronymia Germaniae die linken Zuflüsse zur Donau erfaßt.

Der Namenartikel (Abb. 2) hat folgende Struktur: 1.Das Namenlemma mit Angabe der Fließrichtung des bezeichneten Flusses und mit Nennung von Orten (ON), die in der Umgebung des Flusses liegen und sprachlichen mit dem Flußnamen zusammenhängen. - 2.Nummer der Topographischen Karte (1:25000), auf der der Fluß genannt ist. - 3.Historische Belege für den Flußnamen und die Ortsnamen. - 4.Literatur. - Deutungen werden im Rahmen der Reihe "Hydronymia Germaniae" nicht gegeben.

**Kaueralb** r. z. Totenalb, z. Steinalpbach, Forts. als Steinalp, z. Glan, z. Nahe, im Oberlauf Stegbach und Feldweisbach (in der Pfalz Kuralb); ON. Oberalben
TK. 25: 6310, 6410
FlN.: 1541 *die Churalbe* Fabricius, Grafschaft Veldenz I 27
1570/71 *die Albe* ... *ußen mit in die Kurealbe, und die Kurealbe ußen mit gen Alben* Fabricius, Grafschaft Veldenz I 54
ON.: 1149 (Or.KU.) *terram de Alba* DK. III 378, Nr. 210
1387–1405 (Kop. 1417–1437) *Alben* RLV. 194, Nr. 400
1416 *Oberalben* Remling, St. Remigiberg, Beil. 20
1444 (Kop. E. 15. Jh.) *Alben* RLV. 195, Nr. 403
1477 *zu Alben* Fabricius, Grafschaft Veldenz I 82
1480 *zu Alben* Fabricius, Grafschaft Veldenz I 87
1541 *zu Alben* Fabricius, Grafschaft Veldenz I 27
1570/71 *Alben* Fabricius, Grafschaft Veldenz I 54
1570/71 *Oberalben* Fabricius, Grafschaft Veldenz I 67
1585–1588 *Oberalben* Fabricius, Grafschaft Veldenz I 22
Christmann, SNN. der Pfalz I 431, III 54; Christmann, Alba, Elbe, Elf und die pfälzischen „-alb" 42.

Abb. 2: (Quelle: Greule, Die linken Zuflüsse des Rheins zwischen Moder und Mosel, 1989 S. 53)

Im Hinblick auf die folgenden Ausführungen von Michael Prinz und Heinz Korten will ich eine Schwäche der traditionellen Ortsnamenbücher nicht verhehlen: Es handelt sich kurz gesagt um die fehlende Visualisierung der geographischen Objekte, über die die Namenbücher Auskunft geben wollen, also etwa die kartographische Lokalisierung des geographischen Objekts. Diesem Manko versucht man durch Beigabe einer Übersichtskarte mehr oder weniger gut abzuhelfen. Auch wäre eine Visualisierung der Lage einer Siedlung aus den verschiedensten Perspektiven wünschenswert, gar nicht zu reden von der Möglichkeit, die mundartliche Form der Namen nicht nur über die Lautumschrift, sondern direkt hören zu können. Bei den Gewässernamenbüchern erfolgt die Aufnahme der Namen im Unterschied zu den Siedlungsnamen nach geographischen Parametern. Die Vernetzung dieses Forschungsprojekts mit der Geographie und ihren Möglichkeiten durch digitale Karten sind aber bislang weder erkannt noch genutzt worden.

## 2. Historische Siedlungsnamenbücher auf multimedialer Grundlage (M. Prinz)

Als im März vergangenen Jahres Gertrud Diepolder, die 'grande dame' der bayerischen Landesgeschichtsforschung, bei einem gemeinsamen Arbeitstreffen der Mitarbeiter am 'Historischen Atlas' und am 'Historischen Ortsnamenbuch von Bayern' ihren Vortrag mit den Worten resümierte: „Es fehlt uns einfach die 25.000er", wies sie einmal mehr auf ein gravierendes Problem in der siedlungsgeschichtlich orientierten Forschung hin: die beschränkte Verfügbarkeit von Kartenmaterial in den gängigen monographischen oder lexikographischen Druckwerken. War hier konkret die 'Topographische Karte' im Maßstab 1:25.000 betroffen, die der Historikerin zur Visualisierung siedlungs- und besitzgeschichtlicher Verhältnisse nötig erschien, so hatte Diepolder bereits 1959 in einem kleinen Beitrag herausgestrichen, daß grundsätzlich jede Karte, „von der Kartenskizze bis zum Katasterblatt, vom Kartogramm bis zur Luftaufnahme", als Hilfsmittel von herausragendem Wert gelten dürfe.[7]

Man kann rasch den Eindruck gewinnen, daß sich für das skizzierte Problem eine computative Lösung geradezu aufdrängt. Den PC als Instrument der Bündelung verschiedenartiger medialer Objekte wie Text, Bild oder Ton zu verwenden, scheint in Zeiten einer bisweilen schon überzogenen Multimedia-Euphorie allzu selbstverständlich. Doch eine Sichtung diesbezüglicher Ansätze liefert ein völlig anderes Bild und zeigt, daß der Computereinsatz bei laufenden namenkundlichen Forschungsprojekten in recht unterschiedlichem Umfang für sinnvoll befunden wird.[8] Während z.B. für das zwischen 1988 und 1991 erschienene 'Urner Namenbuch' die ausgezogenen Quellen noch traditionell verzettelt wurden[9], werden die meisten großräumigen Namenbücher mittlerweile mit Hilfe von Datenbanken projektiert, so etwa das solothurnische Namenbuch von Rolf Kully[10], das 'Orts- und Flurnamenbuch des Kantons Nidwalden',[11] Hans Ramges 'Südhessisches Flurnamenbuch'[12] mit inzwischen über 600.000 Datensätzen oder die bei Prof. Greule in Regensburg entstehende Belegdatenbank zum 'Neuen Förstemann - Bayern'.[13] Die programmtechnischen Lösungen können dabei im Einzelfall sehr unterschiedlich beschaffen sein und individuelle Präferenzen bei der computativen Aufnahme der Daten bzw. bei der Darbietung der Ortsartikel widerspiegeln.

Es ist auffallend, daß diese insgesamt noch recht bescheidenen Ansätze zu einer computerunterstützten Onomastik allesamt auf den produktionsseitigen Einsatz des PCs abzielen, publikationsseitige Aspekte dagegen völlig aussparen. Den momentan erreichten Standard hat T. Banzer sehr zutreffend beschrieben: „Der Zettelkasten ist durch eine Datenbank ersetzt und die Schreibmaschine durch eine Textverarbeitung."[14] Um aber auf die eingangs angerissene

Multimedia in der Namenforschung 161

Kartenproblematik zurückzukommen: Ikonische Elemente können auch in datenbankgenerierten Namenbüchern nach wie vor nur begrenzt zum Einsatz kommen.[15]
Einen Ausweg aus diesen medienbedingten Restriktionen kann vielleicht die zunehmende Erschließung der in den letzten Jahren entwickelten Multi- bzw. Hypermedia-Technologie[16] für namenkundliche Anwendungen aufzeigen. Als Entwurfsfassung wurde im Rahmen einer Magisterarbeit ein derartiges Siedlungsnamenbuch auf multimedialer Grundlage unter dem Arbeitstitel 'ONOMEDIA' am Lehrstuhl für deutsche Sprachwissenschaft der Universität Regensburg entwickelt.[17]

Nach dem Programmstart findet sich der Benutzer vor einer Art Inhaltsübersicht (s. Abb.1), der eine Darstellung des Regensburger Umlands aus Apians 'Landtafeln' als Illustration hinterlegt ist. Das Multimedia-Namenbuch orientiert sich im Aufbau zunächst noch am traditionellen Medium: Es besteht aus sechs Kapiteln, die an gebotener Stelle sinnvoll miteinander verzahnt wurden, was, neben der Einbindung nontextueller Elemente, den eigentlichen hypermedialen Mehrwert des Buches ausmacht.

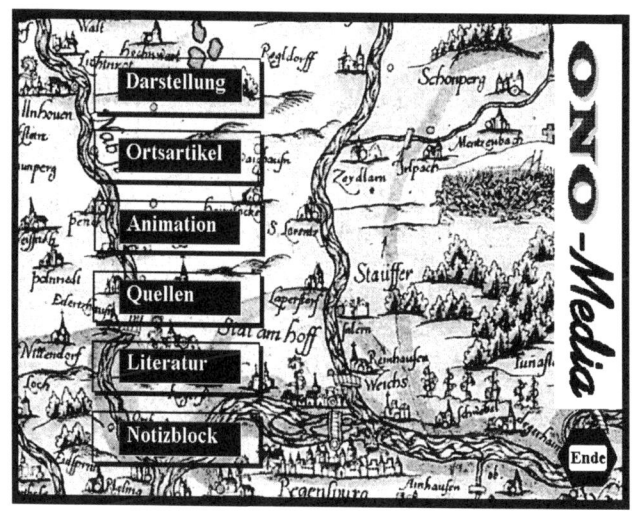

Abb. 3

Das erste Kapitel, der monographische Teil des Namenbuchs, enthält nun verschiedenartige Informationen: vom siedlungsgeschichtlichen Befund über die Quellenlage bis hin zu besitzgeschichtlichen Verflechtungen. Der Informationsschwerpunkt liegt jedenfalls eindeutig im textuellen Bereich.

Nachdem aus dem Inhaltsverzeichnis ein beliebiges Thema ausgewählt wurde, gelangt der Benutzer zu verschiedenen Textseiten. Im Interesse einer möglichst transparenten Anlage wurde hier jeder inhaltliche Abschnitt exakt einer Seite zugewiesen. Anstatt umzublättern (wie in einem echten Buch), muß der Leser mit Hilfe der Pfeiltasten zeilen- oder seitenweise den Text auf- und abscrollen. Das sequentielle Blättern von einem Thema zum nächsten erfolgt dagegen durch Buttons am unteren Bildschirmrand. Selbstverständlich kann über das Inhaltsverzeichnis auch wieder eine Seite gezielt selektiert werden.

Um in den Lexikonteil zu gelangen, der die Ortsartikel des Namenbuchs in Form einer Datenbank bereithält, muß der Benutzer zunächst einen Datensatz als Zielpunkt lokalisieren; er soll das Lexikon gleichsam an irgendeiner Stelle aufschlagen. Die Auswahl des Ortsartikels kann dabei sowohl textuell, über die Eingabe eines Namen, als auch graphisch, mit Hilfe einer Karte des Untersuchungsraums, erfolgen. Beim textuellen Zugang wird der Ort aus einem Kombinationsfeld ausgewählt und über eine Schaltfläche angesprungen. Allerdings ist es gut möglich, daß der Leser zunächst noch keinen bestimmten Namen angeben kann und sich über die Streuung der Orte in einem bestimmten Rayon erst allmählich herantasten möchte. Eine Karte des Untersuchungsraumes, im vorliegenden Fall des Landkreises Regensburg, gibt ihm dazu die Möglichkeit. Per Mausklick wird der gewählte Kartenausschnitt dann vergrößert. Sobald einer der ausgewiesenen Orte vom Benutzer angewählt wird, wechselt das Programm zum entsprechenden Datensatz, hier zu dem für den Namen *Wenzenbach* (s. Abb.2).

## Lemma: Wenzenbach: Gem -

863/82 *Menzinpah* (Tr. Regensburg 45); 863/85 *Menzpah* (Tr Regensburg 54); 863/85 *Menzinpah* (Tr Regensburg 59); 880/85 *Menzinpah* (Tr Regensburg 94); 882/85 *Menzinpah* (Tr Regensburg 96); 889 *Menzinpah* (Tr Regensburg 136); 889/91 *Menzinpah* (Tr Regensburg 153); 1186 *Menzenb(a)hc* (Urk Regensburg-St.Johann 8); 1190-1200 *Menzenbach* (Tr Reichenbach 71); 1326 *Menzenpach* (Matr Lehner, S.172); ca.1350 C 1696 *Mentzenbach* (Matr Fink, S.19); 1363 *Menzenbach* (RUB II, S.243); 1374 *Menzenbach*, 2x, (G.Stadtbuch, S.155); 1387 *Menzenpach* (RB X, S.208); 1407 *Menzenbach* (RB XI, S.398); 1425 *Menczenbach* (RB XIII, S.64); 1429 *Menzenbach* (CodRat II, 1045); 1438 C 1809 *Menzenpach* (Matr 1438, Nr.395), 1482 *Mentzenbach* (Matr 1482, Nr.395), 1508 *Menzenbach*, 2x, (Visit 1508, 128); 1526 *Mentzenbach* (Visit 1526, 127); 1526 *Wenzenbach* (Visit 1526, 118); 16.JhE *Mentzenpach* (Top Apian, S.2); 1665 *Wenzenbach*, 2x, (Matr Forster, S.38, 86); 1782/87 *Wenzenbach*, 2x, (Matr Heckenstaller, S.67, 83); 1824 *Wenzenbach* (Chr Gemeiner IV, S.82);

Förstemann stellt Menzenbach (LK Pfaffenhofen) zum PN *Manzo*. Diese Deutung wird von Thomas und Schwarz auch auf den vorliegenden Ort übertragen. Belegreihe und mda. Form zeigen Primärumlaut, im 16. Jh. beginnt der Wechsel von <m> zu <w> (vgl. Dazu Weinhold, Bayerische Grammatik, § 136). Wessinger setzt dagegen mit ahd. *minza*, *menza* 'Minze' ein Appellativ an. Gegen diese Deutung: Kaufmann.

### Steuerung

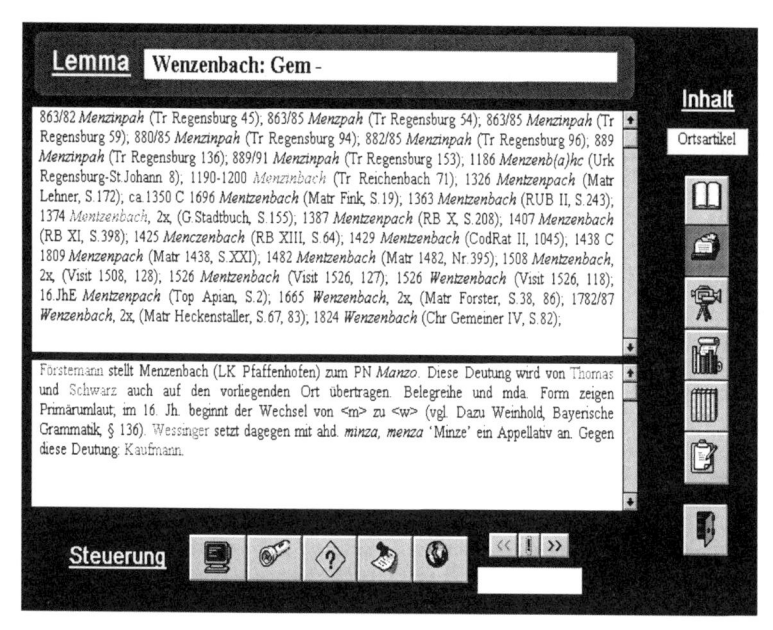

Abb. 4

Zunächst zum Bildschirmaufbau: Die Titelzeile enthält das Lemma des Ortsartikels, welches in der Regel der heutigen Namenform entspricht. Eine Inhaltsleiste auf der rechten Bildschirmseite dient der Navigation durch das Namenbuch. Sie zieht sich als Konstante durch alle Kapitel und ermöglicht einen raschen, nichthierarchischen Übergang von jedem Teil der Anwendung zu einem beliebig anderen, ohne jeweils einen Wechsel zum Startmenü als der nächsthöheren Strukturebene zu erfordern.

Eine zusätzliche Steuerungsleiste befindet sich am unteren Bildschirmrand. Das große Textfeld unter dem Lemma enthält die urkundlichen Belege des Siedlungsnamens; das kleinere Feld darunter macht Angaben zur Namendeutung. Die dort zitierte Literatur wurde mit sogenannten 'Hotwords' markiert. Wenn der Leser eine solche Markierung anwählt, werden ihm in einem 'Popup'-Fenster die vollständigen bibliographischen Daten nachgereicht. Es könnten ebenso die jeweils einschlägigen Textexzerpte im Sinne eines 'document delivery' eingespeist werden.

Innerhalb der Belegreihe stellen 'Hotwords' Anmerkungen zu dem jeweiligen Beleg in Aussicht. Das können im Einzelfall sein: quellenkundliche Kommentare, Bemerkungen zu einer strittigen Datierung oder zur Identifizierung des historischen Ortsbelegs. So wird beim vorliegenden Ort in einem Fall etwa darauf hingewiesen, daß in der Edition des Reichenbacher Traditionsbuchs[18] eine Form *Menzinbach* fälschlich Menzenbach im Landkreis Pfaffenhofen zugeschlagen wurde, obgleich die Zeugenliste den Bezug auf Wenzenbach bei Regensburg, das bis ins 16. Jh. mit anlautendem *M-* belegt ist, mehr als nahelegt. Als Beweis hierfür kann der Leser die Herkunft der Zeugen auf einer eingeblendeten Karte kontrollieren. Sobald er auf einen Zeugennamen klickt, wird ihm der zugehörige Ort durch eine gelbe Markierung in der Karte angezeigt.

Da quellenkritische Sorgfalt allgemein als eine Grundvoraussetzung stichhaltiger toponomastischer Analysen gilt, ist im vorliegenden Namenbuch für jeden Beleg ein Kontextmenü abrufbar, das dem Benutzer neben allgemeinen Informationen zum Ort auch Materialien zum jeweiligen Beleg liefert, etwa die faksimilierte Quelle in gescannter Form (s. Abb.3). Als Lesehilfe für paläographisch ungeübte Benutzer wurde der Urkundentext in der rechten Spalte transkribiert abgedruckt. Zusätzlich läßt sich eine Urkunde z.B. auch in gedruckter oder regestierter Fassung in ein derartiges Namenbuch einbinden. Wichtige Informationen über die Überlieferungsverhältnisse und die Identifikation erwähnter Personen oder Orte sind somit jederzeit abrufbar. Die Verfügbarkeit von bibliographischen Daten, etwa zur Aufschlüsselung der Belegsiglen, und von Informationen über die jeweilige Quelle wurde mit 'Links' aus dem Kontextmenü zu den einschlägigen Stellen im Quellenverzeichnis bzw. im quellenkundlichen Teil des monographischen Kapitels realisiert.

Multimedia in der Namenforschung 165

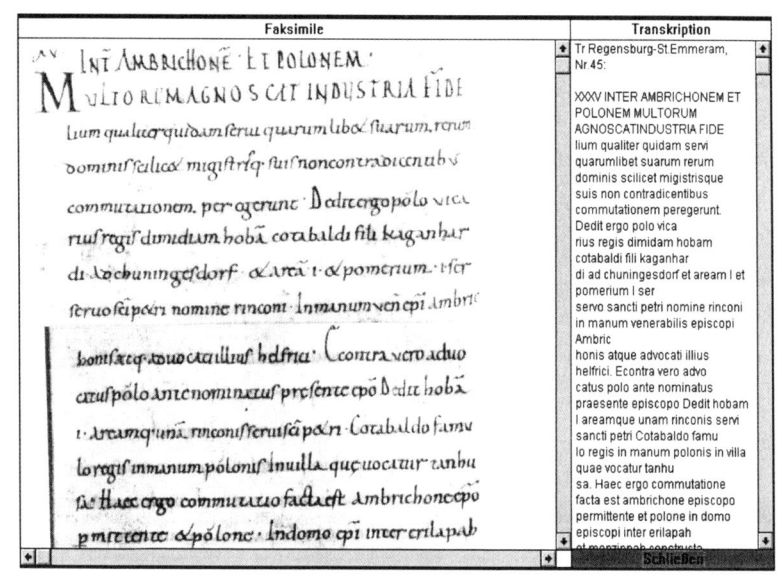

| Faksimile | Transkription |
|---|---|
| INT AMBRICHONĒ ET POLONEM· MULTO RUM AGNOS CAT INDUSTRIA FIDE lium qualter quidam seruí quarum libet suarum rerum dominis scilicet migistrisque suis non contradicentibus commutationem peroegerunt. Dedit ergo polo vica rius regis dimidium hoba cotabaldi fili kaganhar di chuningesdorf d'arca i d'pomerium ·fer seruo sei petri nomine rinconi inmanum uenepi Ambric bonifa cep touo cat illius helfrici. Contra vero aduo catus polo ante nominatus prefente epo Dedit hoba ï areamq' unã rinconi feruifa petri Cotabaldo famu lo regis inmanum polonis inuilla quç uocatur tanhu siç Haec ergo commutatio factaest Ambrichone epo p mittente et polone. Indomo epi inter erilapab | Tr Regensburg-St.Emmeram, Nr. 45: XXXV INTER AMBRICHONEM ET POLONEM MULTORUM AGNOSCATINDUSTRIA FIDE lium qualiter quidam servi quarumlibet suarum rerum dominis scilicet migistrisque suis non contradicentibus commutationem peregerunt. Dedit ergo polo vica rius regis dimidam hobam cotabaldi fili kaganhar di a chuningesdorf et aream I et pomerium I ser servo sancti petri nomine rinconi in manum venerabilis episcopi Ambric honis atque advocati illius helfrici. Econtra vero advo catus polo ante nominatus praesente episcopo Dedit hobam I areamque unam rinconis servi sancti petri Cotabaldo famu lo regis in manum polonis in villa quae vocatur tanhu sa. Haec ergo commutatione facta est ambrichone episcopo permittente et polone in domo episcopi inter erilapab |

Abb. 5

Zusätzlich steht in jedem Ortsartikel am unteren Bildschirmrand eine Steuerungsleiste zur Verfügung, deren erster Auswahlpunkt '**Anzeigemodi**' es dem Benutzer des Namenbuchs ermöglicht, Gestalt und Informationsgehalt der Beleglisten seinen spezifischen Bedürfnissen anzupassen. Entsprechend dem jeweiligen Erkenntnisinteresse kann dieser die Quellensiglen ein- oder ausblenden, die Ausführlichkeit der Belegkontexte selbst bestimmen oder sich eine schematische Übersicht der differenten Namenformen in zeitlicher Staffelung anzeigen lassen. Die **Volltextsuche** erschließt überdies die Gesamtheit der textuellen Informationen des Namenbuchs, und eine **Hilfeoption** dient der Behebung programmpraktischer Fragestellungen. Von einer **Exzerpt**-Routine wird der Benutzer schließlich aufgefordert, eine Textpassage zu markieren. Danach wird der ausgewählte Text auf einen Notizblock kopiert, auf dem der Leser Exzerpte und eigene Eintragungen verwalten und im Bedarfsfall auch abspeichern oder drukken kann.

Ein letztes Element im Steuerungsmenü offeriert dem Leser **Materialien**. Neben Informationen zum archäologischen oder historischen Forschungsstand, wie sie prinzipiell auch in gedruckten Siedlungsnamenbüchern erscheinen können, sind hier in erster Linie die eingangs erwähnten nontextuellen Objekte wie Karten und gesprochene mundartliche Namenformen zu nennen. Wollte man bisher Namenbuchbenutzern den mitunter älteren, konservierten Lautstand der jeweiligen Ortsmundart anbieten, mußte dieser zuerst lautschriftlich transkribiert, das heißt zugleich natürlich auch: medial transformiert werden. Ganz abgesehen davon, daß sich hierfür in der Dialektologie des oberdeutschen Raums noch kein Zeichensystem als wissenschaftlicher Standard etabliert hat, bedeutet dieses Verfahren in jedem Fall einen zusätzlichen Abstraktionsschritt weg von der eigentlichen lautlichen Information. Für fachwissenschaftliche Anwendungen ist es dagegen wünschenswert, über Material mit möglichst geringen interpretatorischen Brechungen zu verfügen. Im vorliegenden Namenbuch werden deshalb auf Knopfdruck kurze Sprachsequenzen eingespielt, die den betroffenen Siedlungsnamen enthalten und eine grobe dialektale Einschätzung des Sprechers erlauben.

Der in Abb. 4 gezeigte Menüpunkt hält schließlich noch eine Vielzahl von Kartenausschnitten bereit, die der Leser durch Klicken auf das Voransichtsfenster jeweils auch in toto aufrufen kann: von historischen und speziell toponomastischen Karten über digitale Layer, Amtsbezirksübersichten oder Luftbilder des jeweiligen Ortes bis hin zu topographischen Karten in verschiedenen Maßstäben.

Die volle Funktionalität, die ein multimediales Namenbuch haben könnte, ist mit der vorgestellten Entwurfsfassung von 'ONOMEDIA' allerdings längst nicht ausgereizt. In einem nächsten Schritt sollen deshalb Animationen in die Anwendung integriert werden, mit denen komplexe siedlungsgeschichtliche Prozesse und Probleme der Namenschichtung besser visualisiert werden können als mit statischen Punktsymbolkarten.

Abb. 6

Einige wichtige Problemstellungen mußten hier leider ausgespart bleiben: die Materialbeschaffung[19] etwa, die Auswahl geeigneter Kompressionsformate[20] für Karten und Faksimiles oder auch Fragen der Textkodierung[21]. Obgleich in diesen Bereichen durchaus noch einige Hemmnisse und Beschränkungen zu beseitigen wären, können historisch-philologische Namenbücher im Prinzip bereits heute in zwei durchaus komplementären Fassungen erstellt werden: gedruckt oder eben als multimediales Offline-Produkt. Ob sich in diesem Bereich allerdings onomastischer Pioniergeist oder eher die Loyalität gegenüber dem Bewährten durchsetzen wird, können erst die kommenden Jahre zeigen.

## 3. Von der offline-Anwendung zum onomastischen Informationssystem (H. Korten)

Gedruckte Namenbücher werden in Zukunft durch multimediale CD-ROM Publikationen ergänzt, deren Bandbreite vom einfachen Hilfsmittel bis hin zur ausgereiften Produktion reicht. Die Möglichkeiten einer Computerunterstützung in der Namenkunde sind damit jedoch bei weitem nicht ausgeschöpft, denn die unterschiedlichen onomastischen Aufgabenstellungen wie auch die differierenden digitalen Präsentationsformen verlangen nach eigenen Konzepten.

Werden diese verschiedenen Ansätze dann vereint oder zumindest kompatibilisiert, so weitet sich die partielle Computerunterstützung zu einem onomastischen Informationssystem, das sich flexibel an unterschiedliche Zielsetzungen anpaßt.

### 3.1 Computerunterstützte Namenbucherstellung am Beispiel eines Gewässernamenbuchs

Wie sich die Namenforschung das digitale Medium für die Namenbucherstellung dienstbar machen könnte, soll am Beispiel eines Gewässernamenbuchs veranschaulicht werden. Die Problemstellung hat sich aus einem Projekt der *Hydronymia Germaniae* ergeben, das die Mainzer Akademie der Wissenschaften Herrn Prof. Greule übertrug. Als Bearbeiter sollte ich in einem ersten Schritt alle Gewässer im Flußgebiet der Naab aufnehmen.

Bislang werden die Gewässernamen von gedruckten Karten erfaßt. Ein typischer Gewässernamenartikel enthält neben dem Lemma *Gewässername* die Lagebeschreibung des Gewässers (z.B. *Wenzenbach l.z. Regen l.z. Donau*).

Zudem werden alle Toponyme in relativer Nähe des Gewässers aufgenommen, die sprachwissenschaftlich zur Deutung des Gewässernamens beitragen können. Zusammen mit Belegmaterial aus verschiedenen Sprachstufen soll das Korpus des Gewässernamenbuchs die Basis für weitergehende etymologische Forschungen bilden.

Traditionell dienen topographische Karten im Maßstab 1:25 000 als Quelle, wenn es sich um eine synchrone Aufnahme von Gewässernamen handelt. Jedoch finden sämtliche visuellen Informationen über Lage und Beschaffenheit des Gewässers und seiner Umgebung in ein herkömmliches Namenbuch keinen Eingang. Somit wird eine wesentliche Quelle für die Benennungsmotivik ausgeklammert oder muß einer interpretativen Beschreibung weichen.

Ein strukturell neuer Ansatz ist die Verwendung von digitalen Karten als Grundlage einer teilautomatisierten Namenbucherstellung. Derartige Karten begann für Bayern das Landesvermessungsamt München in den letzten Jahren zu erstellen. Anfang 1997 wurde die Digitalisierung des Kartenmaterials im Maßstab 1:25 000 abgeschlossen.

Daten in digitaler, vektorisierter Form können mit geographischen Informationssystemen verwaltet werden, die es ermöglichen, alle Kartenelemente über zugrundeliegende Datenbanken anzusteuern.

## 3.2 Geographische Informationssysteme im Dienst der Namenkunde (GIS)

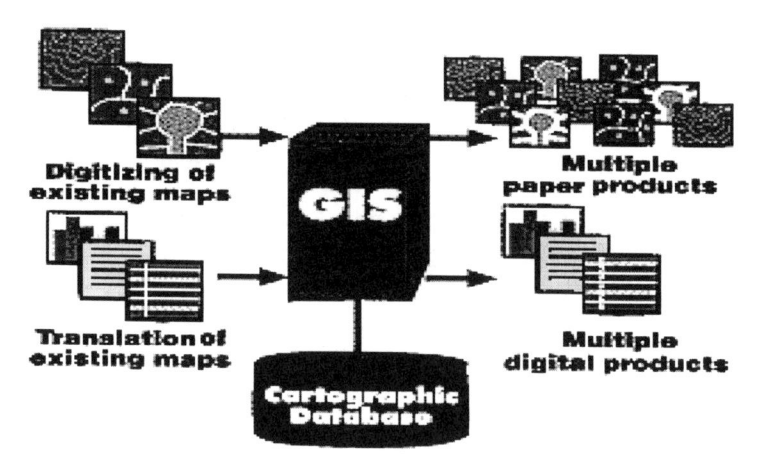

Abb. 7: Schema von GIS-Systemen[22]

Zu den bekannten GIS-Programmen[23] für PCs zählt ArcView[24]. Wie das Datenbankprogramm Microsoft Access, so unterteilt auch ArcView ein einzelnes Projekt in mehrere untergeordnete Objekte (Abbildung 8, links). Neben allgemein bekannten Datenbankfunktionen bietet ArcView die Möglichkeit, digitales Kartenmaterial zu verarbeiten.

Die wichtigsten Objekte sind *Views* zur visuellen Darstellung, sowie *Tables* zur Speicherung von Topologie und Attributdaten in Datensätzen.
In einem *View* zur Kartendarstellung erscheinen links die Ansichtsebenen, rechts die Karte selbst. Die einzelnen Ebenen lassen sich ein- bzw. ausblenden und selbst kleinste Details können mittels eingebauter Zoomfunktion sichtbar gemacht werden.

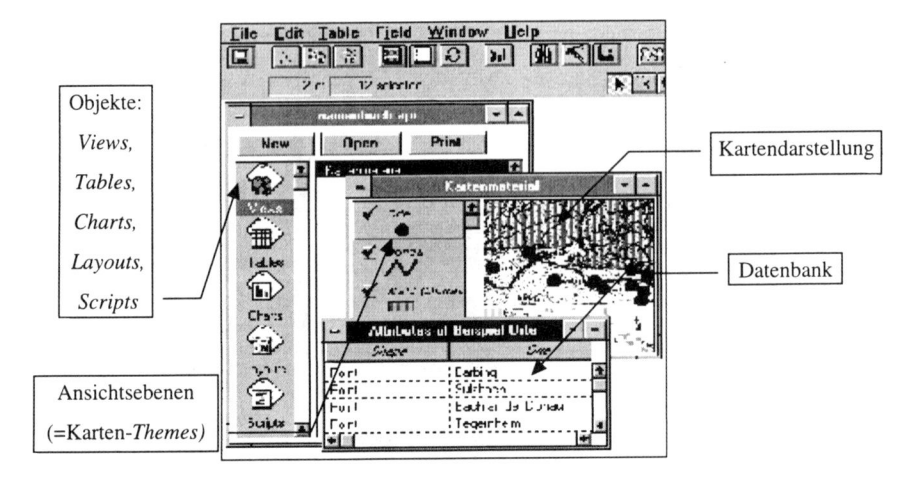

Abb. 8: Oberfläche von ArcView®

## 3.3 Automation durch digitale Karten

Schon eine manuelle Suche, die nur die Namen zu beiden Seiten des Gewässers aufgrund einer Übereinstimmung von Grund- oder Bestimmungswort aussortiert, ist zeitraubend. Bäche und Flüsse erstrecken sich meist über mehrere Karten und es gesellen sich leicht Übertragungsfehler zu solchen Ungenauigkeiten, die jeder manuellen Aufnahme von Daten anhaften. Liegt jedoch die geographische Karte in Form von digitalen Vektordaten vor, so können nun in einem ersten Schritt alle Objekte links und rechts zu einem Gewässer in einem frei wählbaren Abstand automatisch selektiert werden, gleich ob es sich um Fluren, Siedlungen oder Anderes handelt.

Diese erste Auswahl aller geographischen Namen in einem bestimmten Abstand zu einem Gewässer kann nun durch weitere Kriterien eingeschränkt werden. Im Gegensatz zu einer Aufnahme von Hand geht bei der Verarbeitung digitalen Kartenmaterials aber keine Information ungewollt verloren.

GIS-Systeme können also helfen, die Aufnahme des Namenmaterials aus digitalen Karten zu automatisieren.

## 3.4 Von GIS zu ONTIS: Der maßgeschneiderte Einsatz von Informationssystemen in der Namenkunde

Der Einsatz digitaler Karten ist nicht die einzig mögliche Form der Computerunterstützung in der Namenkunde. Die Bandbreite der Anwendungen ist ebenso groß wie die namenkundlichen Problemstellungen.

Heterogene Daten und Methoden zu ihrer Verarbeitung weitgehend zu vereinen oder zumindest zu kompatibilisieren, zeichnet geographische Informationssysteme aus und macht sie zu einem vielseitig einsetzbaren Werkzeug.

Flexibilität sollte auch ein onomastisches Informationssystem kennzeichnen. Daher müßten Produktion und Publikation von Namenbüchern in verschiedenen digitalen Präsentationsformen entweder systemintern unterstützt oder über Schnittstellen an externe Programme angebunden werden.

Lassen Sie mich mein Konzept eines onomastischen Informationssystems (ONTIS) kurz veranschaulichen:

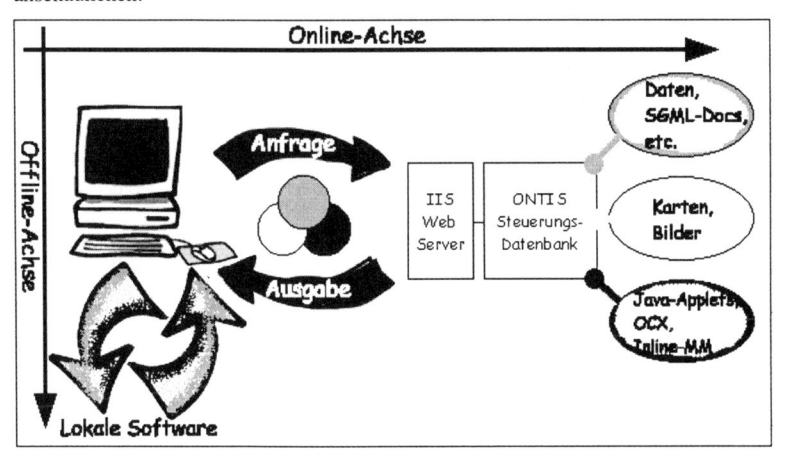

Abb. 9: Schematischer Aufbau eines onomastischen Informationssystems (ONTIS)

Die Serverversion von Windows NT 4.0 bildet zusammen mit dem Microsoft Internet Information Server (IIS) die Grundlage von ONTIS.[25]

Datenabfrage und Datenmaterial werden über ein Steuerungsdatenbank[26] (Abbildung 9) synchronisiert, um eine benutzerfreundliche und kompakte Verwaltung zu ermöglichen. Gleich, ob es sich um eine Suchanfrage nach SGML/HTML-Dokumenten, Karten/Bilder oder sogar dynamischen Anwendungen (Java-Applets/OCX/Inline-MM) handelt, die Steuerungsdatenbank dient immer als Referenzquelle.

Über einen Browser[27] wird ONTIS an das Internet angebunden, so daß Suchanfragen auch an eine entfernte online-Datenbank[28] gerichtet werden können.

Auf der Beispieloberfläche (Abbildung 10) befindet sich links eine Inhaltsleiste, die auf den Menüpunkt Datenbank (*DB*) zeigt. Innerhalb dieses Menüpunkts hat der Benutzer die Auswahl zwischen verschiedenen Datenbanken (*Gewässernamen*, *Ortsnamen*, *Flurnamen*) und einer Oberfläche zur Datenbankverwaltung (*DB-Verwaltung*). Die vorliegende Abbildung führt jedoch nur den Unterpunkt Gewässernamen näher aus. Neben den gewöhnlichen Parametern zur Anfrage an eine Gewässernamendatenbank[29] erlaubt das onomastische Informationssystem die Auswahl zwischen verschiedenen Karten. Die Option *Neu* aktiviert eine Neuberechnung eines Kartenausschnitt aus einer digitalen Gesamtkarte. Der Benutzer kann aber auch vorgefertigte Karten aus einer Datenbank anfordern (*Karten-DB*) oder sich mit einer *Vorschau* zufriedengeben, die im Vorschaufenster (siehe Übersichtskarte im grauen Kasten) angezeigt wird.

Bei einer Neuberechnung werden Dimension und Erscheinungsbild der Karte durch die Angabe von Koordinaten und der dazugehörigen Projektion bestimmt. Ob über die Karte Koordinatengitter gelegt oder Landkreis-/Gemeindegrenzen und Höhenlinien eingezeichnet werden sollen, steht dem Benutzer frei. Die Option *DHM* liefert die Karte als digitales Höhenmodell zurück. Wahlweise wird eine Kartenlegende ein- bzw. ausgeblendet.

Auch das Kartenausgabeformat ist variabel. Es kann eine Karte angefordert werden, die als statisches Bild innerhalb eines HTML- oder SGML-Dokuments zurückgeliefert wird. Aber auch dynamische Karten werden von onomastischen Informationssystemen verwaltet. Sie werden als Ergebnis zurückgeliefert, wenn eines der beiden dynamischen Ausgabeformate gewählt wurde. Die Option *MapGuide* weist ONTIS an, die Anfrage an den MapGuideServer weiterzuleiten. Der MapGuideServer schickt die berechnete Karte an das dazugehörige MapGuide Plug-in[30] zurück. Innerhalb des Plug-ins ist es möglich, den Kartenausschnitt dynamisch zu bearbeiten. Der Benutzer kann in die Karte zoomen, Elemente markieren/kopieren und einzelne Kartenebenen ein- und ausblenden.

Wird aus der Suchanfrage ein VRML-Modell der Karte erstellt (Option *VRML*), so kann sich der Benutzer in einem 3-dimensionalen Kartenmodell frei bewegen. Lage und Beschaffenheit des Gewässers und seiner Umgebung werden auf eindrückliche Weise sichtbar.

Das netzbasierte onomastische Informationssystem kann durch Komponenten ergänzt werden, die die Namenbuchproduktion unterstützen sollen. Hier bietet sich beispielsweise eine als Java-Applet implementierte online-Version von ArcView an (Menüpunkt *ArcView*).[31]

Ferner bedarf es einer Datenbankverwaltung (*DB-Verwaltung*), die den Datenzugang regelt. Die explizite Vergabe von Lese- und Schreibrechten in Verbindung mit Benutzerkennung und Password sichert die Daten vor unbefugtem Zugriff oder ungewollter Veränderung.

Die Entwicklung eines Programms sollte auch den vorhandenen Softwarekontext einbeziehen und Schnittstellen zu vorhandenen Produkten offerieren. Der Menüpunkt *MM-Bücher* aktiviert ein Plug-in[32], das bereits vorhandene multimediale Namenbücher (online & offline) innerhalb[33] einer Browseroberfläche ablaufen läßt.

Relativ frei wird man bei der Konzeption eines ONTIS sein, wenn optionale Tools eingefügt werden sollen. Zu denken wäre etwa an ein Hilfsmittel zur automatischen Koordinatenumrechnung[34] oder an die Einspeisung von wichtiger Literatur im Sinne eines 'document delivery'. Hilfefunktionen gehören ohnehin zum Standardrüstzeug heutiger Softwareprodukte.

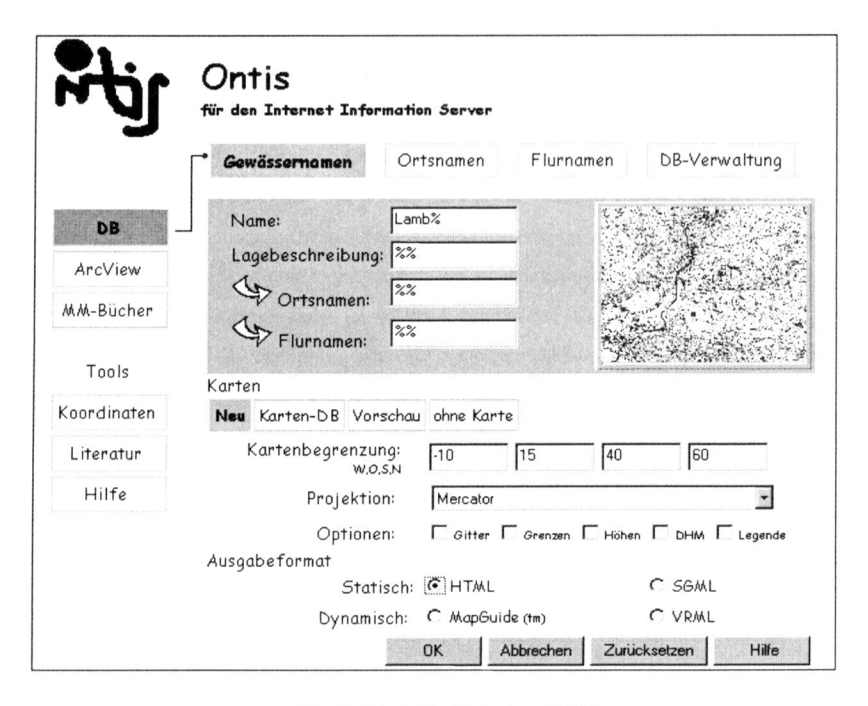

Abb. 10: Beispieloberfläche eines ONTIS

## 3.5 Flexibilität durch hybride und modulare Techniken

Ein leistungsfähiges onomastisches Informationssystem wird erst durch die Kombination von online und offline in einer hybriden Lösung[35] zu realisieren sein, die die jeweiligen Vorteile zu verbinden sucht. Weiterhin wird die CD-ROM Träger von speicherintensivem Datenmaterial[36] bleiben, während Teildaten, Abfrageergebnisse, Ergänzungen und Zusatzsteuerungen durchaus als online-Produkt zur Verfügung gestellt werden können. Hybride Applikationen erlauben den Einsatz eines weitaus größeren Spektrums an multimedialen Techniken als dies bei reinen on- oder offline-Produkten der Fall ist.

Gerade objektorientierte Programmiersprachen wie C++ oder Java eignen sich gut, eine Vielzahl heterogener Komponenten in ein System zu integrieren. Durch eine Kapselung von Programmteilen kann ein Softwareprodukt ergänzt, berichtigt oder verbessert werden, ohne den gesamten Quellcode umschreiben zu müssen; Änderungen bleiben auf das jeweilige Einzelobjekt beschränkt.

Eine objektorientierte Programmierung erlaubt es, ein Informationssystem namenkundlichen Bedürfnissen und Aufgabenstellungen bestmöglich anzupassen. Steuerungsleisten, spezielle Datenbankoperationen und für onomastische Zwecke geeignete Verfahren zur Kartendarstellung könnten als eigene Softwaremodule implementiert werden, die sich nach Art eines Baukastensystems beliebig kombinieren, wiederverwenden und ansteuern lassen. Das Format solcher Softwaremodule kann je nach Verwendungszweck variieren. OLE-Steuerelemente (OCX-Dateien)[37] oder DLL-Dateien haben den Vorteil, daß sie von verschiedenen Programmier- oder Skriptsprachen[38] unterstützt werden; Softwaremodule in Form von statischen Klassenbibliotheken (LIB-Dateien) sind dagegen bestens für eine weitergehende C++ Programmierung geeignet.

Ob man bei der programmtechnischen Umsetzung eines ONTIS der Sprache Java den Vorzug gibt, bleibt von Fall zu Fall abzuwägen. Java wurde speziell für Netzanwendungen konzipiert und zeichnet sich durch ein Höchstmaß an Plattformunabhängigkeit aus, doch sollte der vorhandene Softwarekontext nicht außer acht gelassen werden. Da viele Produkte die ISAPI-Schnittstelle des verbreiteten Microsoft Internet Information Servers unterstützen, fällt die Wahl vielleicht eher auf die Sprache Visual C++, mit der diese Schnittstelle[39] programmiert wurde.

## 4. Schlußbemerkung

Nicht nur aus philologischer Sicht ist die Erstellung von Namenbüchern ein interdisziplinäres Unterfangen. Auch eine Computerunterstützung steht im Schnittpunkt unterschiedlicher Disziplinen wie etwa Geographie, Informatik und Informationswissenschaft.

Daher sollten die verschiedenen Institute bei der Nutzung eines gemeinsamen Datenfundus wie bei der technischen Umsetzung zusammenarbeiten, um auch die Kosten möglichst gering zu halten.

Neben der genauen sprachwissenschaftlichen Analyse erfordert eine computergestützte Namenkunde eine sorgfältige multimediale Wissensstrukurierung und Prüfung der technischen Konzepte. Nur so können multimediale Publikationsformen und onomastische Informationssysteme das traditionelle Angebot sprachwissenschaflich-onomastischer Hilfsmittel bereichern.

## WWW-Adressen

1. Arbeitskreis GIS: www.akgis.de

2. ASYMETRIX http://www.asymetrix.com

3. AUTODESK http://www.autodesk.com

4. ESRI http://www.esri.com

5. Geographic Name Information System: http://nsdi.usgs.gov/nsdi/products/gnis.html

---

[1] Vgl. L. Reichardt, Arbeits- und Darstellungstechniken der Namenforschung: Namenbücher, in: Namenforschung. Ein internationales Handbuch zur Onomastik, 1. Teilband, 1995, S. 304-312.

[2] Vgl. A. Greule, Ortsnamenwörterbücher, in: Wörterbücher. Ein internationales Handbuch zur Lexikographie. 2. Hlbd. 1990, S. 1276-1284.

[3] Vgl. W. P. Schmid, Gewässernamenwörterbücher, in: Wörterbücher, 2. Hlbd.1990, S. 1284-1291.

[4] Vgl. A. Greule, Ortsnamenwörterbücher, S. 1280f.

[5] Vgl. R. Schuh, Geschichte und Grundsätze des "Historischen Ortsnamenbuches von Bayern", in: Historisch-philologische Ortsnamenbücher, hg. v. H. Tiefenbach, Heidelberg 1996, S. 184-208.

[6] Vgl. H. Krahe, Unsere ältesten Flußnamen, Wiesbaden 1964.

[7] Diepolder, Gertrud: Die Karte als Hilfsmittel der Namenforschung, in: Blätter für oberdeutsche Namenforschung 2 (1959), S.33.

[8] Der von Heinrich Tiefenbach 1996 herausgegebene Tagungsband zum Regensburger Symposium des Jahres 1994 mit dem Titel „Historisch-Philologische Ortsnamenbücher" (= BNF NF - Beiheft 46) leistet eine umfassende Zusammenschau aktueller Projekte der Siedlungsnamenlexikographie hierzulande (im folgenden zitiert als: Historisch-Philologische Ortsnamenbücher).

[9] Hug, Albert / Weibel, Viktor: Urner Namenbuch. Die Orts- und Flurnamen des Kantons Uri, I, Altdorf 1988, S.VI.

[10] Kully, Rolf M.: Das Solothurner Orts- und Flurnamenbuch. Ein Arbeitsbericht, in: Historisch-Philologische Ortsnamenbücher, S.90.

[11] Weibel, Viktor: Das Projekt 'Orts- und Flurnamenbuch des Kantons Nidwalden', in: Historisch-Philologische Ortsnamenbücher, S.119.

[12] Ramge, Hans: Datenrepräsentation, Artikelstruktur und Namenkontinuität im Südhessischen Flurnamenbuch, in: Historisch-Philologische Ortsnamenbücher, S.161.

[13] Die optimistische Prognose D. Geuenichs, daß allein durch Computerunterstützung ein Abschluß der mittlerweile mehr als drei Jahrzehnte umfassenden Projekthistoria des sogenannten 'Neuen Förstemann' „mit relativ wenig Mühe und Mitteln realisierbar" sei, erscheint allerdings leicht hyperbolisch; vgl. Geuenich, Dieter: Methoden und Probleme der computerunterstützten Namenforschung, in: Namenforschung. Ein internationales Handbuch zur Onomastik, hg. v. E.Eichler u.a., 1.Teilband, (= HSK 11.1), Berlin-New York 1995, S.335-338.

[14] Banzer, Toni: Das Liechtensteiner Namenbuch. Vom Aufbaukonzept zur Entwicklung eines eigenen Software-Paketes, in: Historisch-Philologische Ortsnamenbücher, S.135.

[15] Dabei werden aber z.B. die mundartlichen Namenformen für die spätere lautschriftliche Transkription in den meisten Fällen bei der Erhebung auf Tonband aufgenommen; einer nachträglichen Digitalisierung stünde somit nichts im Weg.

[16] Die Verwendung dieser Ausdrücke ist im Augenblick wegen ihrer terminologischen Unschärfe nicht unproblematisch. Einen Beitrag zur begrifflichen Klärung leisten etwa Riehm, Ulrich / Wingert, Bernd: Multimedia. Mythen, Chancen und Herausforderungen, Mannheim ²1996.

[17] Verwendung fand dabei das Windows-Autorensystem 'Multimedia-Toolbook' der Firma Asymetrix.

[18] Baumann, Cornelia: Die Traditionen des Klosters Reichenbach am Regen, (= Quellen und Erörterungen zur bayerischen Geschichte NF 38/1), München 1991, S.194.

[19] Der erforderliche Arbeitsaufwand wird z.b. ganz erheblich davon abhängen, ob bei der Sicherheitsverfilmung archivalischer Bestände in Zukunft verstärkt hochauflösende Digitalkameras zum Einsatz kommen.

[20] Hier bleibt abzuwarten, ob sich neuere Verfahren wie FIF oder WAVELET bei verbesserter Softwareunterstützung als vorteilhafter erweisen als Bitmaps bzw. herkömmliche Kompressionen wie J-PEG.

[21] Die erwünschte Selektierbarkeit einzelner Belege erfordert in jedem Fall eine Vorstrukturierung des jeweiligen Belegparadigmas. Anzuraten ist deshalb die Erstellung maschinenlesbarer Belegtexte in SGML-Kodierung, welche für philologische Anwendungen nach den Richtlinien der 'Text encoding initiative' (TEI) gestaltet werden könnten.

[22] Beide Graphiken wurden der Homepage der Firma Esri (http://www.esri.com) entnommen und dienen lediglich zur Veranschaulichung.

[23] Informationen über GIS erhält man auch über den Arbeitskreis GIS unter der Adresse: http://www.akgis.de

[24] Bei ArcView handelt es sich um ein Programm der Firma Esri. Der 'große Bruder' von ArcView ist ArcINFO, ein jedoch erheblich teureres Produkt.

[25] Windows NT 4.0 erlaubt es, mittels Netzkarte mehrere Arbeitsplatzrechner zu administrieren. Der Microsoft Internet Information Server wird als Dienst unter NT gestartet und steuert WWW, FTP oder Gopher.

[26] Die ODBC-Treiber ermöglichen eine Ansteuerung von verschiedenen Datentypen (DBase, Access, Paradox u.a.), so daß der Benutzer in der Wahl seines Datenbanksystems relativ frei ist.

[27] Entweder Microsoft Internet Explorer oder Netscape Navigator/Communicator.

[28] Zu wünschen wäre natürlich ein so großer Datenfundus wie im amerikanischen *Geographic Name Information System (GNIS)*. Adresse: http://nsdi.usgs.gov/nsdi/products/gnis.html

[29] Wie die Beispielsuche zeigt (Abbildung 4), sind auch trunkierte Zeichenfolgen (*Lamb%* für Lambach) oder Wildcards (%%) erlaubt.

[30] Alle drei Komponenten sind Produkte der Firma Autodesk (http://www.autodesk.com). Die Programme MapGuideAuthor und MapGuideServer dienen zur Bereitstellung des digitalen Kartenmaterials im Netz, während das zugehörige MapGuide-Plug-in (für Netscape und Microsoft Internet Explorer erhältlich) die Information internetweit verfügbar macht. Die MapGuide-Familie arbeitet gut mit den Programmen zusammen, die zur computergestützten Erstellung von digitalen Namenbüchern verwandt werden. Autodesk offeriert Konvertierungstools, mit dem die Formate vom vorher erwähnten ArcView in das Format von Autodesk umgewandelt werden können.

[31] Viele Firmen sind derzeit bemüht, der rasanten Entwicklung auf dem online-Sektor Rechnung zu tragen. So soll auch die offline-Version des GIS-Programms ArcView Mitte/Ende 1997 durch eine voll funktionsfähige online Version ergänzt werden, die als Java applet implementiert wurde.

[32] Für Asymetrix Toolbook (http://www.asymetrix.com) gibt es das Plug-in *Neuron*. Ähnliche Tools oder Plugins werden aber auch für den Macromedia Director angeboten.

[33] Daher die Bezeichnung Inline-Mulitimedia.

[34] Beispielsweise von Gauß-Krüger nach UTM etc.

[35] Auf die hybride Techniken setzt beispielsweise der Toolbook-Hersteller Asymetrix.

[36] Beispielsweise hochauflösende oder großflächige Karten, speicherplatzbedürftiges Bild- und Tonmaterial oder Teile der Hauptprogrammsteuerung.

[37] Es kann sich auch um ActiveX-Dateien, d.h. der online-Version von OLE-Steuerelementen handeln.

[38] Visual Basic und seine Varianten unter Word/Access oder die Scriptspache von Toolbook.

[39] ISAPI steht für *Internet Server Application Programmers Interface*. Neben der standardmäßig mitgelieferten ISAPI-Schnittstelle kann der Benutzer selbst unter Visual C++ eigene Schnittstellen programmieren (Bei der ISAPI-Schnittstelle handelt es sich um ein Softwaremodul in Form einer DLL-Datei).

# Multimediale Informationsverarbeitung - Interaktion und Informationspräsentation im Spannungsfeld von Bild und Sprache

L. Hitzenberger, C. Womser-Hacker

## 1. Begriffliche Grundlagen: Information und Wissen

Informationswissenschaftler beschäftigen sich mit Information, dem zentralen Begriff dieser wissenschaftlichen Disziplin. Dem Informationsbegriff wird dabei eine fachspezifische Bedeutung zuteil, welche der Pragmatik als Handlungslehre verpflichtet ist. Information wird aus Wissen erarbeitet und dient zur Problemlösung in einem konkreten, situativen Kontext [vgl. Kuhl91]. D.h., Information ist nicht vorstellbar ohne die Anbindung an einen adressatenspezifischen Bedarfszusammenhang, der zur Beseitigung einer defizitären Wissenssituation die Verfügbarkeit eines "bestimmten Stück Wissens" erforderlich macht.

Unter Wissen wird dabei der Bestand an Modellen über Objekte und Sachverhalte der Welt verstanden, über den ein Individuum, eine gesellschaftliche Gruppe, ein ganzer Kulturkreis oder die gesamte Menschheit zu einem bestimmten Zeitpunkt verfügt, d.h. die als wahr angenommen werden und begründbar sind [vgl. Kuhl95]. Im Gegensatz dazu ist Information dynamisch und kommt immer aus externen Quellen, d.h. durch einen Kommunikations- bzw. Interaktionsprozess[1] zustande.

Wie auch in der Informatik liegt der Schwerpunkt der deutschen Informationswissenschaft (im Gegensatz zu ihrem anglo-amerikanischen Pendant) auf der Auseinandersetzung mit informationellen Prozessen, die einen artifiziellen Partner, d.h. einen Computer, voraussetzen.

Bei der Begriffsbildung ist das sog. Pragmatische Postulat von Bedeutung, d.h. dass nur aus der spezifischen Situation entschieden werden kann, ob ein bestimmtes Wissensteilstück Information ist.

Ein Beispiel aus der Praxis eines typischen Informationsprozesses soll dies verdeutlichen: Zeitungsleser befassen sich auf unterschiedliche Art und Weise mit dem Stellenanzeigenteil ihrer Zeitung. Für eine Person, die auf Jobsuche ist, kann eine Anzeige wichtige Information beinhalten, für jemand, der die generelle Stellensituation in einer bestimmten Branche beobachtet, kann dies auch der Fall sein, allerdings ist die Information unterschiedlicher Art. Andere Personen sehen in den Anzeigen keinerlei Informationsgewinn. Dies macht die eingangs erwähnte Kontextgebundenheit von Information deutlich.

Die Gewinnung von Information aus Wissen kann auf der Basis geleisteter Informationsarbeit erzielt werden, die darin besteht, aus großen Wissensbeständen aktuelle und pragmatisch relevante Information zu erzeugen. Insofern beinhaltet die Informationswissenschaft als Forschungsgegenstand alle Methoden, Verfahren, Systeme und deren Rahmenbedingungen und Voraussetzungen, die zum Informationsgewinnungsprozess betragen.

Bei der Umwandlung von Wissen in Information spielt der Mehrwert-Begriff eine zentrale Rolle. [Kuhl95, 34] spricht sogar von der Informationswissenschaft als Theorie zur "Erzeugung informationeller Mehrwerte", die auf dem Informationsmarkt produziert, verteilt und genutzt werden. Der Prozess der Informationserarbeitung belässt die Basis des *Wissens* nicht in ihrem Ausgangszustand, sondern das *Wissen* unterliegt verschiedenen komplexen und von den Rahmenbedingungen abhängigen Transformationsprozessen.

Mehrwerte ergeben sich durch die pragmatische Ausrichtung und spezifische Adaption an individuelle Informationsprozesse. Als Beispiele für mehrwerterzeugende Transformationen sind verschiedene Bereiche der Wissensrekonstruktion wie die automatische Erstellung eines Abstracts oder die Aufgliederung eines Textes in informationelle Elementareinheiten für eine Hypertext-Basis zu nennen.

Auch eine komfortable, evtl. adaptive Benutzerschnittstelle oder eine planerkennende Interaktionskomponente auf der Basis eines Benutzermodells können ein Informationssystem mit zusätzlichen Mehrwerteffekten ausstatten.

## 2. Multimediale Informationswissenschaft

### 2.1. Technische Rahmenbedingungen: Auf dem Weg zu einer multimedialen Informationswissenschaft

#### 2.1.1. Graphische Interaktion

Die Informationswissenschaft ist in ihrem Verständnis als angewandte Informatik grundsätzlich abhängig von der Entwicklung der Computertechnik. Zum Zeitpunkt der Entstehung des Faches gab es weder hochauflösende Graphik noch die Maus als heute verbreitetstes Zeigeinstrument. Deshalb war die vor ca. 20 Jahren herrschende Vorstellung, optimale Mensch-Maschine-Interaktion müsse natürlichsprachig-basiert sein, nicht abwegig. Das war auch mit ein Grund für die Nähe der Informationswissenschaft zur Computerlinguistik, ja diese Bezeichnungen wurden zum Teil als synonym angesehen. Die enge Anbindung an die Linguistik erschien sinnvoll, da die natürliche Sprache die einzig vorstellbare Form der Interaktion mit dem Computer war, die für eine benutzerfreundliche Gestaltung von Mensch-Maschine-Schnittstellen Erfolg versprach. Der Vorteil der natürlichen Sprache wurde darin gesehen, dass der Mensch von Haus aus über Sprachkompetenz verfügt und somit keinerlei zusätzlicher Lernaufwand nötig ist, um mit dem Computer zu kommunizieren. Dass die zwischenmenschliche Kommunikation jedoch anderen Prinzipien folgt als die Mensch-Maschine-Interaktion, zeigte u.a. das Projekt DICOS [KrHi92], das von der Informationswissenschaft der Universität Regensburg durchgeführt wurde. Dort konnte ein Sprachregister *computer talk* (z.T. statistisch signifikant) nachgewiesen werden, das für die Mensch-Computer-Interaktion abweichende sprachliche Verhaltensformen zeigte. Als nachteilig stellt sich auch der fehlende Vorlagecharakter heraus, da die Maschine nur über ein Subset der menschlichen Sprachkompetenz sowohl im Bereich des Lexikons als auch der Strukturen verfügt. Hinzu kommt die umständliche Eingabe in Form von Tippen, bei der häufig Fehler auftreten. Auch vergleichende Untersuchungen verschiedener Zugangsmodi haben ergeben, dass die Annahme der Computerlinguistik aus den 70er Jahren, die natürlichsprachige Interaktion sei die optimale Kommunikationsform, falsch ist. Alle bis zur Marktreife entwickelten Systeme, z.B. Language Access von IBM, haben sich am Markt nicht durchsetzen können.

Der Grund lag - ermöglicht durch das Aufkommen hochauflösender Graphik und der zunehmenden Rechenleistung der Computer - u.a. in den Mitte der 80er Jahre sich etablierenden sog. graphische Benutzerschnittstellen als weitere natürliche Variante der Mensch-Maschine-Interaktion. Sie konnten sich aufgrund ihres vielfältigen Potentials immer stärker verbreiten und lösten die natürlichsprachliche Interaktionsform auch im Bereich von Faktendatenbanken, d.h. bei geschlossenen Systemwelten, weitgehend ab. Das bisher Gesagte gilt in erster Linie für die Interaktion mit getippter Eingabe. Die Fragestellung muss jedoch als offen angesehen werden, tritt anstelle der getippten Eingabe gesprochener Input.

### 2.1.2. Speech (gesprochene Sprache)

Nach nun mehr als zwanzigjähriger Entwicklung hat die automatische Spracherkennung eine technische Reife erreicht, die einen breiteren Einsatz möglich macht. Die Speech-Systeme haben in den letzten Jahren eine enorme Entwicklung vollzogen. Mit Wortschätzen bis zu 100.000 Wortformen, zunehmender Sprecherunabhängigkeit und Erkennungsraten über 95% haben sie einen technischen Stand erreicht, der einen Einsatz als Eingabemodalität prinzipiell möglich macht. Dass dies in der EDV-Industrie auch so gesehen wird, zeigt sich daran, dass IBM sein Spracherkennungssystem als integrativen Bestandteil des Betriebssystems anbietet. Auch die Kosten für Spracherkennungssysteme sind bereits drastisch gefallen, sodass der Kostenfaktor keine Rolle mehr spielt. Dies bedeutet nicht, dass der Einsatz von Speech-Systemen unproblematisch wäre. Die Probleme liegen im derzeit noch mangelnden Wissen über die Integrationsbedingungen. Es ist eben nicht möglich, die Tastatur einfach durch die Spracherkennung zu ersetzen, weil sich die einzelnen Interaktionen generell nur für bestimmte Interaktionsmodi eignen. Als triviales Beispiel kann die Textverarbeitung angesehen werden: so gut sich die Spracherkennung für das Diktieren von laufendem Text eignet, so problematisch ist die Nutzung beim anschliessenden Layouten des Texts, wenn ständige Positionierungen des Cursors zur Markierung des Textes erforderlich sind. Der geeignete Modus dafür ist eindeutig die direkte Manipulation mit der Maus, während die Spracherkennung nur ein äußerst umständliches Navigieren im Text erlaubt. Die Verwendung der einzelnen Modi ist also von verschiedenen Faktoren abhängig und kann nicht a priori festgelegt werden. Einige der Faktoren sind z.B. die Systemumgebung ("hands free"), die Art der Mensch-Maschine-Interaktion, der Inhalt der zu manipulierenden Daten usw. Der Wissensstand ist in diesem Bereich im Augenblick noch sehr niedrig, da empirische Forschung auf diesem Gebiet mangels verfügbarer Systeme noch nicht stattfinden konnte. Für die Zukunft wird es also wesentlich darauf ankommen, sinnvolle Modalitätsmischungen zu entwerfen, die die Stärken der einzelnen Modalitäten unterstützen.

**2.1.3. Integrationsaspekt**

Aus dem vorherigen ergibt sich, dass es für die Informationswissenschaft nicht nur selbstverständlich ist, sondern dass es zum Wesentlichen des Faches gehört, die aktuellen und sogar die zukünftigen technischen Umgebungen zum Ausgangspunkt der Erforschung informationeller Prozesse zu machen. So gesehen ist das Aufkommen von Multimedia für die Informationswissenschaft nur ein Schritt im Rahmen der normalen technischen Entwicklung.

Der Forschungsgegenstand der informationellen Prozesse wird durch die Anreicherung um multimediale Dokumente und Benutzeroberflächen allerdings um Größenordnungen komplexer. Hat es nach der Einführung graphisch-direktmanipulativer Benutzeroberflächen etwa zehn Jahre gedauert, bis ein Forschungsstand erreicht war, der in Form der jetzt zur Verfügung stehenden Styleguides Designern von Produkten auf diesem Gebiet als Entwurfsleitlinie dienen kann, sind wir im Bereich von Multimedia von solchen Erkenntnissen noch weit entfernt. Dabei muss auch berücksichtigt werden, dass der Stand der Forschung in den Nachbardisziplinen wie der Pädagogik, hier speziell auch der Lehr- und Lernforschung, der Psychologie und der Kognitionswissenschaft auf den hier relevanten Feldern der parallelen Verarbeitung auditiver, visueller und textueller Information, der Gedächtnismodelle, der Wahrnehmung etc. noch weit von direkt in Handlungsanweisungen umsetzbaren Erkenntnissen entfernt ist. Eine verstärkte interdisziplinäre Zusammenarbeit mit dem Ziel der Integration ist dabei unabdingbar.

## 2.2. Multimedia im Kontext der Repräsentation, Interaktion und Präsentation

Grundsätzlich spielen bei der Repräsentation, Interaktion und Präsentation von Wissen immer drei Aspekte eine Rolle:

Der erste Aspekt betrifft die Möglichkeiten der graphischen Darstellung und der Interaktionsformen, welche durch die Technik (Größe und Auflösung des Bildschirms, zur Verfügung stehende Manipulationsinstrumente etc.) vorgegeben werden. Noch prinzipieller ist die Frage - weil unlösbar -, welche Techniken bei den Benutzern als vorhanden vorausgesetzt werden können.

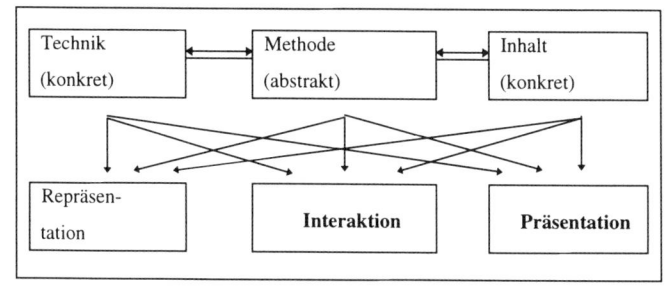

Abb. 1: Zusammenspiel von Repräsentation, Interaktion und Präsentation

Der zweite Aspekt betrifft die zugrundegelegte Methode, d.h. die psychologischen, pädagogischen und didaktischen Vorstellungen, wie eine Interaktion zwischen Mensch und Computer idealiter ablaufen sollte.

Der dritte Aspekt wird durch den zu vermittelnden Inhalt vorgegeben, der selbst auch wesentlichen Einfluss auf die Gestaltung nimmt. Nicht jeder Inhalt eignet sich in gleicher Weise für die gleiche Darstellungsform.

### 2.2.1. Repräsentation multimedialen Wissens

Grundlegende Bedingung für die Kommunizierbarkeit von Wissen ist dessen Repräsentation in einem Zeichensystem. Die wichtigste Grundlage für eine Externalisierung bildete bislang die natürliche Sprache. Innerhalb der Forschung im Bereich Informationssysteme sind verschiedene Repräsentationsformen von Wissen entwickelt worden, welche die Erarbeitung von Information ermöglichen.

Die nachfolgende Abbildung zeigt, dass die Repräsentation von Wissen nicht auf Texte beschränkt ist, sondern weitere Erscheinungsformen informationeller Einheiten vorliegen.

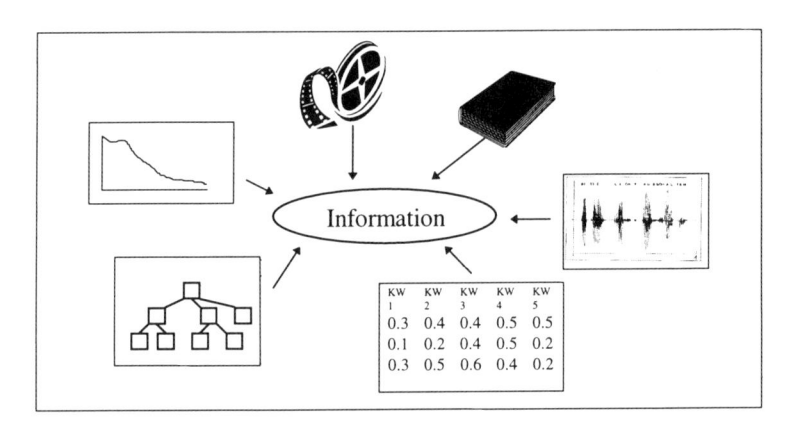

Abb. 2: Erscheinungsformen von Information

Bereits für die Rekonstruktion textuellen Wissens (in obiger Graphik durch das Buch symbolisiert) existieren neben dem Booleschen Grundmodell verschiedene automatische Erschließungsverfahren, die im wesentlichen auf der Nutzung der Termfrequenz und -verteilung basieren. Darauf setzen probabilistische, vektorielle und auch Fuzzy-Retrievalmodelle auf. Für die inhaltliche Repräsentation von Objekten, die in anderen Medien vorliegen, wie z.b. Videomaterial oder Tondokumente (gesprochene Sprache (s.o. Frequenzspektrum) oder Musikstücke) liegen keine Standardverfahren vor. Für den Kontext des multimedialen Information Retrieval besteht die derzeitige Praxis in der Annotierung intellektuell erstellter Indexterme. Hinzu kommen verschiedene Ausprägungen strukturierter Information wie z.b. semantische Netze, Tabellen oder deren graphische Darstellungen.

Die Repräsentation derartiger Daten erfolgt durch verschiedene Modellierungsverfahren wie dem Relationenmodell oder objektorientierten Ansätzen. Für eine holistische Betrachtungsweise von Objekten verschiedener Medialität sind geeignete Integrationsansätze zu entwikkeln, welche Repräsentationsverfahren zugrunde zu legen sind, die einen gemeinsamen Zugriff ermöglichen.

### 2.2.2. Multimediale Interaktion

#### 2.2.2.1. Natürlichsprachliche Interaktion (getippt und gesprochen)

Während die natürlichsprachige Interaktion durch die graphische Interaktion weitgehend verdrängt ist, spielt im Bereich Information Retrieval (IR), wo die textuelle Repräsentation dominiert, die Verwendung natürlichsprachiger Terme für die Eingabeformulierung derzeit eine vorherrschende Rolle. Sie hat formale Anfragesprachen wie z.b. MESSENGER weitgehend verdrängt, zumindest im Bereich Internet und der wissenschaftlichen, nicht-kommerziellen Anwendungen. Hier kann auf die Formulierung logischer Ausdrücke mittels Boolescher Operatoren verzichtet werden. Aufgrund verschiedenartiger Term- und Dokumentgewichtungsverfahren können Ähnlichkeiten zwischen Anfrage und Dokumenten berechnet werden, die als Rankingkriterium dienen.

#### 2.2.2.2. Graphische Benutzerschnittstellen

Graphische Benutzerschnittstellen basieren meist auf Metaphern wie z.b. der bekannten Schreibtischmetapher und der umfassenderen Bürometapher. Trotz der formulierten Kritik an der Verwendung von Metaphern im Bereich graphischer Schnittstellen [vgl. NaZa93] werden sie als sinnvoll eingeschätzt, wenn ein Nutzen vor allem bei der Erlernbarkeit des Systems vorliegt. In vielen komplexen Situationen existieren keine semantisch tragfähigen Metaphern, auf die zurückgegriffen werden könnte. [NaZa93] schlagen als Alternative sog. visuelle Formalismen wie z.B. Tabellen, spread sheets, Outline-Darstellungen, Landkarten etc. vor. Ein weiteres Prinzip graphischer Oberflächen ist die Direktmanipulation von Objekten mittels der Maus. Dabei können Objekte vom Benutzer manipuliert (z.b. Ablegen von ausgewählten Waren im Warenkorb, Positionierung eines Dokuments auf dem Drucker etc.) und die Auswirkungen dieses Vorgehens unmittelbar beobachtet werden.

### 2.2.2.3. Graphische Manipulation von Kurven

Bei vielen Daten, z. B. in Faktendatenbanken, die Faktenwissen verschiedenster Form enthalten (eindimensionale Fakten, Zeitreihen, Messreihen etc.), spielen graphische Darstellungen oft eine wichtige Rolle. Vielfach denken die Experten der verschiedenen Domänen an derartige Konstrukte, wenn sie ihre Anfragen formulieren. Um einen Modalitätsbruch zu vermeiden, wurde z.b. im WING-System (WING = Werkstoffinformationssystem mit natürlichsprachlicher/graphischer Benutzeroberfläche) eine derartige Vorgehensweise durch ein graphisches Manipulationswerkzeug unterstützt [vgl. Wolf96]. Vorliegende Liniendiagramme können verschiedenartig (Streuband um eine Kurve, Besser-Schlechter-Relationen etc.) modifiziert werden. Der auf diese Weise festgelegte Suchraum wird vom System (unter Einbeziehung verschiedener Toleranzen) auf SQL-Statements abgebildet.

### 2.2.2.4. Multimodale Schnittstellen

In WING zeigte sich, dass eine Mischung verschiedener Zugriffsmodalitäten zu den besten Ergebnissen führt. Hier wurde empirisch ermittelt, in welchen Kontexten welcher Modus von Vorteil ist und auf diese Weise ein multimodales System entwickelt. So ergab sich für die natürlichsprachliche Modalität z.B. neben der Verwendung als primärer Anfragemodus die Funktion einer Zustandsanzeige, die manipuliert werden kann. Dieses Vorgehen kompensiert den zunächst nicht vorhandenen Vorlagecharakter der natürlichen Anfragesprache. Die graphische Manipulation zeigte weniger als initialer Suchtyp positive Wirkung, sondern bei der Modifikation von Vorlagekurven.

### 2.2.3. Präsentation

### 2.2.3.1. Visualisierung

Die adäquate Visualisierung von Information stellt einen Forschungszweig dar, dem sich durch die Multimedia-Technik neue Möglichkeiten erschließen und der starke Erweiterungen in Richtung Mehrdimensionalität erfährt. Gerade durch die Verwendung verschiedener Medien kann die Forderung des "Natural Mapping" [vgl. Norm88] besser erfüllt werden. Eine Regelung für die Verwendung multimedialer Gestaltungselemente wie z.B. realitätsnahe Bilder, Animation oder gesprochener Sprache liegt allerdings weder in den Styleguides noch in der ISO-Norm 9241 vor. Obwohl dieser Bereich kommerziell extrem expandiert, weiß man nur wenig über softwareergonomische Zusammenhänge und ebenso über das Zusammenspiel von verbalem und visuellem Gedächtnis und der mentalen Verarbeitung. Dennoch geht die Tendenz bei neueren Systemen zu einer Erhöhung der multimedialen Anteile. Aufgabe der informationswissenschaftlichen Forschung wird es sein, mehr Transparenz in die Verwendung der verschiedenen Medien und deren kombinierten Benutzung zu bringen.

Bisher stand vor allem die Diskussion zu Metaphern und den sog. visual formalismes [vgl. NaZa93] im Zentrum. Metaphern, deren Vorteile in der Erkenntnis begründet sind, dass sich neues Wissen schneller und leichter erlernen und besser memorieren lässt, wenn an bereits bekanntes angeknüpft werden kann, finden sich z.B. in der Parallele zur physikalischen Bürowelt (Papierkorb, Schreibtisch etc.). Visuelle Formalismen wie Tabellen, spread sheets oder graphische Baumstrukturen sind nicht-metaphorische Gestaltungsmittel überwiegend graphischen Charakters; sie haben sich in letzter Zeit als Alternative zu den Metaphern entwickelt. Die Vertreter der visual formalisms wenden gegen die Metaphern ein, dass sie aufgrund ihrer Einfachheit, Ungenauigkeit und Unvollständigkeit einengend wirken und nur geringe semantische Komplexitätsgrade abdecken können. Metaphern wirken sich vor allem bei der Erlernbarkeit neuer Systeme positiv aus, während sie bei der routinemäßigen Durchführung von Aufgaben eher verzögernden Einfluss haben. Obwohl Metaphernbrüche nicht ausgeschlossen werden können, bleibt das Metaphernkonzept ein Mittel softwareergonomischer Gestaltung, vor allem weil man empirisch nachweisen konnten, dass Benutzer mit diesen Metaphernbrüchen umgehen können. [Krau96, 15] führt dies auf eine Überlagerung z.B. der Bürometapher mit der Computermetapher zurück (Schränke können z.B. in den Papierkorb geworfen werden). In Abhängigkeit vom jeweiligen Kontext ist also zu entscheiden, ob eine effiziente Metapher gefunden werden kann, oder ob sich die gleiche Wirkung mit visuellen Formalismen, die den Benutzern vertraut sind, erreichen lässt [vgl. Krau97].

Der Einsatz von verschiedenartigen Visualisierungsmitteln soll am Beispiel des Information Retrieval (IR) verdeutlicht werden, wobei es dort neben der Visualisierung verschiedener Hilfs- und Fehlermöglichkeiten in erster Linie um die Darstellung der Anfrage- und der Ergebnisfunktionalität geht. Im IR lassen sich zwei Grundtypen unterscheiden: die Booleschen Systeme und die sog. Ranking-Systeme. Im ersten Fall werden Anfragen mittels relationierter

Terme gestaltet, die durch Boolesche Operatoren verknüpft sind. Bei den Ranking-Systemen fungiert eine unrelationierte Termliste als Anfrage. Im Booleschen Retrieval findet ein sog. exact match statt, d.h. der Dokumentenbestand wird exakt eingeteilt in die Dokumente, welche die Bedingungen erfüllen, und solchen, für die das nicht der Fall ist. Ranking-Systeme folgen dem Paradigma des sog. partial match und führen zu einer nach Relevanz geordneten Ergebnisliste. Insbesondere die Visualisierung der Booleschen Logik im Anfragekontext bildet ein schwieriges Problem.

In [Hemm94] wird das IR-System LyberWorld vorgestellt, das auf einer 3D-Visualisierungstechnik basiert. Der Inhaltsraum wird in LyberWorld durch sog. cone trees visualisiert, in welchen der Benutzer seine aktuelle Position zum gesamten Inhaltsraum in Beziehung setzen kann. Sowohl die Terme als auch die Dokumente werden auf den cone trees angeordnet und können für den Benutzer den Ausgangspunkt seiner Suche bilden. Wählt er einen Startpunkt aus, wird daraus ein weiterer Baum entfaltet, welcher die entsprechenden relationierten Objekte enthält.

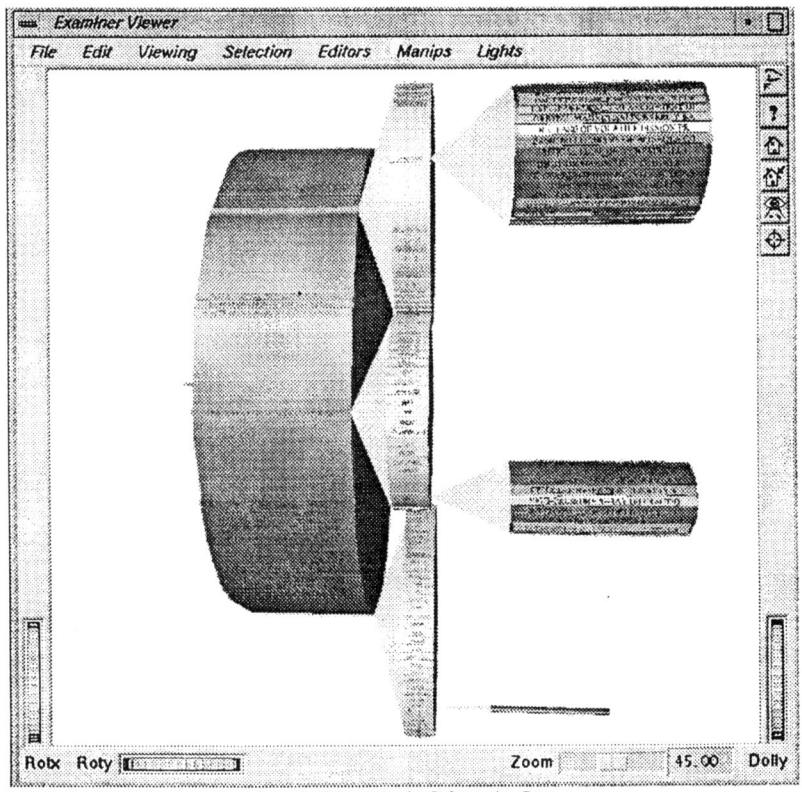

Abb. 3: Cone trees des Information Retrieval-Systems *LyberWorld*
[vgl. Hemm93, 95]

Eine weitere für die Visualisierung relevante Komponente von LyberWorld ist die gläserne Relevanzkugel, in der die relevanten Dokumente und ihr Bezug zu den in der Anfrage formulierten Termen dargestellt wird. Als Metapher steht die Gravitation eines Planetensystems im Hintergrund, d.h. die Dokumente werden von den Termen unterschiedlich stark angezogen[2]

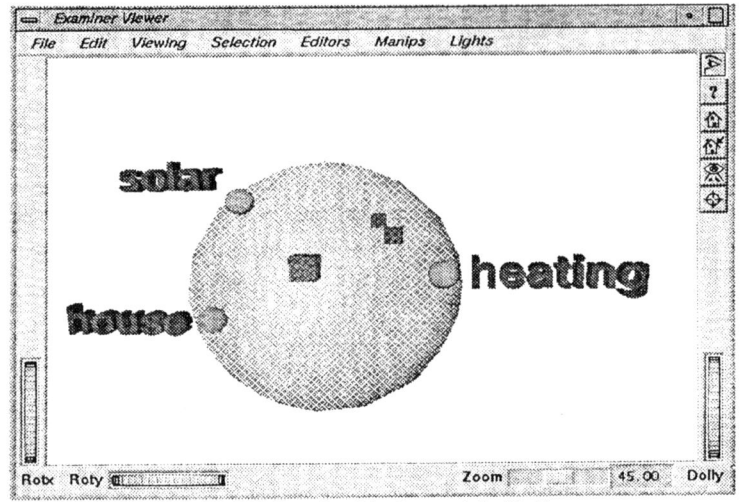

Abb. 4: Relevanzkugel des Systems *LyberWorld*
[cgl. Hemm93, 99]

Abschließend soll noch auf zwei weitere IR-Systeme verwiesen werden, die auch im Visualisierungskontext von Interesse sind.

Das System InfoCrystal [vgl. Spoe94] visualisiert Dokumentmengen als Ergebnisse eines Booleschen Retrievalprozesses.

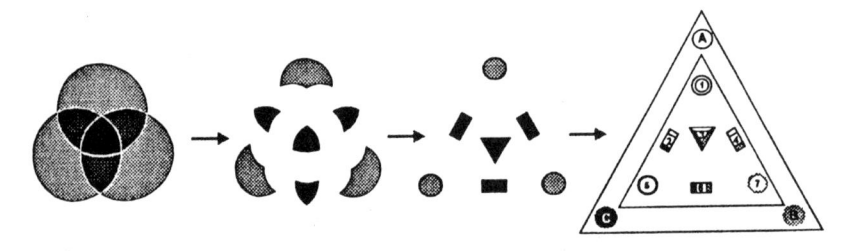

Abb. 5: Teilmengenvisualisierung des Systems *InfoCrystal* [vgl. Spoe94, 689]

Mit den Deskriptoren wird ein Polygon aufgespannt, aus dem alle Kombinationen von logischen Verknüpfungen in Form von Teilmengen ersichtlich sind, d.h., wieviele Dokumente pro Termpaar einem logischen UND und wieviele einem logischen ODER entsprechen. Der Benutzer kann dann gezielt auf eine Teilmenge zugreifen.

Vom Modell her entspricht dieses Vorgehen der sog. Quorum-Level-Search [vgl. Woms96, 118f.], in der eine Anfragehierarchie zwischen UND und ODER aufgebaut wird.

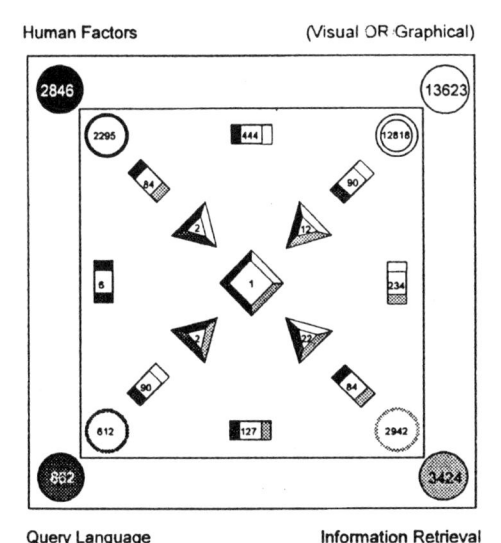

Abb. 6: Anfragebeispiel aus *InfoCrystal* mit vier Deskriptoren [vgl. Spoe94, 690]

Die Schwierigkeit bei InfoCrystal besteht in der großen Mengen an Visualisierungselementen (Form, Farbe, Anzahl, Position, Ausrichtung etc.), die ab fünf Deskriptoren schwer interpretierbar wird.

In Young/Shneiderman 1993 dient die sog. water-flow-Metapher zur Visualisierung der Booleschen Logik. Es wird das Bild eines breiten Stromes (entspricht der gesamten Dokumentkollektion) evoziert, der durch Filter bzw. Hindernisse (entsprechen dem Booleschen UND-Operator) verkleinert wird. Bei der Visualisierung des ODER-Operators teilt sich der Flusslauf, wie aus der Abb. 7 ersichtlich ist. Der NICHT-Operator lässt sich nur sehr wenig konform innerhalb dieses Metaphernkonzepts darstellen (durch Invertierung des Deskriptors).

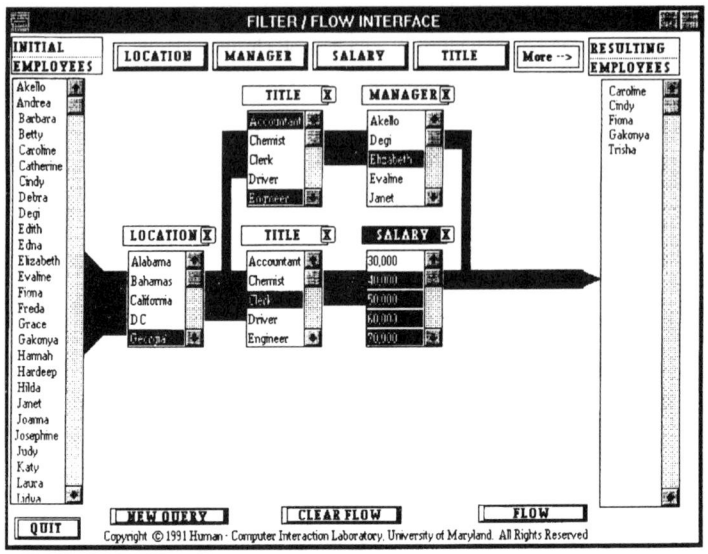

Abb. 7: Visualisierung Boolescher Logik als 'water-flow'
[vgl. YoSc93, 333]

### 2.2.3.2. Auditive Information

Auditive Information wird bei Informationssystemen üblicherweise vernachlässigt. Sie wird zwar als Soundlifes bereitgestellt, aber selbst als Informationsträger wesentlich weniger be- und verarbeitet. Das liegt daran, dass sie deutlich komplizierter zugänglich und schwieriger zu verarbeiten ist. Die Verfahren zur Informationsextraktion aus Audiofiles ist noch nicht sehr weit fortgeschritten. Die beste Form der inhaltlichen Repräsentation ist immer noch die Transkription und die anschließende Weiterverarbeitung als Text.

Die Verwendung der gesprochenen Sprache stellt bei der Präsentation von Information ein besonderes Problem dar. Sie ist zum einen wesentlich stärker serialisiert als eine graphische Darstellung und erlaubt damit kein Zurückschauen oder Wiederbetrachten des Dargestellten. Es ist typisch für das Erfassen graphischer Information, dass durch einen Scanprozess die relevante Information zunächst lokalisiert wird, um dann intensiv (auch wiederholt) erfasst werden zu können. Bei der gesprochenen Informationspräsentation findet der Selektions- und Erfassungsprozess gleichzeitig statt und es besteht keine Möglichkeit einer Aufmerksamkeitsfokussierung. Die gesprochene Information ist damit deutlich flüchtiger als graphische Darstellung. Ein Beispiel dafür sind Verkehrsinformationssysteme, die verstärkt mit Sprachein- und -

ausgabe ausgestattet werden, da sie dadurch auch während der Fahrt benutzbar sind. Auf der anderen Seite werden z.b. die durch einen Routensucher bereitgestellten Informationen wie verschiedene Alternativen einer Autobahnwegstrecke typischerweise durch eine graphische Karte dargestellt und eignen sich nicht für eine verbale Aufzählung. Für die Informationswissenschaft besteht die Aufgabe somit darin, die optimale Präsentationsform in einer suboptimalen Umgebung zu finden.

Eine anderes Problem liegt im nicht vorhandenen Vorlagecharakter von gesprochener Sprache. Dies bezieht sich auf alle entsprechenden Situationen wird aber z.b. beim Einsatz von Thesauri besonders deutlich. Bei einer typischen Anfrage wird der Thesaurus zur Auswahl der Begriffe und zur Nutzung der Thesaurusrelationen verwendet, indem der Benutzer aus den vorgelegten Begriffen die ihm passend erscheinenden auswählt. Dieses Vorgehen ist bei der Verwendung gesprochener Sprache nicht möglich und ein Ersatz durch verbale Interaktion schwer vorstellbar. Diese Beispiele zeigen, wie stark sich die Modalitäten auf die Präsentation auswirken, sie haben aber auch genauso starken Einfluss auf die Interaktion und Repräsentation.

### 2.2.3.3. Animation: Bewegung als Informationsträger

Animierte Präsentationen können bei der Visualisierung in verschiedenen Kontexten einen Beitrag leisten. Aufgrund der Komplexität vieler Visualisierungen (insbesondere im Datenbankbereich) müssen spezielle Filter den Ausgleich zwischen einer detaillierten Darstellung und der Verfügbarkeit des Gesamtinformationsraums herstellen. Dieser Konflikt wird im Zusammenhang der sog. Fokus- und Kontextsysteme [vgl. RoCa93] diskutiert, wobei die Lösungsvorschläge von einfachen Scrolling-Verfahren bis hin zu den von Furnas 1986 eingeführten fisheye-views reichen. Ein im Projekt WING [vgl. KrWo97] erprobtes Verfahren zur Visualisierung komplexer Informationsräume verwendet animierte Pruningprozesse, welche die Auswirkungen von Aktionen auf die Existenz, Position und das Layout von Knoten für die Benutzer wahrnehmbar und transparent machen (im Detail vgl. [Ropp97]).

## 3. Ausblick: Medialitätstransformation

Das Ziel, das für weitere informationswissenschaftliche Forschungsaufgaben relevant ist, besteht in der Verarbeitung von Information unabhängig von dem Medium, in welchem diese Information vorliegt. Dies soll die folgende Graphik verdeutlichen:

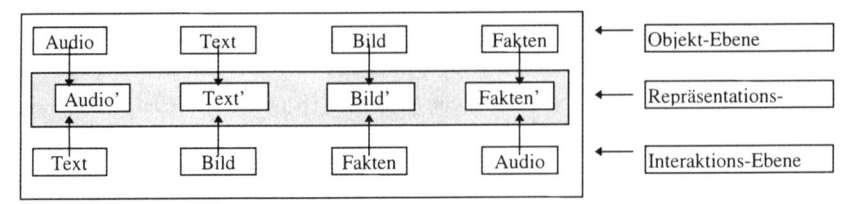

| Audio | Text | Bild | Fakten | ← Objekt-Ebene |
| Audio' | Text' | Bild' | Fakten' | ← Repräsentations- |
| Text | Bild | Fakten | Audio | ← Interaktions-Ebene |

Abb. 8: Medialitätstransformationen

Information kann in verschiedener Art vorliegen: als Text, als Audio-Dokument, als Bild-Information, oder in Form von Fakten (strukturierte Elemente wie etwa Tabellen). Diese Tatsache ist auf der Objektebene repräsentiert; hier geht es zunächst darum, die entsprechenden Medien aufzubereiten und zu erschließen, sodass man den Informationsgehalt, den sie tragen, als solchen erkennen und weiterverarbeiten kann. Es handelt sich in einem ersten Schritt also um Informationsaufbereitung.

In einem nächsten Schritt liegt der Fokus darauf, die aus den verschiedenen Medien extrahierten Informations-Einheiten so zu repräsentieren, dass sie aufeinander bezogen werden können. Diese Tatsache ist auf der Repräsentationsebene zu untersuchen. Fragen sind etwa, ob es möglich ist, eine gemeinsame, medien-unabhängige Repräsentation zu finden, oder ob man medienspezifische Informationen durch entsprechende Transformationen ineinander überführen kann und muss. Es handelt sich also hierbei um Medialitätstransformation.

Der dritte Schritt besteht in dem Zugriff auf die gespeicherte Information (Interaktionsebene). Da Benutzer oft nicht wissen, in welchem Medium die gesuchte Information vorliegt und dies für die Lösung ihres Informationsproblems auch nicht von primärer Bedeutung ist, müssen intelligente Systeme hier unterstützende Maßnahmen leisten, die das Auffinden der gesuchten Information erleichtern. Dies ist die Aufgabe der Benutzerschnittstelle und des Retrievals. Es bündelt auf der Anwenderseite alle Fragen der Objekt- und der Repräsentationsebene in eine gemeinsame und neuartige Interaktionsarchitektur.

Die wissenschaftliche Auseinandersetzung mit diesen Fragen wird zukünftige Schwerpunkte einer multimedialen Informationswissenschaft bilden.

## Literatur

[Furn86]  Furnas, G.W.:Generalised Fisheye Views. In: Proceedings of the ACM CHI'86 Conference on Human Factors in Computing Systems. Boston 1986, MA, pp. 27-42.

[Hemm93]  Hemmje, M.: Eine inhaltsorientierte, intuitive 3D-Benutzerschnittstelle für Information Retrieval-Systeme. In: Knorz, G.; Krause, J.; Womser-Hacker, Ch. (Hrsg.): Information Retrieval '93. Von der Modellierung zur Anwendung. Proceedings der 1. Tagung Information Retrieval '93. Konstanz 1993, S. 82-99.

[HeKu94]  Hemmje, M.; Kunkel, C.; Willet, A.: LyberWorld - A Visualization User Interface Supporting Fulltext Retrieval. In: Croft, W.B.; Van Rijsbergen, C.J. (eds.): Proceedings of the Seventeenth Annual International ACM-SIGIR Conference on Research and Development in Information Retrieval. Berlin et al. 1994, pp. 249-259.

[ISON94]  ISO-NORM 9241, Ergonomic Requirements for Office Work with Visual Display Terminals. Part 10: Dialogue Principles. Committee Draft 1994 , September 1991.

[Krau96]  Krause, J.: Visualisierung und graphische Benutzungsoberflächen. IZ-Arbeitsbericht Nr. 3, Mai 1996.

[Krau97]  Krause, J.: Visual Formalisms und "Natural Mapping". In: Krause, J.; Womser-Hacker, Ch. (Hrsg.): Vages Information Retrieval und graphische Benutzungsoberflächen. Beispiel Werkstoffinformation. Konstanz 1997, pp. 237-257.

[KrHi92]  Krause, J.; Hitzenberger, L. (Hrsg.): Computer Talk. Hildesheim et al. 1992.

[KrWo97]  Krause, J.; Womser-Hacker, Ch. (Hrsg.): Vages Information Retrieval und graphische Benutzungsoberflächen. Beispiel Werkstoffinformation. Konstanz 1997.

[Kuhl91]  Kuhlen, R.: Information and Pragmatic Value-adding: Language and Information Science. Computers and the Humanities, Vol. 25 (1991), pp. 93-101.

[Kuhl95]  Kuhlen, R.: Informationsmarkt. Chancen und Risiken der Kommerzialisierung von Wissen. Konstanz 1995.

[NaZa93]  Nardi, B.A.; Zarmer, C.L.: Beyond Models and Metaphors: Visual Formalisms in User Interface Design. In: Journal of Visual Languages and Computing (1993) 4, pp. 5-33.

[Norm88]  Norman, D.A.: The Psychology of Every Day Things. New York 1988.

[Ropp97]  Roppel, S.: WING-PATH: Visualisierung hierarchischer Strukturen zur Abfrage von Werkstoffinformationssystemen. In: Krause, J.; Womser-Hacker, Ch. (Hrsg.):

Vages Information Retrieval und graphische Benutzungsoberflächen. Beispiel Werkstoffinformation. Konstanz 1997, S. 205-235.

[RoCa93] Robertson, G.G.; Card, S.K.; Mackinlay, J.D.: Information Visualization Using 3D Interactive Animation. Communications of the ACM, Vol. 36, 1993, No. 4, pp. 56-71.

[Spoe94] Spoerri, A.: *InfoCrystal*: Integrating Exact and Partial Matching Approaches through Visualization. In: Proceedings of RIAO 94. Intelligent Multimedia Information Retrieval Systems and Management, 1994, pp. 687-696.

[YoSh93] Young, D.; Shneiderman, B.: A Graphical Filter/Flow Representation of Boolean Queries: A Prototype Implementation and Evaluation. Journal of the American Society for Information Science 44 (6), 1993, pp. 327-339.

[Wolf96] Wolff, Ch.: Graphisches Faktenretrieval mit Liniendiagrammen. Gestaltung und Evaluierung eines experimentellen Rechercheverfahrens auf der Grundlage kognitiver Theorien der Graphenwahrnehmung. Konstanz 1996.

[Woms96] Womser-Hacker, Ch.: Das MIMOR-Modell. Mehrfachindexierung zur dynamischen Methoden-Objekt-Relationierung im Information Retrieval. Habilschrift, Universität Regensburg 1996.

---

[1] Während der Begriff Kommunikation meist im Bereich der zwischenmenschlichen Dialoge benutzt wird, bleibt der Interaktionsbegriff für die Mensch-Maschine-Situation reserviert.

[2] Die Problematik dieser Metaphernwelt, z.B. die gegenseitige Aufhebung der Anziehungskraft durch verschiedene Terme, die zu Mehrdeutigkeiten führen kann, soll hier nur erwähnt, aber nicht diskutiert werden.

# Autorenverzeichnis

**Dr. Rudolf Bauer**
Lehrstuhl für Didaktik der Grundschule
Gebäude PT, Zi. 4.3.3.
Universitätsstraße 31
93053 Regensburg

**OStRätin Heidrun Baumann**
Lehrstuhl für Didaktik der Geschichte
Gebäude PT, Zi. 3.1.73
Universitätsstraße 31
93053 Regensburg

**Prof. Dr. Braungart**
Lehrstuhl für Philologie
Gebäude PT, Zi. 3.2.17
Universitätsstraße 31
93053 Regensburg

**Dr. Toni Breuer**
Lehrstuhl für Geographie
Gebäude PT, Zi. 3.0.16
Universitätsstraße 31
93053 Regensburg

**Dr. Stefan Dove**
Lehrstuhl für Pharmazeutische Chemie II
Gebäude Ch, Zi. 03.1.88
Universitätsstraße 31
93053 Regensburg

**Dr. Rüdiger Fründ**
Institut für Röntgendiagnostik
Bauteil MR-Geb., Zi. N 1.04
Franz-Josef-Strauß-Allee 11
93042 Regensburg

**Dr. Albrecht Greule**
Lehrstuhl für Deutsche Philologie
Gebäude PT, Zi. 3.2.8
Universitätsstraße 31
93053 Regensburg

**Dr. Ludwig Hitzenberger**
Teilfach Informationswissenschaften
Gebäude PT, Zi.3.0.57
Universitätsstraße 31
93053 Regensburg

**Dr. August Jilek**
Lehrstuhl für Praktische Theologie
Gebäude PT, Zi. 4.2.34
Universitätsstraße 31
93053 Regensburg

**Prof. Dr. Herbert Kopp**
FH Regensburg
Fachbereich IM
Universitätsstraße 31
93053 Regensburg

**H. Korten**
Lehrstuhl für Deutsche Philologie
Gebäude PT
Universitätsstraße 31
93053 Regensburg

**M. Prinz**
Lehrstuhl für Deutsche Philologie
Gebäude PT
Universitätsstraße 31
93053 Regensburg

**Dr. Christa Womser-Hacker**
Lehrstuhl für Informationswissenschaft
Gebäude PT, Zi. 3.0.56
Universitätsstraße 31
93053 Regensburg

**Dr. Alf Zimmer**
Lehrstuhl für Psychologie
Gebäude PT, Zi. 4.1.30
Universitätsstraße 31
93053 Regensburg

# Deutscher Universitäts Verlag
GABLER · VIEWEG · WESTDEUTSCHER VERLAG

## "Information Engineering und IV-Controlling"
Herausgeber: Prof. Dr. Franz Lehner
GABLER EDITION WISSENSCHAFT

Michael Bosch
**Management internationaler Raumfahrtprojekte**
1997. XX, 226 Seiten, 92 Abb., Broschur DM 89,-/ ÖS 650,-/ SFr 81,-
ISBN 3-8244-6611-2
M. Bosch entwickelt am Beispiel der internationalen Raumstation ALPHA ein computergestütztes Projektführungssystem, das das Management unterstützt und die beteiligten internationalen Institutionen und Unternehmen integriert.

Martin Hölz
**Anwendungssystem-Planung im Großunternehmen**
Bestandsaufnahme und Entwicklungstendenzen
1997. XX, 345 Seiten, 59 Abb., 26 Tab., Broschur DM 118,-/ ÖS 861,-/ SFr 105,-
ISBN 3-8244-6553-1
Der Autor bietet eine detaillierte Analyse des aktuellen Stands der industriellen Anwendungssystem-Planung und entwickelt ein Rahmenkonzept.

Thomas Jaster
**Entscheidungsorientierte Kosten- und Leistungsrechnung**
Ein Rahmenkonzept für das Controlling von Software-Entwicklungen
1997. XVI, 261 Seiten, 30 Abb., Broschur DM 98,-/ ÖS 715,-/ SFr 89,-
ISBN 3-8244-6595-7
Anhand von praxisrelevanten Situationen wird theoretisch fundiert gezeigt, daß eine entscheidungsorientierte Bewertung in allen Phasen des Software-Lebenszyklus wertvolle Informationen für eine Wirtschaftlichkeitsanalyse bietet.

Franz Lehner et al. (eds.)
**Software Metrics**
Research and Practice in Software Measurement
1997. VIII, 232 Seiten, 68 Abb., Broschur DM 98,-/ ÖS 715,-/ SFr 89,-
ISBN 3-8244-6518-3
This volume presents the findings of the 6th International Workshop on Software Metrics. Consequently continuing the Workshop's tradition the focus is on the combination of theoretical and practical contributions.

Franz Lehner (Hrsg.)
**Softwarewartung und Reengineering**
Erfahrungen und Entwicklungen
1996. VII, 352 Seiten, Broschur DM 118,-/ ÖS 861,-/ SFr 105,-
ISBN 3-8244-6294-X
In diesem Tagungsband werden Erfahrungen, Lösungen, Konzepte sowie Werkzeuge präsentiert, die den aktuellen Stand dokumentieren.

# DUV Deutscher Universitäts Verlag
GABLER · VIEWEG · WESTDEUTSCHER VERLAG

Franz Lehner/Schahram Dustdar (Hrsg.)
**Telekooperation in Unternehmen**
1997. X, 379 Seiten, Broschur DM 89,-/ ÖS 650,-/ SFr 81,-
ISBN 3-8244-6433-0
In dem Sammelband sind aktuelle Beiträge über rechnergestützte Zusammenarbeit von räumlich verteilten Personen und Organisationen zusammengefaßt, die den Stand der Technik bewerten, Erfahrungen dokumentieren und Perspektiven für die Zukunft aufzeigen.

Ronald Maier
**Qualität von Datenmodellen**
1996. XXI, 369 Seiten, Broschur DM 118,-/ ÖS 861,-/ SFr 105,-
ISBN 3-8244-6302-4
Das Buch bietet eine Bestandsaufnahme der Datenmodellierung in ihrem organisatorischen Umfeld. Der Autor entwickelt ein Konzept zur Sicherung und Beurteilung der Datenmodellierung mit konkreten Empfehlungen für die Gestaltung und Organisation in der Praxis.

Hartmut Schellmann
**Informationsmanagement**
Theoretischer Anspruch und betriebliche Realität
1997. XVI, 323 Seiten, 48 Abb., 35 Tab.,
Broschur DM 98,-/ ÖS 715,-/ SFr 89,-
ISBN 3-8244-6534-5
Der Autor vergleicht den aktuellen Stand der wissenschaftlichen Diskussion mit der betrieblichen Praxis des Informationsmanagements. Er arbeitet in einer Erhebung gesammelte Daten auf und vergleicht sie mit internationalen Referenzuntersuchungen der letzten zehn Jahre.

Patricia Jay Shiroma
**Efficient Production Planning and Scheduling**
An Integrated Approach with Genetic Algorithms and Scheduling
1996. XIV, 152 Seiten, Broschur DM 89,-/ ÖS 650,-/ SFr 81,-
ISBN 3-8244-6426-8
Patricia Shiroma explores the possibility of combining genetic algorithms with simulation studies in order to generate efficient production schedules for parallel manufacturing processes. The result is a flexible, highly effective production scheduling system.

*Die Bücher erhalten Sie in Ihrer Buchhandlung!*
*Unser Verlagsverzeichnis können Sie anfordern bei:*

**Deutscher Universitäts-Verlag**
**Postfach 30 09 44**
**51338 Leverkusen**